俄罗斯与美国对外政策案例比较研究

国内政治的视角

徐博 等·著

时事出版社
北京

图书在版编目（CIP）数据

俄罗斯与美国对外政策案例比较研究：国内政治的视角／徐博等著. --北京：时事出版社，2025.6.
ISBN 978-7-5195-0629-2

Ⅰ. D851.20；D871.20

中国国家版本馆 CIP 数据核字第 202509RR95 号

出 版 发 行：时事出版社
地　　　　址：北京市海淀区彰化路 138 号西荣阁 B 座 G2 层
邮　　　　编：100097
发 行 热 线：(010) 88869831　88869832
传　　　　真：(010) 88869875
电 子 邮 箱：shishichubanshe@sina.com
印　　　　刷：北京良义印刷科技有限公司

开本：787×1092　1/16　印张：17.25　字数：257 千字
2025 年 6 月第 1 版　2025 年 6 月第 1 次印刷
定价：160.00 元
（如有印装质量问题，请与本社发行部联系调换）

本书为国家社会科学基金项目"当代俄罗斯地缘政治思想演变及其对'东转战略'的影响研究"(23BGJ049)的中期成果。

前　　言

　　对外政策分析是当代国际关系研究的一个重要领域。而每一个国家的对外政策特点又深深植根于该国的历史发展进程与战略文化背景之中。因此，对于具体国家的案例分析就成为了理解对外政策发展的重要研究手段。在 21 世纪全球化和国际关系不断发展的今天，国内政治对于对外政策的影响越来越受到学界的关注。作为国际政治中的主要行为体，大国的对外政策往往会对国际体系以及国际关系的变化产生深远的影响，因此，有关大国国内政治与对外政策关系的分析也就成为了当今对外政策分析领域研究的主轴之一。这也成为本书编写的主要缘由。

　　在当今世界的主要大国中，美国和俄罗斯所具备的国际影响力是毋庸置疑的。美国作为冷战后世界上的唯一超级大国，其强大的政治、经济实力使得其对外政策的影响范围覆盖全球。而俄罗斯的综合国力虽然无法与冷战时期的苏联相提并论，但其对国际事务的影响力无疑仍然是强大的。2014 年乌克兰危机和 2022 年的俄乌冲突对国际秩序的冲击就是一个非常明显的例证。因此，对于这两个大国国内政治与对外政策联系的研究就有着非常重要的理论和现实意义。同时，笔者也希望通过寻找这两个大国所具备的相似的国内政治要素，来探讨这些要素在影响对外政策路径上的异同。

　　显而易见，此类研究需要多位学者的共同努力才能完成。因此，本书的写作也是国内多位区域国别问题专家，尤其是俄罗斯、美国问题研究者共同智慧的结晶。在此要特别感谢中国社会科学院俄罗斯东欧中亚研究所的庞大鹏研究员、复旦大学的王浩教授以及北京大学的费海汀教授，对各位在百忙之中为书稿的写作提供鼎力支持给予最诚挚的谢意。各位学者的真知灼见为本书的完成提供了可能，同时也极大拓展了书稿的研究视野。吉林大学东北亚研究中心为本书的出版提供了支持，对此笔者表示衷心的感谢。本书为国家社会科学基金项目"当代俄罗斯地缘政治思想演变及其对'东转战略'的影响研究"（23BGJ049）的中期成果。由于俄美两国国内政治与对外政策的关系纷繁复杂，影响因素众多，因此本书对这方面的研究仅为抛砖引玉之作，以期引起更多学界同仁对相关问题的关注。

本书的具体章节负责人如下：绪论为徐博、丁慧文；第一章为庞大鹏、王浩；第二章为庞大鹏、徐博、李泽宜；第三章为费海汀、徐博、吴启梦；第四章为徐博、仲芮；第五章为徐博、王浩；结论为徐博。全书由徐博负责章节设计和组织编写，统稿由徐博与丁慧文共同负责完成。

目 录

绪论　21世纪对外政策中的国内政治要素 ………………（1）

第一章　俄罗斯和美国对外政策的国内基础 ……………（22）
　　第一节　国家认同与俄罗斯对外政策的联动 ………（23）
　　第二节　社会联盟与美国对外战略的演化 …………（38）

第二章　人格特质与俄罗斯和美国的对外政策 …………（60）
　　第一节　俄罗斯外交决策中的人格特质与战略文化 …（61）
　　第二节　美国外交决策中的人格特质与战略文化 ……（77）

第三章　民粹主义与俄罗斯和美国的对外政策 …………（98）
　　第一节　俄罗斯的民粹主义及其对对外政策的影响 ……（99）
　　第二节　美国的民粹主义及其对对外政策的影响 ………（114）

第四章　政治结构与俄罗斯和美国的对外政策 …………（139）
　　第一节　国内政治结构对俄罗斯气候政策的影响 ………（140）
　　第二节　国内政治极化对美国对外政策的影响…………（155）

第五章　国内政治与俄罗斯和美国的区域战略 …………（178）
　　第一节　俄罗斯"东转战略"的国内政治影响要素 ……（179）

第二节 美国"大国竞争战略"的国内政治影响
　　要素 ………………………………………………（200）

结　论 …………………………………………………………（227）

参考文献 ………………………………………………………（231）

绪论　21世纪对外政策中的国内政治要素

在全球化深入发展的影响下，国际政治与国内政治的边界日益模糊，两者的互动性不断增强。从国内政治视角出发对国家对外政策进行解释成为当前国际关系理论的重要发展方向。国内政治要素具有很强的复杂性，因此，对国内政治与对外政策互动性的研究路径往往具有多元化的特点。本书以对外政策的形成过程为逻辑主线，以俄罗斯和美国两个国家的对外政策为研究对象，选取国家认同、社会联盟、人格特质、战略文化、政治思潮、政治结构等国内政治要素作为变量，探究对外政策与国内政治之间的联动性。需要特别指出的是，与我国在学术研究中普遍使用的"外交政策"这一术语不同，对外政策的含义要更为宽广，它既包含了我们所理解的普遍意义上的外交政策，也包含了国家在对外交往中所涉及的经济、文化、安全等方方面面的内容，是一国对其他国家全部政策的总和。因此在本书的分析中，外交政策和对外决策等一系列与国家对外关系有关的内容均被视为对外政策的案例进行考察。同时本书对外政策的案例选择也包括了区域战略、气候政策、周边关系等研究方面。

一、国际关系研究的国内政治转向

第二次世界大战（以下简称二战）结束至今，国际关系理论围绕战争与和平、大国的兴衰等关键主题不断丰富，形成了现实主义、自由主义和建构主义三大范式，并由此衍生出霸权稳定论、民主和平论、相互依存论等多个中层理论，这些理论范式从体系层次、国家层次等多个层次出发，为理解国际关系现象提供了权力、制度、文化等多元的解释变量。

21世纪以来,全球化的深入发展给国际关系带来了新变化:全球化促进了国际关系中行为体的多元化,跨国公司、国际组织以及有影响力的个人对国际关系的影响力上升,成为国际关系中的重要行为体;同时,全球化提升了国家间的相互依存程度,国际制度的影响力也随之上升;更重要的是,全球化冲击了国界与主权等传统概念,模糊了国内政治与国际政治的边界;与此同时,全球化更新了国际关系议题,产业链安全、全球气候变化、恐怖主义袭击等非传统安全议题成为热点议题,全球治理被提上议程。总而言之,国际体系内行为体互动模式的变化正在深刻地重塑着不同国家的国内政治,并由此给国家内部带来了贫富分化、政治观念调整、阶层重组等变化,这些问题的产生又反过来对一个国家的对外政策制定产生影响,重塑着国际关系的规则。在这一新的时代背景下,传统的国际关系理论正面临挑战。

首先,全球化模糊了国内政治与国际政治的边界,国内政治的影响力上升,这冲击了传统国际关系理论对国家同质行为体的假定。以结构现实主义为代表的大量国际关系理论将国家比作"台球";冷战后兴起的进攻性现实主义则完全忽视国内政治要素,将国家视为"黑箱"。实际上,作为宏观的理论范式,新现实主义、进攻性现实主义将国家假定为同质行为体这一简化变量的行为虽然有利于对国际关系进行系统性研究,然而,随着全球化持续推进,国际政治与国内政治互动日益频繁,国内政治日益成为国际关系研究中不可忽视的重要因素,国家内部行为体的互动正在发挥越来越重要的作用。

其次,全球化丰富了国际关系议题,冲击了传统国际关系理论的理论解释力。结构现实主义是20世纪70年代以来最有影响力的国际关系理论之一,该理论简化了国际关系理论的分析框架,其基本假定与论点为:国际体系处于无政府状态;国家的首要目标是安全;体系中的权力分布即体系结构决定了国家行为;两极结构是最为稳定的体系结构。其中,体系结构决定国家行为是结构现实主义的核心。然而,这种"结构决定论"存在着弊端:一是体系结构这一自变量的变化是缓慢的,要在短时间内发生质的变化往往要经历重大战争或技术革新,当前,尽管世界正处于百年未有之大变局,但体系的变化依旧是缓慢的,很难作为解释国家具体对外政策的有力依据;二是结构现实主义变量单一,"结构—对外行为"这一简要的因果逻辑是结构现实主义的优势也是弊端,因为单一变量无法解释处于相同国际体系结构下国家为何做出不同的政策选择。更现实的是,冷战的结束挑战了结构现实主义的理论解释力,关注物质变化的结构现实主义无法对冷战结束做出令人信服的解释。

对外政策分析是国际关系研究的一个重要领域,其主要研究目标在于通过层次分析方法对国家对外政策的出台背景、实践过程以及政策影响进行分析。在国际关系宏观理论突破面临困境的今天,对外政策分析试图通过进一步讨论国家在国际体系中的各种对外政策行为,并将其归因从而创造一个理解国家对外关系的"中层理论",以推进国际政治理论的创新与进一步发展。克里斯托弗·希尔将对外政策定义为"国际关系中独立行为体(常常为国家)所实施的官方对外关系的集合",同时也指出了对外政策分析中有关"国内"与"国外"的问题,即"国内和国外是连续统一体的两端……这两组特点之间的相互影响有重叠的地方。二者的相互影响不但塑造了该国的对外政策,而且塑造了其总体的发展"。[①] 美国学者瓦莱丽·哈德森也将对外政策分析视为解决国际政治研究中"黑箱模式"与"桌球模式"的钥匙,即将研究的主要对象植根于"人",还原政治研究中人对于政策的决定性影响,通过不同层次的研究视角来还原决策过程,以此推动对政策出台的背景条件以及影响因素的全面理解。[②]

近年来,国际关系理论的跨学科发展更为显著,跨越层次更广,这为对外政策分析的发展提供了大量新的动力。因此,学界对于国内政治要素的关注也越来越深入,研究变量的扩展带来了两方面的影响:一是使国内政治的解释变量更加丰富,西方经典的国际关系理论将观察国家政治制度差异以及由此带来的决策偏好差异作为研究中心,但随着更多

[①] [英]克里斯托弗·希尔著,唐小松、陈寒溪译:《变化中的对外政策政治》,上海人民出版社2007年版,第3、40—42页。
[②] Valerie Hudson, "Foreign Policy Analysis: Classic and Contemporary Theory," Lanham: Rowman & Littlefield, 2014, p.4.

国内政治要素的介入，这一传统判断正受到挑战；二是国内政治的解释过程更加复杂，由于国内政治不同变量影响对外政策的路径存在明显差异，如何搭建国内政治解释对外政策的有效路径成为了十分关键的问题。

尽管国内政治复杂，但是国家对外政策过程遵循三大基本环节：一是确定决策主体，明确对外政策权力的承担者；二是信息筛选，限定对外政策选择范围；三是议题设置，确定具体政策内容。具体作用路径如下。

一是确定决策主体，明确对外政策权力的承担者。决策主体即在对外政策过程中决策权力的承担者，包括决策机构与决策个体。由于国内政治具有系统性，因此，政治结构对决策主体具有重要影响。政治制度是政治结构的重要组成部分，其以法律的形式明确了决策权力的承担者及其权力限度。以美国为例，美国的政治制度为两党制、总统制等，这些制度规定总统与国会共同行使外交权力，同时，宪法通过赋予美国总统"行政命令"这一权力，给予美国总统和国会共同行使在对外政策过程中的实际权力，并按照分权制衡思想规定两者的关系是张力关系。21世纪以来，美国的政治极化程度不断加剧。随着共和党和民主党间分歧日益增大，在国会中两党对诸如移民、环保等议题更难达成共识。由于行政命令的设置，总统对这些议题有着重要影响力，成为决策过程中的实际掌权者。而在俄罗斯的对外政策过程中，俄罗斯政治结构所具有的"超级总统制"的特点无疑使总统的人格特质对俄罗斯对外政策的走向产生了重要的影响。21世纪俄罗斯政治的发展态势以及国内政治垂直权力体系的不断加强，使得俄罗斯总统个人的影响力不断强化。由此可见，决策主体随着政治结构的变化而变化，在此基础上，可以通过研究政治结构来探究国家对外政策中的实际掌权者。美国与俄罗斯的政治结构突出了总统在对外政策中的影响力，因此，以国际政治心理学角度分析领导人的人格特质对两国对外政策的影响具有重要意义。

二是信息筛选，限定对外政策选择范围。实际上，对外政策的形成是决策者对外部信息筛选进行政策输出的过程。外部信息的来源有二：其一是国内信息，包括了公共舆论、战略文化等；其二是体系信息，包括体系权力结构的变化、体系国家对外政策的调整等。决策者在进行对外政策时，往往需要综合这两大类信息。近年来，在全球化深入发展的影响下，国家尤其是大国国内利益阶层的分化使得国内信息对大国外交决策的影响力迅速上升。这也进一步印证了对外政策分析的理论假定，即国家不是同质化的"台球"，而是复杂多变的。对外政策分析的另一个重要目标就是要探索国家对内部信息的处理过程。在此过程中，公共舆论、战略文化乃至政治思潮都是重要影响因素。战略文化潜移默化地影响着国家和民众的认知，公共舆论是对外政策合法性的重要来源。与此相比，21世纪民粹主义政治思潮的变化对于大国对外政策的变化无疑产生了深远的影响。而在俄罗斯和美国的对外政策过程中，受全球化背景下民粹主义思潮影响力上升的影响，两国的决策思维都在发生重要变化。美国的民粹主义在特朗普成为美国总统之后达到了一个新的顶点。脱胎于美国政治"杰克逊主义"传统的特朗普式民粹主义是21世纪美国国内政治对全球化浪潮的重要反应，也在很大程度上改变了美国对外政策的面貌。虽然拜登在成为美国总统之后民粹主义的浪潮得到了一定遏制，但其仍然是影响美国政治的重要思潮。而俄罗斯的民粹主义传统与美国不同，因此其对俄罗斯对外政策的影响也存在差异，但与美国相似的是，民粹主义浪潮同样影响了俄罗斯政治精英以及领导人的决策思维，对于俄罗斯对外政策过程中的信息筛选过程产生了重要影响。

三是议题设置，确定具体政策内容。随着政治制度的现代化发展，国内政治制度对于国家对外政策中议题选择的影响越来越明显。这种影响主要体现在以下两个方面。一方面，一个国家的国内政治结构，尤其是决策过程中的政治结构极大影响了国家对某一关键议题的态度。如俄罗斯国内政治结构中能源综合体与国家对外政策机构和个人的紧密联系极大影响了俄罗斯能源外交的政策选择。而美国日益明显的政治极化，尤其是民主党和共和党之间体现出的极化趋势加大了两党在众多关键议题，如气候变化、俄美关系等议题上的两党博弈，也给美国对外政策的实施带来了新的挑战。另一方面，在对具体议题的实施方面，政治结构也对大国在区域战略中的议题选择施加了限制，从而塑造了大国的对外战略行为。俄罗斯国内政治的结构特点塑造了其在"东转战略"的议题选择范围以及政策实施的具体手段,而美国国内的政治结构则对于美国"大国竞争战略"的选择进行了议题设置,从而塑造了其在不同历史时期所采取的不同的"大国竞争战略"。

由此可见,国内政治对于大国对外政策的影响路径是多元化的,这也决定了对于相关因素的研究应采取不同的研究方法。而不同国家之间具有差异化的国内政治特点也决定了其所实施的对外政策,即使是在相同的领域,也必然存在不同的特点。

二、对外政策分析的研究发展

对外政策分析是国际关系研究中一个十分重要的分支领域。当前,以对外政策为中心进行的研究分为三类:一是以领导人任期为时间节点对国家阶段性对外政策的总结与陈述;二是对国家对外政策内在逻辑的探究,即影响对外政策的变量研究;三是国家对外政策与国际关系的相互塑造过程。其中,以国内政治因素为变量进行对外政策的研究方法主要以案例分析法以及求同、求异的比较政治分析法为主。与此同时,国内外学界对国内政治影响对外政策的研究重点也有所不同。

(一) 国内研究现状

由于国内的对外政策分析研究整体起步较晚,因此,国内学界关于对外政策与国内政治之间的相关性研究在很长一段时间内相对有限,但近年来学界相关研究日益增多,尤其是对美国国内政治对其外交政策的影响研究产生了大量成果。

在对外政策的概念界定上,学界对于对外政策这一概念仍有一定分歧,张清敏在《对外政策中的国内政治因素》一书中对"外交政策"与"对外政策"做了区分与定义,指出两者有相似之处但并不完全重合,相较于外交政策,对外政策不具备国际关系中的互动性。而韩召颖在《美国政治与对外政策》一书中,提出对外政策通常也被称为外交政策。这两个概念在学界经常混用。需要特别指出的是,"对外政策"一词是典型的西方国际关系理论概念,其与国内学者经常使用的外交政策存在一定差别。在本书中,我们将外交政策视为一国总体对外政策的组成部分,同时也是对外政策案例分析的来源之一。目前,对外政策分析形成了三大流派,即决策机制与过程、决策环境以及比较对外政策。① 在变量选取上,受到国内政治复杂性的影响,国内学界对变量的选取集中在战略文化、政治极化、民粹主义等方面,具有综合性特点。

国内学界对美国对外政策中的国内政治因素研究较为丰富,选取了战略文化、意识形态、政治结构、国家—社会关系等多种国内政治变量进行研究,但同时研究往往以政府任期为时间节点,研究缺乏连续性。在战略文化上,美国本土主义影响着美国的外交传统,伴随着美国本土主义上升,美国外交可能出现防御性单边主义、经济功利主义以及单边孤立主义的新特征。② 在社会层面,公共舆论对美国对外政策具有重要影响力。公共舆论在美国对外政策中所扮演的重要角色是宏观和方向性的,从国内结构看,美国的公共舆论能够比其他国家更容易地介入政府决策,同时,美国媒体的集中化导致公共舆论对国际事务的认识平行化,其外交决策层既要诱导公共舆论又要受制于公共舆论。③ 在国家—社会关系层面,民粹主义崛起是美国国家—社会的新变化。经济危机对国内经济不平等状况造成影响,导致国内各群体的政治预期与政治行为发生变化,西方国家国内政治重组的最大可能性是威权化的民粹主义。④ 特朗普政府时期,美国民粹主义浪潮的政治影响力到达顶峰,对美国对外政策的影响尤为显著。特朗普政府重构中美经贸关系动力源自经济民粹主义和经济民族主义,并提出中美经贸摩擦将呈现出常态化、复杂化和长期化的特点。⑤ 政治极化现象的加剧是美国政治的突出特点,这一现象自20世纪70年代开始,不断深化发展,其原因既有政治

---

① 韩召颖编著:《美国政治与对外政策》,天津人民出版社2007年版。
② 周鑫宇:《美国外交中的本土主义:历史传统与新发展》,《国际问题研究》2017年第6期,第96—108页。
③ 王鸣鸣:《公众舆论与美国对外政策》,《世界经济与政治》2002年第5期,第75—80页。
④ 周强、陈兆源:《经济危机、政治重组与西方民粹主义——基于国内政治联盟的形式模型与经验检验》,《世界经济与政治》2019年第11期,第78—104页。
⑤ 罗振兴:《特朗普政府对中美经贸关系的重构——基于经济民粹主义和经济民族主义视角的考察》,《美国研究》2019年第5期,第76—102页。

经济变迁的大背景,也是制度沿革的后果。① 政治极化深刻地影响着美国对外政策。当前美国对外政策已具有极化趋势,表现为两党精英及其选民在某些对外政策上的对峙,并致使相关议程陷入困境。与国内政治极化不同,美国对外政策极化更多体现在手段变动性上,外交议程被颠覆性调整但未彻底停滞。②

近年来,国内学界对美国国内政治变量的综合性研究呈上升趋势。例如,樊吉社教授结合了国家认知与政治结构,提出影响美国冷战后导弹防御政策的因素是美国对导弹威胁的评估和国内党派政治斗争,并分析了美国对导弹威胁的评估、国内党派政治斗争,以及两者互动对冷战后美国导弹防御政策的影响。③ 同时,吴心伯教授提出:在政治理念层面,美国民粹主义扭转对华政策价值取向,改变对中国的身份界定,塑造消极的对华政策政治与社会环境;在政治结构层面,随着两党热衷于拥抱本土化势力而排斥全球化势力,倡导并实施越来越强硬的对华政策,美国社会中支持中美关系发展的力量日趋式微和边缘化;在政治过程层面,对华政策成为美国国内政治的抓手和两党博弈的筹码,对华行为趋向极端化,越来越具有对抗性和冒险性。鉴于美国对华政策愈来愈受其国内政治的驱动,中国要善于利用利益、力量以及国际制度与规范,从外部塑造美国的对华行为。④ 因此,在国内政治多要素的综合性互动下,美国对外政策的理性被削弱。

国内学界不乏对俄罗斯国内政治与对外政策的专门性研究,然而,将两者相结合进行综合性研究的相对较少。其中,冯玉军系统介绍了俄罗斯对外政策决策机制,分析了政治体制、社会因素、地方因素对俄罗

---

① 节大磊:《美国的政治极化与美国民主》,《美国研究》2016年第2期,第61—74页。
② 刁大明:《美国对外政策的极化》,《现代国际关系》2022年第8期,第30—36页。
③ 樊吉社:《威胁评估、国内政治与冷战后美国的导弹防御政策》,《美国研究》2000年第3期,第66—88页。
④ 韩召颖、王耀辉:《美国对华政策的国内政治逻辑分析》,《国际政治科学》2023年第2期,第1—25页。

斯对外政策决策机制的重要影响。① 以研究领域进行划分，国内学界对俄罗斯国内政治及其对外政策的研究可大致分为以下几类。在政治结构领域，俄罗斯政治结构的调整对其对外政策具有关键性影响。近年来，俄罗斯对国家未来的政治发展道路进行"权力再集中"的重新定向，其包括政治权力的再集中与政治行动的再集中，这意味着俄罗斯在制度设计与政策实施方面都进行了深度调整。② 在文化领域，有学者提出在东正教文化及其核心教义"弥赛亚意识"的影响下，俄罗斯人天生具有一种崇拜强权人物的心理和对集权政治的惯性容忍，这种特有的文化心理影响了俄罗斯的对外政策机制，使其总统在对外政策上拥有绝对的控制权③；也有学者认为，俄罗斯文化的基本精神既深刻地影响俄罗斯民众和社会精英对外的态度，更给国家的外交战略和外交政策的选择和实行提供文化的支撑或造成文化的限制。④ 在观念领域，有学者提出俄罗斯的安全观发生了转变，其已不再追求"弥赛亚式"历史终结性目标，安全观不再是由外向型战略目标规制内向发展的结构与特征，而是为内向发展构建安全、稳定的外部环境。⑤ 同时，也有学者认为反美主义这一政治思潮对俄罗斯对外政策产生了重要影响，如反美主义在后苏联时期提升了俄罗斯国家凝聚力，巩固政府合法性，是俄罗斯削弱美国全球地位、与美国争夺地区影响力的重要工具，但同时反美主义也唤起了俄罗斯的仇外心理和孤立主义情绪，导致其对外政策行为日益激进化。⑥ 在国家身份与认知领域，有学者强调角色定位对俄罗斯对外政策

---

① 冯玉军：《俄罗斯外交决策机制》，时事出版社2002年版。
② 费海汀：《"权力再集中"：俄罗斯政治趋势分析》，《俄罗斯研究》2022年第5期，第148—169页。
③ 邢悦、王晋：《"弥赛亚意识"与俄罗斯"大国主义"外交》，《国际政治科学》2017年第1期，第36—70页。
④ 周力：《俄罗斯文化的基本精神与外交》，《俄罗斯研究》2010年第4期，第71—83页。
⑤ 初智勇：《俄罗斯安全观的嬗变、延续与回归》，《欧洲研究》2023年第5期，第92—118页。
⑥ 冯玉军：《俄罗斯反美主义的流变、根源、功能及影响》，《当代美国评论》2023年第2期，第106—124页。

的影响，认为角色定位构成了俄罗斯能源外交决策的基础性要素，俄罗斯总统、中央机构、大型国有能源公司以及地方政府等国内决策参与者是俄罗斯角色身份形成的能动力量。① 在社会领域，利益集团、智库等社会组织同样对俄罗斯外交政策发挥了重要影响。如有研究指出，随着俄罗斯对外政策中经济色彩的日益增强，诸如俄罗斯天然气工业公司等经济利益集团在外交决策中的地位也会不断攀升。② 也有学者以乌克兰危机为切入点，深入分析了俄罗斯智库对乌克兰危机认知的底层逻辑，即其基于现实主义分析范式，背后是鲜明的地缘政治逻辑。③ 此外，学界对俄罗斯国内政治与外交政策也存在多种变量的复合型研究，如有学者以新古典现实主义为理论分析框架，提出战略文化、央地关系和政治结构对俄罗斯"东转战略"的形成具有重要影响。④

（二）国外研究现状

国外学界在国际关系理论研究中较早地转向了国内政治方面，主要分为三类研究。一是将国内政治与国际体系相联系的双重博弈模型。罗伯特·普特南于1988年率先提出了双重博弈模型，他以国际谈判为例，认为在国际谈判中存在两级讨论，第一级讨论是国家间谈判代表的讨论，第二级讨论是国内政治的讨论。其中，达成国际协议的关键取决于第二级"赢集"的规模，赢集规模越大，对第一级谈判者的约束就越小，国际谈判的成功率就越高。而决定赢集规模的因素为国内政治，具体包括国内政治权力分配、偏好与联盟，国内的政治制度以及谈判者的策略。⑤

---

① 徐博、威廉·瑞辛格：《国际关系角色理论视角下俄罗斯对中国能源外交决策探析》，《东北亚论坛》2019年第4期，第98—111页。

② 冯玉军：《俄罗斯利益集团与外交决策》，《现代国际关系》2001年第12期，第23—28页。

③ 初冬梅：《地缘政治与超越边界：基于俄罗斯智库对乌克兰危机认知的分析》，《俄罗斯东欧中亚研究》2023年第2期，第122—137页。

④ 徐博：《俄罗斯"东转战略"的国内政治影响要素探析：战略文化、央地关系与政治结构》，《当代亚太》2019年第6期，第47—66页。

⑤ Robert D. Putnam, "Diplomacy and Domestic Politics: The Logic of Two-level Games," International Organization, Vol. 42, No. 3, 1988, pp. 427-460.

二是将国内政治作为中介变量的新古典现实主义,代表学者有诺林·里普斯曼、兰德尔·施韦勒、杰弗里·托利弗、斯蒂芬·洛贝尔等。新古典现实主义强调国内政治对外交政策的影响力,如:杰弗里·托利弗探究了危机中国家动员社会资源对强国进行效仿的选择条件,提出国家制度、民族主义与意识形态是决定国家对强国进行效仿、创新或延续升级既有战略的国内政治因素[①];兰德尔·施韦勒则重点探究了国家面对外部威胁制衡不足现象的国内政治因素,提出精英内部的一致性差异导致了国家制衡不足的现象。[②] 但与此同时,新古典现实主义强调体系因素对外交政策的决定性作用,国内政治变量对外交政策具有调控作用,体系刺激对外交政策的影响力仍具有优先性。

三是将重心完全转移到国内政治的对外政策分析。瓦莱丽·哈德森将对外政策分析系统化为一种分析方法,关注国内政治分析层次,系统梳理了在对外政策过程中具有影响力的国内政治因素,包括个人决策者、决策团队(小集团决策机制、组织过程、官僚政治)、文化与国家认同、国内政治力量及反对派等。[③] 在关于对外政策分析的意义上,朱丽叶·卡尔波认为对外政策分析不仅具有互补性作用,其强调中央决策单位的作用和领导人的主观理解,以心理为导向和以代理人为基础,还提供了一种替代性国际关系视角,可以整合当前关注国内政治和决策不同方面的国际关系理论。[④] 在对外政策分析中,学者根据研究议题的不同,对国内政治的关注焦点也不同。例如,罗斯·米勒解释了领导人利用冲突转移国内矛盾提高支持率的条件,指出领导人是否利用外部冲突转移矛盾取决于国内制度结构与领导人可获得

---

① Jeffrey W. Taliaferro, "State Building for Future Wars: Neoclassical Realism and the Resource - Extractive State," Security Studies, Vol. 15, No. 3, 2006, pp. 464 - 495.
② Randall L. Schweller, "Unanswered Threats: Political Constraints on the Balance of Power," New Jersey: Princeton University Press, 2006.
③ Valerie M. Hudson, "Foreign Policy Analysis," Washington: Rowman & Littlefield Publishers, 2019, p. 288.
④ Juliet Kaarbo, "A Foreign Policy Analysis Perspective on the Domestic Politics Turn in IR Theory," International Studies Review, Vol. 17, No. 2, 2015, pp. 189 - 216.

的政策资源水平。其中,国内制度结构与领导人可获得的政策资源水平是领导人利用武力回应外部冲突改变其支持率的调节变量。① 也有学者强调应在安全政策、国际贸易和对外援助议题上重视不同的联盟和政党在各种外交政策问题上的立场,因为这些立场在外交和安全政策决策中具有重要性,例如,政党之间存在着意识形态差异,相互竞争的意识形态对外交政策决策影响显著。② 在对外决策过程中,除了领导人和公众关系等传统行为体,大众媒体作为第三个行为体也扮演着重要角色。③

在以美国为案例进行的对外政策分析中,国外学界研究成果颇丰,对国内政治的关注焦点因研究对象的不同而存在较大差异,具体涉及政治结构层次、社会层次、国家认知层次等多个层次,其中,学界尤为关注政治体制、权力结构、公共舆论等国内政治因素。同时,国外学界在研究方法上重视实证分析,这也使得学界在时间范围的选取上倾向于周期较长的时间段。

在美国对外决策过程中,总统占据核心地位,而关于总统对外交政策的影响力,学界看法不一。依据宪法对总统的权力设置,总统对外交决策具有重要影响,④ 而在具体的案例分析中,总统实际的对外决策权力有待进一步验证。例如,有研究通过分析美国在卷入国际争端时使用军事力量的倾向,提出选举(国内环境)以及国会(政治

---

① Ross A. Miller, "Domestic Structures and the Diversionary Use of Force," American Journal of Political Science, Vol. 39, No. 3, 1994.

② Tapio Raunio, Wolfgang Wagner, "The Party Politics of Foreign and Security Policy," Foreign Policy Analysis, Vol. 16, No. 4, 2020, pp. 515 – 531.

③ Baum, M. A. and Potter, P., "The Relationships Between Mass Media, Public Opinion, and Foreign Policy: Toward a Theoretical Synthesis," Annual Review of Political Science, Vol. 11, 2008, pp. 39 – 65.

④ John G. Tower, "Congress Versus the President: The Formulation and Implementation of American Foreign Policy," Foreign Affairs, Vol. 60, No. 2, 1981, pp. 229 – 246.

机构）的力量结构共同决定了美国是否使用武力。① 还有学者以"9·11"事件为节点，提出中间派、自由派、保守派相互融合，塑造了一种持久的新权力组合，对美国外交政策的影响力不断增加。②

美国对政治参与的设置为社会影响外交政策提供了空间，这使得学界尤其关注公共舆论对美国外交政策的重要影响。例如，菲利普·波利克强调了舆论对外交决策的重要影响，其假设政府和公众之间的沟通模式存在精英路径、利益集团路径、新闻媒体路径、民选官员路径、大众舆论路径五种路径。其中，精英路径和利益集团路径使用较少，而新闻媒体和民选官员的路径使用较多，大众舆论路径使用居中。使用何种路径取决于官员处理问题的类型，以及个别官员的机构地位和意识形态。外交政策官员经常对民意调查持怀疑态度，然而，在使用他们自己的替代"业务"来源时，这些官员可能比之前想象得更容易接受公众意见。③ 也有学者通过建立1953—2000年众议院外交政策投票的国内政治模型进行验证，动摇了结构现实主义论点，认为机构动态和公共舆论对于理解外交政策决策更重要。④

国外学界同样关注美国对外政策理性下降的现象，对美国对外决策过程中的阻碍性因素进行了专门性探究。官僚政治对美国外交决策产生了负面影响，在美国国家安全政策的制定过程中，联邦官僚机构和国会发挥了重要影响，这些政府机构、部门和个人在政策制定过程中的利益维护和促进，以及这些利益引发的冲突严重影响了外交政策

---

① David P. Auerswald, "Inward Bound: Domestic Institutions and Military Conflicts," International Organization, Vol. 53, No. 3, 1999, pp. 469 – 504.

② Parmar, I., "Foreign Policy Fusion: Liberal Interventionists, Conservative Nationalists and Neoconservatives – The New Alliance Dominating the US Foreign Policy Establishment," Vol. 46, No. 1, 2009, pp. 177 – 209.

③ Philip J. Powlick, "The Sources of Public Opinion for American Foreign Policy Officials," International Studies Quarterly, Vol. 39, No. 4, 1995, pp. 427 – 451.

④ Souva, M., "Foreign Policy Determinants: Comparing Realist and Domestic – Political Models of Foreign Policy," Conflict Management and Peace Science, Vol. 22, No. 2, 2005, pp. 149 – 163.

的制定和实施。① 美国政治结构本身对美国外交政策实施产生了阻碍作用，分权的设计使得美国在制定和维持政策方面处于结构性劣势，难以为解决复杂的问题提供一致性和长期愿景，削弱了总统在外交决策过程中的影响力。② 此外，国家身份对美国外交政策发挥了塑造作用，美国的国家身份构建、对朋友与敌人身份的理解在决定美国外交政策进程方面发挥了关键作用。③

在对俄罗斯国内政治与外交政策的联系性研究中，有少部分学者质疑国内政治对俄罗斯外交政策的影响力，通过评估威权主义、政权脆弱性、派别政治和总统的作用四个对俄罗斯外交政策影响最大的国内政治因素影响程度，得出提升俄罗斯外交政策自信的国内因素并不像国际因素那样有影响力的结论。④ 但整体而言，学界普遍肯定国内政治对俄罗斯外交政策的影响，认为外交政策是国家和社会利益的博弈，也是某些社会群体以及国家工业和地区的博弈。同时，国内政策决定了国家的资源和能力，从而决定了其重组世界秩序的潜力。此外，国内政治也是社会和精英看待超现实世界的棱镜。⑤ 21 世纪以来，随着俄罗斯对全球化的参与程度不断增加，俄罗斯国内政治与国际政治的互动更加频繁，这对俄罗斯外交政策的影响也日益显著。

由于俄罗斯文化和政治体制与西方国家存在较大差异，学界认为，俄罗斯的国际行为从根本上是由与国内政权巩固相关的目标驱动

---

① Halperin, Morton H., et al., "Bureaucratic Politics and Foreign Policy," Washington: Brookings Institution Press, 2006.

② William B. Quandt, "The Electoral Cycle and the Conduct of Foreign Policy," Political Science Quarterly, Vol. 101, No. 5, 1986, pp. 825 – 837.

③ Karl K. Schonberg, "Constructing 21st Century U. S. Foreign Policy: Identity, Ideology, and America's World Role in a New Era," New York: Palgrave Macmillan, 2009.

④ Angela Borozna, "Domestic Sources of Russian Foreign Policy," London: Palgrave Macmillan, 2022, pp. 221 – 265.

⑤ Nargiza T. Bektemirova, "Interaction of Foreign and Domestic Factors in the International Political Process: The Case of Russia," Strategic Analysis, Vol. 39, No. 5, 2015, pp. 541 – 547.

的，应关注俄罗斯制定外交政策的思想背景、国内政治结构和国家综合战略。① 因此，学界尤其强调俄罗斯的战略文化、精英集团以及政治结构对其外交政策的影响力。

在分析20世纪90年代至今俄罗斯和西方国家之间关系的恶化时，有学者提出双方关系的恶化源于两个相互关联的发展：一是西方国家向东扩大权力范围，二是俄罗斯战略文化朝着更自信的方向转变。② 也有学者关注到民族主义对俄罗斯外交政策的强大影响力。③ 此外，还有学者将文化因素与物质因素相联系，认为俄罗斯外交政策的形成取决于两个因素：一是民族认同，对与信仰、价值观、重要国家象征、团结和归属感等相关联议题产生重要影响；二是国家利益的总和，这些利益共同决定了俄罗斯对国际社会的需求、愿望和愿景。④

在关于利益集团的研究中，有学者将建构主义与社会心理学相结合形成理想建构主义，认为俄罗斯政治精英们建构的国家主义民族身份，力图保持俄罗斯作为大国的历史地位，成为俄美开展有限地位竞争的原因。⑤ 也有学者提出利益集团对俄罗斯外交政策的影响。在社会层次上，有观点指出，俄罗斯外交政策从叶利钦时期到普京时期的转变主要与国内政治领域的发展有关，提出俄罗斯政治由小型精英利益集团决定，政府制定和实施政策路线的能力在很大程度上取决于其经济状况。因此，特定利益集团的兴衰及其对决策者影响力的变化在

---

① Omelicheva, M. Y., Cadier, D. and Light, M., "Review of Russia's Foreign Policy: Ideas, Domestic Politics and External Relations," European Review of International Studies, Vol. 4, No. 1, 2017, pp. 90 - 92.

② Götz, E. and Merlen, C. R. eds., "Russia and the Question of World Order," London: Routledge, 2020.

③ Kanet R. E. and Birgerson S. M., "The Domestic - Foreign Policy Linkage in Russian Politics: Nationalist Influences on Russian Foreign Policy," Communist and Post - Communist Studies, Vol. 30, No. 4, 1997, pp. 335 - 344.

④ Smith, H., "Domestic Influences on Russian Foreign Policy: Status, Interests and Ressentiment," London, Palgrave Macmillan, 2012, pp. 39 - 62.

⑤ Clunan A. L., "Historical Aspirations and the Domestic Politics of Russia's Pursuit of International Status," Communist and Post - Communist Studies, Vol. 47, No. 3, 2014, pp. 281 - 290.

很大程度上影响了国家外交政策决策。①

在政治体制上,有学者评估了苏联解体以来议会和总统的运作以及两者的关系,同时强调精英对俄罗斯国家利益的界定以及游说团体对俄罗斯外交政策的作用。② 在解释 21 世纪以来俄罗斯的对外政策方面,学界也存在不少复合型研究。例如,有的学者以普京个人、普京主义以及俄罗斯政治结构三者结合起来为变量,分析了俄罗斯的三次对外干预行为,阐明了三者在制定俄罗斯外交政策方面的影响。③ 也有学者结合优先级战略、地位抱负和国内政治因素对俄罗斯日益强化的核政策提供了综合解释。其中,俄罗斯寻求升级其老化的核武库以保持有保证的第二次打击能力优先级战略是解释俄罗斯核政策的关键,提升俄罗斯作为世界政治大国的形象地位是俄罗斯进行军事演习的原因,为迎合国内一定受众的政权安全因素是俄罗斯特定核言论的主要驱动力。④

综上所述,在对外政策分析的理论研究中,国内学界对国内政治层次的关注相对较少,还有待发展完善;在案例研究中,国内学界对美国对外政策的研究较多,而美国国内政治在近年来发生了较大的新变化,需要更新相应的研究。国内学界对俄罗斯国内政治的相关研究则较多集中在大国关系等宏观层面,对俄罗斯国内政治的专门性研究相对较少。国外学界对俄罗斯国内政治的研究虽然成果颇丰,但相关研究集中在对俄罗斯的政治体制、文化特质的批判性研究,这使得研究有失中立。本书旨在通过更新对美国国内政治与外交政策的相关研

---

① Antje Kästner, "From Chaos to Pragmatism? The Domestic Dimension of Russian Foreign Policy 1991 – 2008," 2008, http://edos.vifapol.de/opus/volltext/2011/3277/pdf/DP_19.2008.pdf.

② Shearman, P., "Defining the National Interest: Russian Foreign Policy and Domestic Politics," London: Palgrave Macmillan, 1997.

③ McFaul, Michael, "Putin, Putinism, and the Domestic Determinants of Russian Foreign Policy," International Security, Vol. 45, No. 3, 2020, pp. 95 – 139.

④ Götz, E., "Strategic Imperatives, Status Aspirations, or Domestic Interests? Explaining Russia's Nuclear Weapons Policy," International Politics, Vol. 56, No. 4, 2019, pp. 810 – 827.

究，增加对俄罗斯国内政治的中立性研究，以丰富对外政策分析中的案例研究。

就国内外整体研究而言，由于国内政治因素具有复杂性，学界对国家对外政策中的国内政治影响因素研究呈现出碎片化与分散化的特点。因此，为促进对外政策分析的理论化发展，本书将试图从国内政治多个维度出发，探究国内政治因素与国家对外政策的互动，以提升对外政策分析理论的体系化与理论化。

同时，学界将国内政治因素作为自变量进行对外政策分析时，研究对象往往是大国的对外政策。在现实政治中，大国往往对全球化的参与程度较高，自身的现代化程度高，这使得大国的内政与外交互动性更强，其国内政治与国际政治的界限也更为模糊，因此，本书将研究对象聚焦为美国与俄罗斯的对外政策。

（三）研究对象：美国与俄罗斯的对外政策

本书将美国和俄罗斯的对外政策作为研究对象，具有重要的现实意义。一方面，美国与俄罗斯国内政治的系统性高，其变量之间存在很强的互动性，复杂多元的国内政治变量将丰富对外政策理论的发展，同时，美俄两国在政治结构、战略文化以及国家—社会关系上既存在鲜明的差异性，又存在一定的相似性，可在研究过程中以比较政治的视角进行对比研究。另一方面，正如前文所述，研究大国的对外政策与对外行为对体系的演化方向乃至世界和平的发展都具有至关重要的现实意义。

首先，在政治结构上，美国与俄罗斯总统对国家对外政策都保有重要影响力。就美国而言，美国在权力结构设置上遵循分权制衡的原则，然而在对外事务上美国总统却保有较大的权力。尽管受到国会的牵制，但是行政命令明显增加了总统的对外政策权力，此外，总统在外交领域还拥有缔约权等权力。同时，美国的政治结构还使得美国形成了政治极化现象，这一现象可以说是当代美国国内政治最为显著的特点。随着民主党与共和党两党之间异质性以及党派内部同质性的增强，美国对外决策过程中的权力结构也在变化，更加突出了总统在对外事务中的权力。就俄罗斯而言，冷战后，其在苏联的基础上进行国家制度的重建与改革，经历了一段混乱时期。21世纪以来，在普京的领导下，俄罗斯的政治制度逐渐巩固，形成了垂直管理体系的超级总统制。这一制度赋予了俄罗斯总统在国内外的重大权力。研究美国与俄罗斯在总统权力设置上的相似性以及其对国家对外政策的影响，为比较政治提供了研究空间与意义。同时，两国的政治制度突出了领导人对国家对外政策的影响力，因此，以人格特质为关键变量的国际政治心理学成为研究美国和俄罗斯国内政治的重要分析视角。

其次，在战略文化上，美俄两国特有的战略文化对国家对外政策的影响深远。在对外关系领域，战略文化是一国历史传统与当代决策的有力结合。① 美国的国家特性中多元性特质明显，但是实际上，自由主义战略文化是美国的主导文化，这一主导性的战略文化建立在美国的政治经济体制基础上，在国内政策上表现为民主政治和市场经济，在对外政策上表现为"理想主义"、干涉主义以及国际主义等。美国对自身相对实力的认知决定了自由主义战略文化的影响力，尽管在不同历史时期，美国对外政策中的自由主义战略文化色彩程度不同，但是自由主义仍然是影响美国对外政策的文化要素；相对于美国，俄罗斯的战略文化则更为多元。俄罗斯在历史传统以及地理位置的共同影响下，形成了独特的战略文化。在俄罗斯的战略文化中，长期存在着以欧洲为中心的西方主义派，以东正教和俄罗斯古典文化传统为中心的民族主义派，以及以俄罗斯地缘文化构成历史为基础的欧亚主义派，三种战略文化的博弈在很大程度上决定了俄罗斯对体系刺激的感知②，进而影响俄罗斯的对外政策。除了传统要素之外，近年来，在普京个人影响力增强的态势下，俄罗斯对外政策中的民族主义、保守主义战略文化影响力也日益提升。由此可见，国内政治具有很强的系统性，战略文化、政治结构以及国家—社会关系具有高度的

---

① 庞大鹏：《俄罗斯的外交决策：人格特质与战略文化》，《俄罗斯学刊》2019年第2期，第5—24页。

② 徐博：《俄罗斯"东转战略"的国内政治影响要素探析：战略文化、央地关系与政治结构》，《当代亚太》2019年第6期，第47—66页。

互动性。

最后，在国家—社会关系上，美国与俄罗斯社会中的政治力量对两国的对外政策发挥着广泛而深刻的影响。民粹主义浪潮和利益集团政治是两国国家—社会关系的共同特点。民粹主义又被称为平民主义，并不是现代社会的新概念，而是深植于美国与俄罗斯的历史发展过程中：自"五月花"号到达北美新大陆后，美国一直秉持着"自治"的理念，在杰克逊这一平民总统的影响下，美国民粹主义不断壮大。此后，在美国的历史发展过程中，精英政治占据着主导地位。然而，进入 21 世纪以来，反全球化浪潮导致美国国家—社会关系下行，左翼民粹与右翼民粹的政治影响力日益壮大。奥巴马时期，以"占领华尔街"为主要标志的左翼民粹主义浪潮高涨，而至特朗普时期，在反全球化浪潮的催化下，右翼民粹主义浪潮崛起，特朗普在 2016 年大选中获胜显示着民粹主义浪潮对美国政治的强大影响力。拜登执政以后，在民主党建制派的影响下，民粹主义浪潮有所回落。俄罗斯是一个既古老又年轻的国家，苏联解体后，俄罗斯开始融入西方主导下的国际秩序。面对国家制度的剧变以及西方现代文明的冲击，俄罗斯国家—社会关系反应最为激烈。实际上，俄罗斯社会中的民粹主义传统由来已久。冷战结束后，俄罗斯经济在"休克疗法"的冲击下陷入停滞，不景气的经济状况以及随后形成的经济寡头加剧了俄罗斯社会对国家的不满。进入 21 世纪后，随着俄罗斯国家实力的逐步恢复，俄罗斯政治精英和民众的对外态度也在不断调整，受地缘政治局势的影响，俄罗斯民粹主义在 2014 年之后有了明显的抬头。俄罗斯民粹主义流派众多，对政治产生着至关重要的影响力。俄罗斯当代民粹主义的思想观念和政策主张主要包括：攻击建制派、摒弃复杂的政治设计、迎合民众的平均主义政策以及与民族主义相结合。[①] 俄罗斯民粹政治主义的这些主张在很大程度上塑造了今天俄罗斯对外政策的取向。

---

① 关贵海、林文昕：《俄罗斯民粹主义：现象、根源与特点》，《国际政治研究》2017 年第 2 期，第 25—51 页。

在国家—社会关系中，美国与俄罗斯都有着利益集团政治的突出特点。利益集团政治是美国国内政治的根本特征之一，对美国国内外政策发挥着至关重要的影响力。美国利益集团大规模形成于镀金时代。19世纪末，美国经济迅速发展，出现了以企业间合并为主要形式的横向兼并，以垄断为主要形式的各种利益集团由此形成，铁路运输业以范德比尔特·希尔为代表、钢铁业以安德鲁·卡内基为代表、石油业以约翰·洛克菲勒为代表以及金融业以约翰·摩根为代表。这些利益集团以游说、资助等形式，借助其强大的财力，对美国对外政策施加影响。其中，军工利益集团和农业利益集团对美国对外政策的关注度最高，两者对美国对外事务有着重要影响力。就俄罗斯而言，苏联解体之后，寡头对俄罗斯对外政策的影响力非常显著。普京自2000年执政以来，原有的寡头干政的状态被逐步消除，取而代之的是以新一代俄罗斯政治精英为核心的新的决策要素的出现。新一代的俄罗斯政治精英经过21世纪前20余年的发展，其队伍虽然不断壮大，且经历了数轮代际更替，但其核心圈层仍然保持相对稳定，同时俄罗斯不断壮大的能源工业综合体则成为了影响俄罗斯对外政策决策的主要利益集团。这些利益集团对俄罗斯对外政策有着极为重要的影响，是俄罗斯决策过程中的重要行为体。

由此可见，美国和俄罗斯国内政治变量复杂，且对两国对外政策保持着相对稳定的影响路径，因此，从国内政治角度出发来分析美国和俄罗斯的对外政策对两国具有重要意义。同时，研究美国和俄罗斯对外政策的内在形成动力，对分析国际体系转型乃至世界和平发展都具有重要意义。在国际关系中，大国往往主导了国际体系，大国政治与大国关系共同决定了国际体系的权力结构。美国和俄罗斯是当前国际体系中举足轻重的大国。美国是当前体系中最具影响力的国家，其凭借军事、科技、金融等支柱对国际政治、经济体系保持着强大而持久的影响力；而俄罗斯作为苏联的主要继承国，幅员辽阔，军事实力强大，有着充足的经济发展潜能。纵观历史，大国关系实际上决定了国际体系的转型与世界和平的发展。近年来，大国关系日益消极化，2022年的俄乌冲突更是对国际秩序造成了巨大冲击。然而，受到国内政治的牵制，大国的对外政策并非是线性和一成不变的，相反，国内政治为大国对外政策的调整提供了可能，从国内政治寻找大国对外政策的逻辑，为解释大国关系提出更为积极的思维方式，这不论是对理论发展抑或是现实政治都具有至关重要的意义。

第一章　俄罗斯和美国对外政策的国内基础

任何一个国家对外政策的制定都有其独特的国内基础。理解这种国内基础的核心要素对于我们全面理解该国的对外政策具有非常重要的意义。对于美国和俄罗斯而言，由于两国所处的地理环境、经历的发展历史差异极大，因此两国对外政策的国内基础也自然不同。对俄罗斯而言，其广袤的领土和多文明要素使得国家认同成为俄罗斯对外政策制定的核心要素之一。对美国而言，其在发展过程中形成的分权制度使得其对外政策往往呈现为国内不同力量斗争和博弈的结果，而强大的社会联盟在这一过程中无疑起到了极为重要的作用。因此，本章就相关问题进行分析。

尽管俄罗斯和美国对外政策的重要国内基础——国家认同与社会联盟，无论在内容还是结构上都不相同，但两者在对外政策的形成过程中都起到了相似的作用，即作为重要的中介变量将国内认同传导为国家的对外政策。同时，两国对外政策的国内基础形成方面也体现出了诸多共性的地方。首先，两国的地理环境对于两国国内政治的建构具有极其重要的影响。广袤的领土和多文明融合的特点塑造了俄罗斯的国家认同，并以此形成了俄罗斯对于自己大国地位的认知。在美国，其体现为以国内不同的产业地理为载体，逐渐形成了三大力量中心——东北部、中西部和南部，并由此构成了影响美国对外政策制定的国内社会联盟。其次，国内经济结构的形成可以通过建构国内政治特点从而影响对外政策的产生。如俄罗斯自身经济一体化程度不高，与全球技术链的联系和对生产全过程的参与有限，由此造成了其国内政治封闭趋势增强，进而影响了其对外政策的偏好；而影响美国对外政策的社会联盟则恰恰是以地域和产业分工为基础的。最后，国内政治的阶段性变迁对于大国的对外政策具有深远的影响。这体现为叶利钦时期与普京时期俄罗斯在内政与外交方面目标和手段的巨大差异，以及20世纪末与21世纪初美国社会联盟分化重组过程极大影响了美国对外政策的选择。以上这些共性都说明，了解大国对外政策形成的国内基础，尤其是其起到的传导作用是解释大国对外政策的一个重要途径。

第一节 国家认同与俄罗斯对外政策的联动

国家认同是一个国家对自我身份的明确认识，体现出一国之所以区别于另一国的特征。从国内政治维度而言，国家认同是国民归属感和政治合法性的重要来源；从对外政策维度而言，国家认同是一个国家相对于国际社会的角色，体现为自我的国际定位，反映了一个国家的国际观，是一国制定对外政策的重要思想基础。俄罗斯的国家认同问题是对俄罗斯对外政策和当今国际局势有着重大影响的问题之一，但同时也是不确定因素最多的问题之一。

一、俄罗斯国家认同建构的历史考察

苏联解体是当代俄罗斯国家认同建构的起点。在经历了苏联解体后40余年的发展，俄罗斯的国家认同在叶利钦时期和普京时期分别体现出了不同的发展特点。

叶利钦时期俄罗斯经历了国家性观念的形成与发展。在国家性观念的基础上执政阶层先后提出了"巩固国家"思想和"全民族国家"思想，俄罗斯的制度结构与机制运行也相应经历了艰辛探索，俄罗斯为此付出了不寻常的代价。危机与反危机成为叶利钦时期的治理常态。实际上，在叶利钦时期，国家性构成了俄罗斯社会各阶层的核心观念，这也是叶利钦执政思想的精髓。从某种意义上看，苏联解体前后俄罗斯社会思潮中的欧洲—大西洋主义可以视为国家性观念最终形

成的必要条件,"巩固国家思想"则是国家性观念雏形的标志,而"全民族国家思想"是国家性观念的官方意识形态表述。

在国家性观念的基础上,叶利钦对于俄罗斯的国家认同有清晰的表述:俄罗斯是一个具有自身独特利益和发展逻辑的独一无二的国家。这主要体现在以下几个方面。首先,从地缘政治的视角来看,俄罗斯是一个横跨欧亚大陆的国家,在欧亚大陆具有独一无二的地理位置。其次,从民族观点看,俄罗斯国家是一个由多民族组成的共同体。俄罗斯强调历史进程把俄罗斯民族和其他民族结合在一起,塑造了他们彼此平等,在统一的国家中相互协作的特点。最后,从经济观点看,俄罗斯拥有强大的潜力,包括知识和自然财富潜力,能够保证国家作为主权国而发展,并拥有必要的经济自给能力。俄罗斯的任何重大变化都会对世界产生影响。以上这些要素构成了叶利钦时期俄罗斯国家认同的基础。[1]

俄罗斯的国家利益是制定对内对外政策的基础。就内容而言,对内对外政策是个人、社会和国家切实重要利益的集中体现。国家利益及其时间和空间的要求可能随着国内外条件的变化而有所改变。[2] 因此,俄罗斯的国家认同也会发展变化,但是无论如何变化,执政阶层对于俄罗斯国家认同的深化是一个前后连贯的整体过程。

强国战略是叶利钦时期和普京时期对内认同的核心问题。俄罗斯的"强国梦想"到了普京时期被表述地更加直白。普京表示:俄罗斯唯一现实选择是做强国,做强大而自信的国家,做一个不反对国际社会,不反对别的强国,而是与其共存的强国。[3] 强国战略是普京时代

---

[1] "О национальной безопасности. Послание Президента Российской Федерации Федеральному собранию," Совет Федерации, 07.08.1996, https://base.garant.ru/3936408/.

[2] "О национальной безопасности. Послание Президента Российской Федерации Федеральному собранию," Совет Федерации, 07.08.1996, https://base.garant.ru/3936408/.

[3] "Послание Федеральному Собранию Российской Федерации," Кремль, 08.07.2000, http://www.kremlin.ru/events/president/transcripts/21480/videos.

内政外交的主线，而强国战略的目的还是维护和巩固俄罗斯的大国地位，这是俄罗斯荣誉观念的认同映射。2017年是彼得一世访问法国300周年。普京面对西方媒体坦诚：彼得大帝始终都在为俄国在国际事务中获得高贵的地位而斗争。①

对外维度认同则伴随着俄罗斯作为一个国际主体逐渐成长而建立。叶利钦时期的主要任务是使俄罗斯保留在国际政治体系中，但如何实现真正的大国地位则成了普京面临的问题。普京的总统人格特质恰恰适合完成巩固阵地、充实国际地位的任务。②

进入普京时期后，俄罗斯的国家认同问题被高度重视。2012年俄罗斯结束"梅普组合"，进入新时期。这一时期一个重要特点是内政与外交相互深刻影响，呈现完全联动的态势。2012年普京再次执政，在第一次总统国情咨文中开宗明义，其明确提出：21世纪的世界，面临经济、文明和军事实力的重新洗牌，俄罗斯应当成为一个深具影响力的主权国家。这里的"主权"不仅仅指俄罗斯要维持自己在地缘政治方面的影响力，还要继续提升主权能力，这个能力还包括俄罗斯维护独立和安全的军事支柱实力。只有主权能力提升了，俄罗斯才能成为邻国可以依靠的国家。与此同时，这种主权影响力对于俄罗斯国内发展也很重要，事关俄罗斯自身经济、文化、科技、教育等领域，涉及俄罗斯外交的集体行动。③

普京新时期对主权从对内对外两个层面的概括与2004年提出的"主权民主"思想一脉相承。"主权民主"思想就是从内部和外部两个方面来界定政治体制：内部主权意义是基础和核心，并制约着外部主权意义，外部主权意义加深了对于内部主权意义的认识。普京重拾

---

① "Интервью Владимира Путина французской газете Le Figaro," Президента России, 31.05.2017, http://www.kremlin.ru/events/president/news/54638.

② Федор Лукьянов, "Три главы одной истории: президентство как зеркало реальности," РИА Новости, 12.06.2011, http://ria.ru/politics/20110612/386651921.html.

③ "Послание Президента Федеральному Собранию," Кремль, 12.12.2012, http://www.kremlin.ru/events/president/news/17118.

这种解读，其着眼点在于新时期俄罗斯的国家认同。这与普京重新执政之初的政治生态密切相关。普京认为世界发展处于新阶段，这个阶段的特点是世界遭遇系统性危机，处于全球转型的结构性进程，向新的文化、经济、技术和地缘政治时代过渡。"单极世界"已经没有能力维护全球稳定，而新的实力中心尚未形成。普京认为，在这样一个"全球大转型"的时代，俄罗斯的发展也进入了一个新阶段。普京本人将苏联解体后的20年定义为"俄罗斯的重建时期"和"俄罗斯发展的后苏联阶段"，指出未来10年是"全球大转型时代"，是"俄罗斯依靠自身的文明模式、历史地理及文化基因发挥应有的作用"的新阶段。[①] 既然是国际大转型和国内发展新阶段，俄罗斯首要的任务自然是对国家认同的重新定义和强化。

对内和对外两个层面的需要对新时期俄罗斯的国家认同提出了新的要求。2013年普京进一步提出俄罗斯是世界不可替代的政治力量。[②] 俄罗斯坚持保守的立场，保护传统价值观，因为数千年来这些一直是俄罗斯文明和各民族精神和道德的基础。[③] 2014年乌克兰危机前后，普京把"俄罗斯世界"从作为一种传统语言文化的理解，上升为整合境外同胞跨族裔性问题的一种理念支撑。2015年俄罗斯联邦政府与智库互相配合，有计划有步骤地提出了"大欧亚"理念。同时东正教大牧首也发声，配合政府宣传传统价值观问题。[④] 2016年俄罗斯继续运筹"大欧亚伙伴关系"，实际上跳出了俄罗斯战略界辩论的欧亚大陆体系与欧美大陆体系之争，并且和西方国内的民粹主义、反建制主义、保守主义相互贴合。2017年11月1日，国家杜马主席沃洛

---

① "Россия сосредотачивается – вызовы, на которые мы должны ответить," Российская газета, 16.01.2012, https://rg.ru/2012/01/16/statya.html.

② "Заседание международного дискуссионного клуба 《Валдай》," Кремль, 19.09.2013, http://www.kremlin.ru/events/president/news/19243.

③ "Послание Президента Федеральному Собранию," Кремль, 12.12.2013, http://www.kremlin.ru/events/president/news/19825.

④ "Патриарх Кирилл призвал депутатов Госдумы противостоять ценностям, разрушающим личность," News.RU, 22.01.2015, http://www.newsru.com/religy/22jan2015/kirill_gosduma.html.

金作为官方代表正式提出俄罗斯传统价值观——"家庭、信仰、团结、祖国、公正",回应了2012年普京提出的命题。① 纵观2012—2017年普京新时期执政理念,普京在国家认同这个层面,从对内对外两个维度,以保守主义传统价值观、"俄罗斯世界"和"大欧亚"三个层次,实现了对意识形态和治国理念的统筹。

在对国家认同内涵的挖掘不断深入的背景下,俄罗斯内政外交的联动性出现新的特点。从2016年12月俄罗斯联邦政府发布的对外政策构想可以看到,俄罗斯对于国际事务的重大策略已经出现变化,动用武力实现目的的愿望不断变得强烈。② 2017年在瓦尔代俱乐部会议上,俄罗斯提出:国际秩序的构建是一种"创造性的破坏"。③ 对外政策的这种变化,对内政产生了深刻影响。俄罗斯国内政治当前突出的特点之一就是强力部门力量的重组以及强力部门在国内政治地位的强化,包括强力部门的人员被重新安置在政府核心关键岗位。可见,对外政策的变化固化了俄罗斯内政的原有特点。内政变化的影响直接导致俄罗斯国家实力是建立在强力部门和军事能力的基础上而非金融和经济的基础上,这使得俄罗斯外交所服务的国家利益被强力部门和所谓大垄断企业的部门利益捆绑,从而进一步导致俄罗斯出现了战略冲动和"用兵"的外交倾向。

那么,对于俄罗斯国家认同的内在和外部联动性究竟该如何认识?国家对外行为与国内政治是以一种双向影响的方式相互联系,这两个领域的问题与行为体往往重合。国际政治理论中用"双层博弈"的概念解释这一现象,就是国家元首在对内与对外两个棋盘上同时进行政治博弈:国际环境和国内环境具有不同的规律,决策者必须做出

---

① "Володин сформулировал пять базовых ценностей России," ИНТЕРФАКС, 01.11.2017, http://www.interfax.ru/russia/585679.

② "Концепция внешней политики Российской Федерации," Министерство иностранных дел Российской Федерации, 01.12.2016, http://www.mid.ru/foreign_policy/news/-/asset_publisher/cKNonkJE02Bw/content/id/2542248.

③ "Заседание Международного дискуссионного клуба《Валдай》," Кремль, 19.10.2017, http://www.kremlin.ru/events/president/news/55882.

选择以应对复杂性并决定问题的优先次序。① 俄罗斯在国家认同问题上的发展变化也符合这一规律。然而，俄罗斯还有其特殊性。这里试图以俄罗斯国家认同建构的历史脉络为引，解读俄罗斯在国家认同问题上的特殊性及其对俄罗斯对外政策的影响。

二、俄罗斯国家认同的传导机制

研究俄罗斯国家认同问题的价值在于：一方面，通过研究国家认同问题理解俄罗斯内外政策的特点；另一方面，俄罗斯内政外交的举措与理念是否与外部世界对它的认知相互匹配也是俄罗斯谋求稳定外部环境的关键。一般认为，外因是变化的条件，内因才是变化的根据。国家认同问题固然存在如前所述的双层博弈现象，但是这一现象也需要通过内在的传导机制才能具体发生作用。笔者认为，俄罗斯国家特性和国家治理的路径依赖决定了俄罗斯在国家认同问题上主要面临三组关系的挑战：国家安全利益与社会发展利益关系，经济现代化与政治权力结构自主性关系，政治现代化与政治控制关系。这三组关系存在的矛盾现状与解决方式实际上构成了俄罗斯在国家认同问题上的传导机制。

第一，安全利益高于发展利益。俄罗斯地处世界几大文明社会的交汇处，历史上还是草原帝国的战争通道。按照俄罗斯政治基金会主席尼科诺夫的看法："我们（俄罗斯）从东方手里解救了西方国家，又从西方手里解救了东方国家。近千年来，俄罗斯只有一半的和平时期。不是俄罗斯进攻别人，而是别人从四面八方进攻俄罗斯。俄罗斯一直有同样的地缘政治利益，必须捍卫这种利益，如果放弃，俄罗斯就无法存在。这就是问题之所在。"② 安全利益高于发展利益，这是俄罗斯国家特性的一个鲜明特点。

---

① [英] 克里斯托弗·希尔著，唐小松、陈寒溪译：《变化中的对外政策政治》，上海人民出版社2007年版，第257页。

② Никонов Вячеслав Алексеевич, "Современный мир, новые реальности," Стратегия России, No. 8, 2009.

第一章 俄罗斯和美国对外政策的国内基础

俄罗斯不是依靠经济来维持国内安全和政治稳定的,事实上,俄罗斯国家治理依靠的是自己一以贯之的手段,这些手段被概括为六大支柱:地缘政治位置、政治控制、国民心态、自然资源、用兵和强力部门。地缘政治位置指俄罗斯与自己想要投放力量的大部分地区都接壤,而且没有地理屏障将它与自己的目标隔开,使得俄罗斯能够以低廉的成本在当地施加各种影响和威慑;政治控制指权力结构的集权化;国民心态指俄罗斯的荣誉观念[1];自然资源既指俄罗斯不依赖外界的自给自足能力,又指俄罗斯把资源视为政治武器的能力;用兵指俄罗斯倚重军事战略力量,如核武器来协调力量对比和确保领土完整;强力部门指俄罗斯强大的情报机构等,其一直是俄罗斯最牢固的支柱。[2]

无论是在20世纪90年代俄罗斯的困难时期、2009年金融危机的调整时期,还是2014年乌克兰危机后面临西方制裁的艰难时期,俄罗斯的经济都遭遇了巨大压力和挑战,金融保障能力减弱。按照西方国家的政治逻辑,这意味着国家实力的衰退,进而会对俄罗斯的国际运筹产生消极影响。然而,至少在普京时期,经济实力的下降并没有对俄罗斯对外投放能力产生明显影响。从俄罗斯历史发展的间断性周期特点看,在从衰败到崛起的上升周期内,经济发展问题并不是俄罗斯政治稳定和对外实力的基础。

第二,经济现代化与权力结构自主性之间存在张力。俄罗斯没有深度融入国际经济,仍在经济全球化边缘徘徊。俄罗斯自身经济一体化程度不高,这包括对全球技术链的联系和对生产全过程的参与度有限。这也极大影响了俄罗斯的国内政治。俄罗斯较浅的一体化进程,使各地区各部门无法产生对全新经济形态指导与管理的动力,俄罗斯

---

[1] [俄]安德烈·P. 齐甘科夫著,关贵海、戴惟静译:《俄罗斯与西方:从亚历山大一世到普京:国际关系中的荣誉》,上海人民出版社2017年版。

[2] Lauren Goodrich and Peter Zeihan, "The Financial Crisis and the Six Pillars of Russian Strength," Russian World Forum, March 3, 2009, https://rolandsanjuan.blogspot.com/2009/03/financial-crisis-and-six-pillars-of.html.

的经济危机也因而具有政治性。①

俄罗斯的发展模式可以分为动员模式、食利者模式、惯性模式和现代化模式。② 普京虽然打破了 20 世纪 90 年代寡头的垄断,但由于权力和财富紧密连接在一起,所有权与政治特权关联,俄罗斯能源经济基本上是政治性的。③ 这是一个财富重新分配和寡头阶层不断变化的循环过程。④ 正如梅德韦杰夫所指出的:只有实现包括人的现代化在内的全面现代化,才能创新知识和造福民众。这是一种智慧型经济取代资源型经济的过程。⑤ 而这种智慧型经济与政治权力结构的自主运行相关。

普京承认俄罗斯在竞争机制和参与机制上存在弊端,因此公开提出俄罗斯在国家机制发展不成熟的现实下需要优化管理模式,采取"手动管理方式"。实行这一方式的关键在于逐步改革国家治理机制,同时,"手动管理方式"只适用于一个时期,且该方式要与俄罗斯的动员模式相互适应。俄罗斯学者认为,俄罗斯保守派的行事逻辑立足于政治稳定这一基础,这是"普京大多数"⑥ 的期望。对保守派而言,最重要的政治成果是政治稳定,因此担心修改方针会引发国家混

---

① Harley Balzer, "Eager Dragon, Wary Bear: Why China and Russia Have Parted Ways," International Herald Tribune, September 24, 2007, http://www.nytimes.com/2007/09/24/opinion/24iht - edbalzar. 1. 7616634. html?_r = 1.

② Игорь Юргенс, "В ожидании перемен, У России есть четыре пути, один из них -《к золотому миллиарду》," Институт Проблем Прелпринимательства, 10. 01. 2008, https://www. hse. ru/news/1163621/1147798. html.

③ Dmitri Trenin, "Russia Redefines Itself and Its Relations with the West," Washington Quarterly, March 1, 2007, http://carnegieendowment. org/publications/index. cfm? fa = print&id = 19111.

④ Neil Buckley, Arkady Ostrovsky, "Back in Business – How Putin's Allies Are Turning Russia into a Corporate State," Financial Times, June 19, 2006, https://www. ft. com/content/138ae38e - fef1 - 11da - 84f3 - 0000779e2340.

⑤ "Послание Федеральному Собранию Российской Федерации," Кремль, 12. 11. 2009, http://www. kremlin. ru/events/president/transcripts/messages/5979/videos.

⑥ 注:指以普京为首的俄罗斯保守主义政治精英。

乱。但目前俄罗斯已到了维持原状可能会阻碍现代化发展的时期。在缺失实力强大的反对派的现实背景下，维持政治稳定反而造成政治封闭的趋势正在加强。[1]但必须指出的是：在已建立起足够稳定的垂直管理体系的现阶段，俄罗斯的发展需要更加富有竞争力的政治和经济空间，只有这样才能更有力地推动经济的发展。[2]

第三，政治现代化的开放性本质与政治控制的路径依赖之间存在矛盾。关于俄罗斯发展道路的争论，首先体现为必须要解决的现代化的类型问题：一种与社会的智识革命和人的观念转型相互联系，重点是人的现代化，着眼于建立自我管理的公民社会，形成竞争与妥协文化结合的民主制度基础；一种与工具理性相关，走技术革新的道路。两种现代化的政治绩效差别明显，前者被认为可以为稳定的经济增长和社会发展奠定基础，后者则被认为有可能不断累积矛盾，现代化进程受挫，并导致再向传统社会倒退。

普京倾向于第一种现代化模式。他在2013年的"瓦尔代俱乐部"会议上明确表示：俄罗斯的不可替代性与它在国际舞台上发挥重要作用的能力，不仅由外部因素，更是由内部因素决定。俄罗斯要抗御外部以及内部的挑战，在全球竞争的大背景下获得成就，就必须依靠受过良好教育和富于创造性的民众，而非自然资源或是核武器。[3]俄罗斯外交和国防政策委员会主席团主席卢基扬诺夫指出：普京的这个理念反映了他的新发展哲学，重视的是人的现代化。若要长期在外交上采取灵活多变的战术方法，俄罗斯需要在内部营造一种氛围，让人的潜力都发挥出来。军事实力仍是大国捍卫自身不可侵犯性的手段，但是在技术和智力领域的竞争才是重中之重，决定着国家在全球的影响力。最重要的竞争是人才竞争，关注和吸引创新人才，并为他们实现

---

[1] Игорь Бунин, "Кризис в современной России: социально‑политическое измерение," Политком. RU, 04.02.2009, http://www.politcom.ru/7573.html.

[2] Игорь Бунин, "От 《ручного управления》 к развитым институтам," Политком. RU, 07.07.2008, http://www.politcom.ru/6462.html.

[3] "Заседание международного дискуссионного клуба 《Валдай》," Кремль, 19.09.2013, http://www.kremlin.ru/events/president/news/19243.

自我价值创造条件。①

　　实际上，在 2009 年梅德韦杰夫就提出了俄罗斯的新政治战略，指出俄罗斯全面现代化的核心在于政治现代化，政治现代化的关键在于人的现代化。政权争取社会支持、稳定民众情绪、避免民粹主义激进化的重要途径，是给民情民意的表达提供适当的舆论空间，以及进行必要的疏导，这是政治现代化开放性本质的基本要求。但是，目前"控制局势"的议题是俄乌冲突后普京在俄罗斯政治领域的核心任务。而普京也通过在俄罗斯基本政治制度的运行机制上进行的一系列针对性极强的改革，完全实现了对政治体系的内部控制。这种开放政治与控制局势之间存在矛盾，这种矛盾的张力实际已经在近年来俄罗斯政治生态中体现。如何让政治体系各部分之间连续改善而不至于出现政治退化现象是普京连任之后面临的紧迫问题。

　　上述三组关系，反映了俄罗斯政治、经济、外交之间的密切关系，是普京在对内对外维度打造俄罗斯国家认同时面临的三大难题。现在的俄罗斯不仅要以结构改革带来利益改革，更主要的是现在的内政经济外交，完全固化融合、紧密联动甚至呈现出难以改变的一体性，这导致普京连任之后政策调整的空间不大。

　　正是俄罗斯的国家认同存在上述三组关系，西方认为俄罗斯是"一头决不可能驯服的熊"。在西方看来，苏联解体后出现了"新俄罗斯"，其基础建立在它自己的历史上；俄罗斯不会回到国家计划的轨道，但是其经济远不会是竞争性的市场经济；俄罗斯不会接受专制，但是会限制民主；俄罗斯会避免征服性战争，但是又唯恐失掉其权力和威望。

　　在西方看来，叶利钦时期法制缺失，新出现的寡头同国家勾结在一起，并把控制权伸展到俄罗斯境内及周边。西方认为车臣战争加强了总统和安全机构的地位，同时也割断了叶利钦同虚弱的民主派的联系。新的资本权力和旧的政治权力建立了联盟关系。财富和权力分配

---

　　① Федор Лукьянов, "Незаменимая держава," РИА Новости, 20.09.2013, https://ria.ru/analytics/20130920/964803117.html.

不均使俄罗斯出现食利者经济，即资源型发展模式，依赖石油和天然气等产生的能源红利发展经济缺乏竞争动力。而普京长时期执政的现实让西方思考它们究竟面临的是"普京难题"还是"俄罗斯难题"。苏联解体后的俄罗斯不仅受到苏联时期的影响，更面临沙俄时期几百年的家长式统治的影响，它希望自身迅速成为一个成熟的西方式的民主国家是不切实际的。但是由于存在上述三组关系的传导机制，在西方看来，俄罗斯难以避免进一步走向孤立主义，拥有数百年历史的国家民族主义观念会成为压倒式的社会情绪。

上述西方对于俄罗斯的理解实际上也是美国 2017 年 8 月制定《以制裁反击美国敌人法案》反击俄罗斯的深层原因。俄罗斯与西方在三组关系上的不同认识已经在美国乃至西方逐渐累积起深厚的反俄思想和政治基础。西方视野里看到的已经不仅仅是"普京难题"，更是"俄罗斯难题"。

三、国家认同影响下俄罗斯对外政策的演化

俄罗斯国家认同的外部联动性体现在由此形成的国际观及其外溢效应。在俄罗斯很多精英看来，世界金融危机爆发后，世界舞台上的力量对比迅速变化。自 10 世纪以来，世界政治都是以西方为中心的，但目前西方中心主义正在走向末路。与此同时，国际关系中的军国主义化重新抬头，军备控制体系被摧毁，这对于俄罗斯保障国家安全所倚重的战略稳定是一种巨大影响。从戈尔巴乔夫时期和叶利钦时期的实践看，俄罗斯难以成为西方体系的一部分。所以大部分俄罗斯政治精英都认为，在可预见的未来，俄罗斯的行动别无选择，俄罗斯只能起独立力量中心的作用，只能奉行独立的外交方针。①

随着俄罗斯提出"大欧亚"思想，俄罗斯精英阶层提出，应该建立"当代的维也纳会议"。维也纳会议是 1815 年拿破仑战争后召开的会议，遵循均势原则构建欧洲大陆的均势秩序。这种体系 19 世纪就存在

---

① Никонов Вячеслав Алексеевич, "Современный мир, новые реальности," Стратегия России, 2009, No. 8.

了，1814—1914 年被称为"欧洲大国协奏曲时代"，其基调是在力量和利益平衡的基础上设立共同的游戏规则。俄罗斯国内围绕遵循均势原则，逐渐明确很多外交倡议。例如，对于上海合作组织的定位日益明确。按照卡拉甘诺夫的观点：第一，要让上海合作组织成为"大欧亚"这一新共同体的中心力量。因为它是建立这种伙伴关系的天然谈判平台，前提是需要赋予该组织更多活力和开放性，将其从一个单纯的地区组织变为安排各组织讨论问题的平台。可以从专家平台开始，随后是欧亚大陆发展、合作与安全的专家平台。利用上海合作组织这样的现有国际组织比成立还没有制度基础的新组织更便利。第二，要在上海合作组织基础上成立新机构。这就需要成员国，首先是俄中两国有效协作。俄中在上海合作组织内的行动，中国主要负责经济领域，俄罗斯主要负责安全领域。如今，上海合作组织的发展需要一个能抹平旧有矛盾的新机制，即构筑"大欧亚伙伴关系"，后者需要协同各方的努力和具体优势来实现共赢。①

俄罗斯之所以对上海合作组织有这样的新要求，与俄罗斯国际观的变化不无关系。2014 年"瓦尔代俱乐部"会议的主题是"世界秩序：新规则还是无规则？"，2015 年为"在战争与和平之间：跨越冲突的逻辑"，而 2016 年"瓦尔代俱乐部"会议的目光更为长远，它的主题是"未来在形成中：塑造明天的世界"。这些主题明显与俄罗斯极为关切的国际定位紧密相关。普京在该会议上表示："从实质上说，全球化本身已岌岌可危，欧洲多元文化主义政策也已破产。"②

全球化处于危机中，因此俄罗斯希望按自己的构想重塑全球格局与秩序。卢基扬诺夫认为，全球化遭到来自两个方面的挑战：一是在当前世界秩序的构建中由于是西方主导，很多国家并没有发挥作用，因此这个世界秩序是不公正的；二是得到俄罗斯支持的西方国家反建制派的政

---

① Сергей Караганов, "От поворота на Восток к Большой Евразии," международная жизнь, 2017, No. 5.
② "Заседание Международного дискуссионного клуба 《Валдай》," Кремль, 27.10.2016 http：//www.kremlin.ru/events/president/news/53151.

治力量也抵制全球化，认为它不是普惠于大多数人的制度安排。这两股趋势阻碍了国际经济和安全合作。① 在此基础上，俄罗斯主张重建世界格局的声音不在少数。第一，宣称用世界新秩序取代美式寡头秩序，认为世界出现两个对立的进程，一个是美国领导人的霸权秩序，一个是创造没有美国霸权的替代世界秩序。也就是说，伴随着不可避免的混乱，世界从多极走向两极的趋势开始形成，一极以美国为中心，另一极在欧亚地区。第二，国际关系体系的治理水平下降已成为现实话题，以各种规则为准绳的世界秩序基础正在瓦解。从更广泛的意义上说，美国独霸的单极世界秩序正在成为历史。这一秩序还是大规模动荡的根源，这在很大程度上是由于美国参与别国的政权更迭。愈演愈烈的中东乱局即是这种做法错误的例证。但是令人担忧的是，以美国为中心的秩序将会被什么所取代。第三，在国际秩序调整的关键时期，包括美国在内的许多发达国家正在发生的重大政治变动加剧了这种担忧。俄罗斯致力于恢复自己的硬实力，其将是新的国际秩序的支柱之一，这种新的国际秩序要比美国主导下的世界更为稳定。②

在2017年"瓦尔代俱乐部"会议上，普京再次发表了关于国际秩序的看法。第一，西方在冷战中取得地缘政治胜利。第二，西方在20世纪的许多成果是在应对苏联的挑战中取得的，包括提高生活水平、建立强大中产阶级、改革劳动力市场和社会领域、发展教育、保障人权、消除种族歧视等。第三，冷战结束后，本来出现了翻开历史新篇章真正的独一无二的机会，但是西方却在分享苏联的地缘政治遗产后，坚信自己的绝对正确性并以"冷战胜利者"自居，公开干涉主权国家内政、输出"民主"思想。第四，俄罗斯遭遇了势力范围的重新划分和北约东扩。俄罗斯与西方之间是"失落的25年"，错失大量改善关系的良

---

① Richard Weitz, "Russia Wants to Remake Globalization in Its Own Image," Hudson Institute, November 24, 2016, https：//www.hudson.org/research/13192 - russia - wants - to - remake - globalization - in - its - own - image.

② Сергей Караганов, "Взаимное гарантированное сдерживание," Россия в глобальной политике, 22.02.2017, http：//www.globalaffairs.ru/pubcol/Vzaimnoe - garantirovannoe - sderzhivanie - 18608.

机，造成了双方的互不信任。第五，全球不平衡进一步加剧。①

　　普京的观点与 2017 年"瓦尔代俱乐部"会议的主题异曲同工。2017 年"瓦尔代俱乐部"会议的主题是"创造性破坏：新国际秩序是否会从冲突中产生？""创造性破坏"取自熊彼特的《经济发展理论》，指创新不断地从内部革新经济结构，即不断破坏旧的、创造新的结构。创造性地打破市场均衡，才会出现企业家获取超额利润的机会。"瓦尔代俱乐部"会议选取"创造性破坏"作为对新国际秩序的期许，很难不让人联想到其对现有国际秩序推倒重来的潜在意图。

　　与内在联动性一样，外部联动性体现出的国际观并没有对俄罗斯谋求稳定的外部环境起到实质作用。

　　在西方看来，俄罗斯放弃了要成为一个替代全球资本主义秩序体系的意识形态领导者或者另一种军事与政治集团的地缘政治领导者的想法，但却没有放弃其作为文明国家的身份和成为全球领导者的愿望。对于西方国家来说，俄罗斯既不是理所当然的敌人，也不是天然的朋友。俄罗斯有克制地做出调整以适应国际体系，其战略目标很清楚：融入而不加入，但融入国际体系的速度及形式要根据俄罗斯的意愿。普京任内的俄罗斯寻求进入国际体系的核心，并且是按照自己要求的条件进入核心，从而试图重新确定核心国家的霸权结构。② 俄罗斯不仅想恢复其帝国地位，而且想重新获得超级大国地位。凭借经济手段，俄罗斯是无法达到后一目标的，实力和影响力的实现形式是辉煌历史和军事力量。俄罗斯的强国要求所一贯依靠的是军事能力。③ 西方认为，俄罗斯善于布局和用兵，但缺乏具有连贯性的经济战略，这个事实从根本上导致其无法长久维持大国地位。俄罗斯既没有融入自由秩序，也没有自己的可行替代方案。强大的军事力量或娴熟的外

---

① "Заседание Международного дискуссионного клуба《Валдай》," Кремль, 19.10.2017, http://www.kremlin.ru/events/president/news/55882.

② Richard Sakwa, "'New Cold War' or Twenty Years' Crisis? Russia and International Politics," International Affairs, Vol. 84, No. 2, 2008, pp. 241 – 267.

③ R. Pipes, "Is Russia Still an Enemy?" Foreign Affairs, Vol. 76, No. 3, 1997, p. 65.

第一章 俄罗斯和美国对外政策的国内基础

交手段可以但只能在短时间内掩盖自身经济问题。如果没有一个更加强有力的经济基础，俄罗斯雄心与实力之间的差距将继续扩大。国际经济一体化的特征能够解释俄罗斯在世界格局中的地位，而且对俄罗斯以后的发展轨迹也具有深刻影响。没有深度参与国际一体化进程，就难以真正持续发挥影响。①

俄罗斯国际事务委员会主任科尔图诺夫认为，尽管普京希望缓解紧张局势，但他并不愿向西方做出重大让步，因此与西方的紧张关系虽不会升级，但也很难期待出现突破。② 乌克兰危机后西方对普京及俄罗斯体制形成统一看法。在西方看来，首先，普京及其支持者放弃已经取得成果的可能性很小。其次，西方也对进一步施压普京可能产生的效果不抱过多的期望。最后，只要俄罗斯仍然觉得西方的压力是暂时的，在制裁问题上西方可能陷入分歧，那么俄罗斯政权更迭的可能性就很小。③

俄罗斯精英把全球化与美国化相提并论，常常把它看作是对俄罗斯未来的威胁。国内强力阶层政治地位的增加又进一步加深了反西方主义的社会情绪。尽管如此，俄罗斯可能受到孤立和走向孤立的最大威胁还是来自自身。在俄罗斯，"千禧一代"年轻人被称为"普京一代"。"普京一代"尽管对开放政治有强烈诉求，但是他们希望看到自己的国家重新成为独立于欧洲—大西洋共同体之外的强大国家。④

总之，虽然俄罗斯幅员辽阔，自然资源丰富，具有长期潜力，但

---

① Harley Balzer, "Eager Dragon, Wary Bear: Why China and Russia Have Parted Ways," International Herald Tribune, September 24, 2007, http://www.nytimes.com/2007/09/24/opinion/24iht – edbalzar. 1. 7616634. html?_r = 1.

② Сергей Строкань, Павел Тарасенко, "'Валдаю' и миру – Владимир Путин назвал основные причины кризиса в международных отношениях," Коммерсантъ, 28. 10. 2016, http://www.kommersant.ru/doc/3127448.

③ Kimberly Marten, "Putin's Choices: Explaining Russian Foreign Policy and Intervention in Ukraine," The Washington Quarterly, Vol. 38, No. 2, 2015, pp. 189 – 204.

④ Sarah E. Mendelson, "Generation Putin – What to Expect from Russia's Future Leaders," Foreign Affairs, Vol. 94, No. 1, 2015, pp. 150 – 155.

是苏联解体后俄罗斯所面临的经济、军事和政治缺陷直接约束了俄罗斯在国际上的作用。从短期看,俄罗斯的问题和解决办法之间存在的矛盾性会限制俄罗斯的国力。除了俄罗斯力量所受到的物质约束外,还有一种最具约束力的理念约束,即俄罗斯对外政策的目标与可利用的手段不相匹配。因此,俄罗斯国家认同问题的真正局限性在于俄罗斯力量受到的约束,这种约束体现在俄罗斯的雄心和能力之间的张力关系。如何解决国际格局的力量对比和俄罗斯对于自身认识之间的不匹配关系是俄罗斯国家认同长期存在的问题。①

第二节 社会联盟与美国对外战略的演化

一、美国对外战略研究的历史考察

国际关系学界围绕国内政治与国际政治在美国对外战略中分别发挥着何种作用这一问题,一直存在各种各样的争论。例如,法国政治学者亚历克西斯·托克维尔便在其代表作《论美国的民主》中指出,由于美国推行以两党制和权力分立为核心的政治制度,政府在制定对外战略时便不得不解决由决策"政治化"而来的低效率难题,这就导致美国的外交实践难以充分满足其作为一个大国的战略需要。② 然而代表国际关系传统主流理论的现实主义则认为,地缘政治及其背后的国家利益考虑始终是美国对外战略制定和变迁的决定因素,美国民主与共和两党与它们各自代表的政治力量尽管在各类国内议题上存在大量分歧和斗争,但"政治止于水边"——两党在国内议题上形成的相互斗争态势不能影响外交上的团结协作——的戒条历来是美国大战略制定的最重要原则,因而以权力制衡为特征的国内政治制度并未对外

---

① Sherman W. Garnett, "Russia's Illusory Ambitions," Foreign Affairs, Vol. 71, No. 2, 1997, pp. 61 – 76.

② Alexis de Tocqueville, "Democracy in America," New York: Alfred A. Knopf, 1945, p. 106.

第一章　俄罗斯和美国对外政策的国内基础

交构成实质性影响。①

通过回顾历史尤其是二战结束以来的美国外交史可以发现，以上两种视角均无法就美国对外战略制定和变迁背后的逻辑给出令人满意的解释。首先，用权力制衡的国内政治制度观察美国外交存在机械化的根本缺陷。例如，近年来总统和国会、民主党同共和党在对外战略上的确表现出了明显的党派性，使得美国外交总是处于扩张与收缩交替的"钟摆"状态中，然而在冷战时期，两党以及行政—立法机构却在对外战略上有过长期有效的合作，最终帮助美国成功地构建起一套稳定的、以对社会主义阵营进行遏制和在所谓"自由世界"推进多边合作为核心内容的自由国际主义战略。② 毫无疑问，上述两种相反的情况无法根据国内政治制度给出逻辑一致的论证。其次，认为地缘政治在美国对外战略的形成和演化中扮演关键角色的现实主义观点忽视了美国作为一个"单元"所具备的内部复杂性，将国际体系层面的影响泛化和绝对化。③ 例如，现实主义理论无法说明为何同样处于美苏对峙的两极格局之下，美国在冷战初期兴起的自由国际主义战略在20世纪60年代末便开始衰落，两党在外交上的分歧和冲突逐步取代了共识与合作；④ 类似地，它也无法解释为何同样处于冷战结束后国际体系的"单极时刻"，比尔·克林顿政府同小布什政府却在美国对外战略选择上出现了方向性的差异。⑤

---

① Hans J. Morgenthau, "In Defense of the National Interest: A Critical Examination of American Foreign Policy," New York: Alfred A. Knopf, 1951.
② G. John Ikenberry, "Liberal Leviathan: The Origins, Crisis, and Transformation of the American World Order," Princeton: Princeton University Press, 2011.
③ Peter Trubowitz, "Defining the National Interest: Conflict and Change in American Foreign Policy," Chicago: The University of Chicago Press, 1998, p. 241.
④ Charles Kupchan, Peter Trubowitz, "Dead Center: The Demise of Liberal Internationalism in the United States," International Security, Vol. 32, No. 2, 2007, pp. 7–44.
⑤ Jack Snyder, Robert Shapiro and Yaeli Bloch-Elkon, "Free Hand Abroad, Divide and Rule at Home," World Politics, Vol. 61, No. 1, 2009, pp. 155–187. "单极时刻"的说法，引自：Charles Krauthammer, "The Unipolar Moment," Foreign Affairs, Vol. 70, No. 1, 1990/1991, pp. 23–33。

基于此，本节试图回答的问题是：国内政治和国际政治在美国对外战略的历史变迁中各自发挥着何种作用，以及如何将二者在逻辑上进行关联与统合，才能形成一个更为系统并更具说服力的关于美国对外战略演化的理论框架的解释。

美国的对外战略或曰"大战略"，通常是指该国为实现其安全、权力、财富和价值观等国家利益而对军事、外交和经济等手段的综合运用。① 从利德尔·哈特、沃尔特·李普曼、乔治·凯南到罗伯特·阿特、巴里·波森及柯庆生，大量学者的相关研究尽管侧重点不同，但都一致认为美国对外战略的本质就是利益与权力、目标与手段间的平衡与统筹。② 这种解释暗含了一项假定，即美国的国家利益是一个明确和统一的概念，因此其对外战略的目标在于有效回应外部环境带来的挑战，维护并增进其利益。显然，这一假定反映出的是一种长期以来主导国际政治（包括美国对外战略）研究的"结构主义"范式，即抽象掉了影响美国对外战略形成和演化的国内政治、社会因素，将国家作为一个内部统一和同质化的单元进行分析，认为国际体系压力对美国对外战略的影响是直接和线性的。然而就像美国学者本杰明·福特汉姆指出的，由于美国国内政治的多元化特征，国际体系压力在任何时期对美国国内不同的政治行为体所造成的影响都不可避免地存在差异，这就导致国内行为体在外交上的利益诉求及其对国际体系压力的认知迥然不同甚至经常出现矛盾，进而使得美国的对外战略选择成为各类国内行为体进行博弈的"政治斗争"的结果。忽略这一点，

---

① Robert Art, "A Grand Strategy for America," Ithaca: Cornell University Press, 2003.

② Liddell Hart, "Strategy," New York: Praeger, 1954, p. 31; Walter Lippmann, "U. S. Foreign Policy: Shield of the Republic," New York: Little Brown, 1943; George Kennan, "American Diplomacy," Chicago: University of Chicago Press, 1985; Barry Posen, "The Sources of Military Doctrinc," Ithaca: Cornell University Press, 1985, p. 13; Robert Art, "A Grand Strategy for America," Ithaca: Cornell University Press, 2003, p. 55; Thomas Christensen, "Useful Adversaries: Grand Strategy, Domestic Mobilization and Sino – American Conflict, 1947 – 1958," Princeton: Princeton University Press, 1996, p. 7.

便无法就美国对外战略的形成及其变迁给出合理的解释。①

无独有偶,研究美国对外政策及其国内政治根源的美国学者彼得·特鲁波维兹也认为,美国的国家利益并非为分析其对外战略的预设前提,而是国内各地域间进行斗争的政治产物。因此,国家利益以及为维护这种利益而制定的对外战略,本质上并不能体现美国作为一个整体的全貌,这就意味着美国并不存在一种严格意义上的"国家利益"。如果能够认识到这个事实,就必须将研究视角从国家层面转移到地域层面,只有这样才能对所谓国家利益进行准确界定,进而找到美国对外战略制定背后的逻辑。② 正如20世纪80年代中后期美国学界围绕"美国是否衰落"展开的学术辩论那样,以保罗·肯尼迪为代表的"衰落派"更多的是以美国传统中心东北部的视角来看待美国面临的挑战,而以约瑟夫·奈为代表的反对者则在很大程度上将论点建立在美国南部和中西部新兴产业在信息革命中处于全球领先地位的基础上。显然,从不同观察视角出发,二者得出了大相径庭的结论。③

本节对美国对外战略的界定同样建立在反思结构主义并将国内政治和社会因素纳入分析范畴的基础上。社会联盟理论认为,美国的对外战略本质上是一个体系、国家及社会三层次变量相互作用的产物;在其形成和演化的过程中,国际体系、国家/政府以及国内社会分别扮演着干预变量、中介变量和核心变量的角色。具体而言,来自国际体系的压力并不能直接塑造美国的对外战略,它必须通过对国内行为体施加影响来发挥作用。一方面,由于美国以地域、社会阶层和产业

---

① Benjamin Fordham, "Building the Cold War Consensus: The Political Economy of U. S. National Security Policy, 1949 – 1951," Ann Arbor: The University of Michigan Press, 1998, p. 3.

② Peter Trubowitz, "Defining the National Interest: Conflict and Change in American Foreign Policy," Chicago: University of Chicago Press, 1998, pp. xiii – xiv.

③ Paul Kennedy, "The Rise and Fall of the Great Powers," New York: Random House, 1987, p. 529; Joseph Nye, Jr. , "Bound to Lead: The Changing Nature of American Power," New York: Basic Books, 1990, pp. 219 – 230.

部门等为代表的国内社会具有鲜明的多元化特征，体系变量对上述社会变量既有可能产生相似的影响，也有可能造成不同的冲击，从而极易使它们在外交上形成趋同或差异化的诉求、对外部环境的认知和相应的战略选择倾向，并在此基础上构成相互合作或彼此竞争的各类社会联盟。另一方面，由于美国一直以来奉行以代议制民主为核心内容的政治制度，这些社会联盟便得以通过影响由选举产生的总统和国会议员等政治精英的对外政策立场，从而在国家/政府层面形成具有互助或对抗性质的各类政治联盟。最终，以国会政治博弈为中介，美国的对外战略选择便成为在这一政治过程中占据主导地位的多数联盟意志的体现。所以，美国对外战略的形成及其演化所蕴含的根本机理是一种建立在社会联盟格局变迁及其力量博弈基础上的国内政治逻辑，其中美国多元化社会利益间的共识与冲突是这种政治博弈背后的核心驱动力。

二、社会联盟与美国对外战略的联动逻辑

社会科学研究的是人类的属性和行为，其目标是对现实世界进行描述性或解释性的推理。因此，特定的社会科学理论只有建立在清晰的概念和明确的假设基础上，才能有条件进行学术创新，进而有效解决现实世界中的难题。[1] 在上文梳理了既有研究成果的核心观点、理论假设与逻辑线索后，我们有必要首先对社会联盟理论的相关概念进行界定，并提出其理论假设和逻辑线索，从而为后文运用这一理论框架解释二战后美国对外战略的演化奠定基础。

（一）社会联盟的概念界定

"社会联盟"在国际关系研究中作为一项概念的出现，主要源于国际政治经济学对于国内社会力量在政府制定对外经济政策过程中所

---

[1] Gary King, et al., "Designing Social Inquiry: Scientific Inference in Qualitative Research," Princeton: Princeton University Press, 1994, p. 7.

扮演角色的探讨。① 自 20 世纪 70 年代开始，随着国际关系学与比较政治学相互融合的趋势不断显现，国际政治经济学者开始运用社会联盟的理论视角解释贸易的收入分配效应。② 在现代大众政治日益兴起的条件下，政府的对外经济政策只有在了解主要社会集团的具体利益的基础上，才能获得足够的政治支持，进而推动政策议程的顺利实施。伴随全球性经济体系的扩展，世界上的多数国家都会卷入国际分工的价值链中，因此国内社会的利益分配便难免打上国际经济的烙印。基于此，社会联盟的形成即为国际经济联系对国内社会力量的福利不断影响的结果。③ 从这个意义上讲，社会联盟可以被界定为在政府对外经济政策制定过程中拥有相似利益诉求和政策倾向，并试图影响决策过程的社会力量的结合。④

从狭义的对外经济政策延伸开来，社会联盟基于经济利益方面的诉求与偏好，可以进而对一国整体对外政策或战略产生十分重要的影响。⑤ 按照学界对社会联盟的微观论述，我们可将其进一步理解为以国内产业地理为载体、以社会阶层和经济部门为两大内核的社会力量的联合体。⑥ 不同的社会联盟由于在国家与外部世界的经济互动中产生了不同的利益诉求，因而在包括贸易政策、军费开支、海外干预等

---

① Peter Gourevitch, "Politics in Hard Times," Ithaca: Cornell University Press, 1986.

② Peter Gourevitch, "The Second Image Reversed: The International Sources of Domestic Politics," International Organization, Vol. 32, No. 4, 1978, pp. 881 – 912.

③ 田野：《对外经济政策的政治学：社会联盟理论解析》，《国际政治科学》2008 年第 2 期，第 59 页。

④ Peter Gourevitch, "International Trade, Domestic Coalitions, and Liberty: Comparative Responses to the Crisis of 1873 – 1896," Journal of Interdisciplinary History, Vol. 8, No. 2, 1977, pp. 281 – 313.

⑤ Miroslav Nincic, "Democracy and Foreign Policy," New York: Columbia University Press, 1992.

⑥ Ronald Rogowski, "Commerce and Coalitions: How Trade Affects Domestic Political Alignments," Princeton: Princeton University Press, 1989; Peter Trubowitz, "Defining the National Interest: Conflict and Change in American Foreign Policy," Chicago: University of Chicago Press, 1998.

方面的具体政策议程上形成了差异化的倾向，由此从整体上作用于国家的对外战略。①

就美国而言，由于其经济发展和国力壮大主要依靠的是建立在古典自由主义理念基础上的自由市场、个人主义和由竞争意识而来的企业创新精神，政府在国家现代化进程中的作用较小，因而一种高度发达的市民社会和法治观念得以不断崛起，社会力量对美国政治和外交的影响也比其他多数国家更为重要和显著。追根溯源，这种发展模式得益于其背后一系列不可复制的先天优势，尤其是极为有利的工业化时机、丰富的自然资源、得天独厚的地理位置以及独特的历史经验和民族信仰。这一系列特性使得美国通过"自下而上"的政治发展路径，以代议制民主这一中介将国家与市民社会联结了起来，其中人民通过由他们定期选举产生的代表来行使对于政府的最终控制权。② 因此，在美国的国家—社会关系中，社会力量较为强大，甚至在很大程度上，美国的政治是植根于社会的。此外，法治观念的深入人心也使美国的国内社会力量具有深度参与政府决策的多样化、成熟化以及制度化路径。正如美国著名政治学者理查德·本塞尔声称的那样，社会力量在美国政治的发展过程中发挥着根本性的作用。③

基于此，以国内不同的产业地理为载体，社会联盟在美国对外战略制定和演化的历史进程中逐渐形成了三大力量中心：东北部、中西部和南部。而以社会阶层和产业结构分层为内核，上述三大力量中心随着国内经济社会发展和国际体系因素的变化，则产生了利益诉求多

---

① Charles Kupchan, Peter Trubowitz, "Grand Strategy for a Divided America," Foreign Affairs, Vol. 86, No. 4, 2007, pp. 71 – 83; Peter Trubowitz, "Defining the National Interest: Conflict and Change in American Foreign Policy," Chicago: University of Chicago Press, 1998.

② [英]约翰·密尔著，汪瑄译：《代议制政府》，商务印书馆1997年版，第68页。

③ Richard Bensel, "Sectionalism and American Political Development, 1889 – 1980," Madison: University of Wisconsin Press, 1984, p. 7.

样化、分层次并且处于不断变动状态的社会联盟，由此构成了特定时期的国内社会联盟格局。例如，19世纪末至20世纪30年代，美国东北部社会联盟——主要是工业生产部门和工人、企业家及金融业者等社会阶层——由国内制造业和经济发展的现状决定，致力于在增强自身影响力的同时避免来自欧洲尤其是英国更为优质的工业产品和更为强大的金融力量的挤压，因此倾向于采取贸易保护主义并抢占更多海外战略资源（如在拉美地区和东南亚地区进行扩张）。而南部社会联盟——主要由种植园经济和种植园主构成——则从自身与欧洲紧密且互补的经济关系出发，致力于推行自由贸易并避免因海外战略资源争夺恶化与英国的关系。然而二战以后，由于美国制造业的实力已经远远超越欧洲各国，因此变化了的现实使得东北部社会联盟的利益开始建立在海外扩张和自由贸易基础上，从而实现了与南部社会联盟利益的融合。基于此，我们便可以简单勾勒出一条美国社会联盟格局从19世纪末至20世纪中叶的变化曲线，即从东北部和南部社会联盟的对立到二者之间的联合，后者为冷战时期美国自由国际主义战略的兴起提供了根本的国内前提。

更进一步讲，由美国国内社会联盟格局所决定，代表不同社会联盟利益的政治精英（如总统和国会议员）便在围绕对外战略制定而引发的国内政治过程中形成了相应的政治联盟及其力量对比格局。由于美国的政治选举是以地域/选区为单位进行的，所以选举的进程和结果有着鲜明的以地域为载体的国内社会联盟的色彩。因此，在这种国内政治选举模式的基础上，由国会政治博弈的"简单多数"及"绝对多数"原则所决定，美国的对外战略选择便成为在特定时期的国内政治博弈中占据多数位置的政治联盟意志的体现，而后者反映出的则是同期居于主导地位的国内社会联盟的利益诉求。[1] 例如，从冷战伊始至20世纪60年代末，美国国会内部形成的由东北部"洛克菲勒"

---

[1] Ronald Brownstein, "The Second Civil War: How Extreme Partisanship Has Paralyzed Washington and Polarized America," New York: Penguin Books, 2007, p. 1.

共和党人与民主党人组建的自由国际主义政治联盟之所以能够在对外战略制定过程中占据绝对多数的有利地位，主要由于这一政治联盟反映的就是在此期间美国国内主导性社会联盟——东北部—南部联盟——的利益。① 对于以上内容，下文将结合史实进行重点分析，并通过列举国会议员在不同历史时期的投票行为，发现相应的国会政治联盟及其背后的国内社会联盟格局的历史变迁轨迹。

（二）社会联盟理论的理论假设

社会联盟理论植根于经济学中经典的"理性人假设"。基于这一假设，该理论认为，社会力量在美国对外战略方面的偏好来源于对经济利益最大化的追求，而这一经济层面的理性传导到政治层面，就演变为政治精英出于赢得选举的需要而寻求满足其所代表的社会利益诉求的"政治理性"。在此过程中，美国的政治精英逐步发展为身处一个庞大而复杂的"国内政治市场"中的各类"政治企业家"，他们追求的最终目标就是赢得足够多的选票以确保竞选及连任成功。② 其结果是，这些政治精英对于国际事务的态度和立场便成为社会利益及社会力量不断影响、塑造的产物。因此，社会联盟理论的核心假设就是两类截然不同却又紧密相关的、基于两种利益的"理性人"：一方面，从"经济理性"出发，在国际体系变量的干预作用下，社会力量总是倾向于建立并扩大基于共同外交利益的社会联盟，从而尽可能多地增强政策影响力，使美国的对外战略朝着有利于自身经济利益的方向发展；另一方面，出于"政治理性"，总统特别是国会议员不得不以自身所代表的那部分社会联盟在对外战略方面的利益诉求为决策行为的出发点，以推动实现自身的政治利益。在上述两个方面的前提假设下，以代议制民主政治制度为合法化形式的政治博弈

---

① Ronald Brownstein, "The Second Civil War: How Extreme Partisanship Has Paralyzed Washington and Polarized America," New York: Penguin Books, 2007, p. 1; Peter Trubowitz, "Defining the National Interest: Conflict and Change in American Foreign Policy," Chicago: University of Chicago Press, 1998, p. 3.

② David Mayhew, "Congress: The Electoral Connection," New Haven: Yale University Press, 1974.

便应运而生。① 最终，美国的对外战略总是不可避免地成为在国内政治博弈中处于多数或主导地位的社会联盟利益或偏好的反映。②

不难看出，社会联盟理论将其假设建立在利益基础之上的做法，较之新古典现实主义的战略文化理论具有可证伪性以及追踪性和解释力更强等优势。此外，该理论以国内社会、政治利益为出发点进行分析，相比于体系中心论将国家作为一个统一单元，进而围绕所谓国家利益解释美国对外战略形成及其演化的做法，增加了变量的个数，强化了逻辑链条的完整性。最后，与国家中心论相比，社会联盟理论将社会利益作为政治利益决定因素的假设超越了政治制度的约束，完善了对美国对外战略形成背后的政治过程的理解。

（三）社会联盟理论的逻辑线索

社会联盟理论认为，美国的对外战略本质上是一个由体系、国家和社会三层次变量相互作用的产物。自19世纪末以来，伴随全球性国际体系的形成，世界经济的开放性与一体化程度与日俱增，并开始不断挑战传统的关于民族国家统一性的理论假设，这就为我们打破"黑箱"创造了前提。在美国，由于国内地域、产业和阶层等社会力量的多元化特性，国际商品、资本和技术的流动经常导致一种"非均衡"的后果，从而极易使这些社会力量在外交上产生趋同或冲突的利

---

① 这就意味着，在面临地缘政治和国内政治的交错压力时，国内政治考虑在美国对外战略决策者心目中的地位更为重要。参见：William Quandt, "The Electoral Cycle and the Conduct of Foreign Policy," Political Science Quarterly, Vol. 101, No. 5, 1986, pp. 825 – 837; Peter Trubowitz, "Politics and Strategy: Partisan Ambition and American Statecraft," New Jersey: Princeton University Press, 2011, p. 2。

② 基于此，此处并未把"个人"层次的分析纳入美国对外战略变迁的研究范畴，因为从社会联盟理论及其"理性人假设"出发，政治人物的对外战略偏好根本上是由支持他（她）的社会力量决定的，个人在美国对外战略方面只能起到助推作用，无法发挥决定性影响。例如，伍德罗·威尔逊和富兰克林·罗斯福带领美国从孤立主义转型为国际主义的努力产生不同结果的根源是国内社会联盟利益偏好及其力量格局。关于将"个人"作为独立的国际政治分析层次的研究，参见：Kenneth Waltz, "Man, the State, and War: A Theoretical Analysis," New York: Columbia University Press, 2001。

益诉求。① 如，在特定历史发展阶段，美国国内某些地域、产业和阶层可能因受惠于经济全球化而获益，另一些则可能因激烈的国际竞争而面临发展困境。又如，军事开支中的"转移支付"效应往往有利于军工产业和分布有这些产业的地域，而不利于其他地方，因为后者交付给联邦政府的税收有很大部分被转移支付给了前者。② 总之，社会利益在外交上的差异与失衡不可避免地会成为围绕美国对外战略（包括军费开支、贸易政策、海外承诺）而引发的国内政治冲突的来源，甚至成为造成这种冲突的"结构性原因"。笔者认为，正是不同历史时期美国国内多元的社会利益在对外战略方面相似或相冲突的偏好——而非意识形态差异或权力制衡的政治制度设计——塑造了美国对外战略演化背后的国内政治博弈格局，并在此基础上通过国内政治制度这一中介，决定了美国外交的走向。毫无疑问，这一分析框架挑战了现有国际关系理论中的许多假设，尤其是将研究重点从体系和国家层面转移到了国内社会层面。通过对二战结束以来美国对外战略变迁的分析，该框架将试图表明，美国在各个历史阶段的对外战略选择都是国内社会利益相互博弈的产物。在实践中，这种博弈背后的驱动力存在于三个相互关联的方面。

第一，由于美国政治植根于国内社会，因而社会利益从根本上决定了政治人物在对外战略方面的政策立场。上文已经表明，社会利益诉求的多元化是一种结构性的必然现象，加之自立国时起，美国始终奉行以代议制民主为核心内容的政治制度，因此总统特别是国会议员从自身的政治利益（包括赢得连选连任和推动政策议程顺利实施等）出发，不

---

① Peter Trubowitz, "Defining the National Interest: Conflict and Change in American Foreign Policy," Chicago: University of Chicago Press, 1998, p. xiii.

② Kenneth Mayer, "The Political Economy of Defense Contracting," New Haven: Yale University Press, 1991; James Lindsay, "Parochialism, Policy, and Constituency Constraints: Congressional Voting on Strategic Weapons System," American Journal of Political Science, Vol. 34, No. 2, 1990, pp. 936 – 960; James Clotfelter, "Senate Voting and Constituency Stake in Defense Spending," Journal of Politics, Vol. 32, No. 1, 1970, pp. 979 – 983.

第一章　俄罗斯和美国对外政策的国内基础

得不在对外战略制定的过程中回应他们所代表的那部分社会利益的诉求,这就使特定的社会利益对政治人物的行为起到了约束甚至是塑造的作用。① 因此,围绕美国对外战略制定而形成的政治合作或斗争本质上反映出的是国内社会联盟利益趋同或相冲突的现实。在这种背景下,多元化的社会利益传导到国内政治层面,便形成了国会中多元化的政策立场,从而为针对对外战略制定的博弈提供了政治舞台。归根结底,这种政治博弈取决于总统尤其是国会议员所分别代表的那些以不同地域、产业和阶层为核心的社会利益的偏好,因此政治人物个人的主观能动性并无实质性的发挥空间。如果政客采取违背选民利益的立场,必然会在选举中遭受惩罚,而这正是任何一个"理性人"都极力避免的结果。

第二,美国政治的制度设计及其游戏规则使得政治上多数联盟的构建成为必要,并且只有形成一种基于共同利益且相对稳定的多数联盟,美国的对外战略才有可能较为长期地持续推行下去。因此,基于"多数决定"原则,社会力量为了使国家的对外战略选择符合自身利益,必然致力于构建以共同利益为基础的主导性社会联盟,从而实现左右政策议程的目标。按照前文的论述,由于美国宏观上存在三大社会力量中心,即东北部、中西部和南部,因此只要三者中有两者形成联盟,便能在政治上获得多数地位,从而使美国的对外战略成为其意志的体现。② 总之,美国对外战略的制定根本上体现出的是一种国内政治的因果作用机制,其相互嵌套的过程与逻辑是植根于多元化的社会利益及其外交诉求,在每个历史时期,美国的社会联盟格局都决定了国家/政府层面的国内政治博弈格局。在此基础上,国内政治的博弈格局又对美国对外战略的具体选择起到了直接的塑造作用。

第三,美国对外战略演化的根本动力源于国内社会联盟的分化与

---

① David R. Mayhew, "Congress: The Electoral Connection," New Haven: Yale University Press, 1974.

② 需要指出的是,二战后美国西部在外交利益上并非铁板一块,太平洋沿岸与中西部分别倾向于民主党与共和党,因而中西部无法形成一个具有共同利益的社会联盟。因此,它对于美国外交的影响是增量性质的,只有在南北出现分裂的情况下,西部作为"摇摆"地域的作用才会显现出来。

重组，而这种分化与重组又植根于不同的社会力量随自身和外部环境变化而不断调整的外交利益诉求。正因如此，美国的对外战略才体现出鲜明的实用主义特点。从19世纪末开始海外扩张以来，美国国内社会联盟格局经历过四次主要的分化重组，每一次都根本上改变了美国对外战略的方向。例如，自20世纪70年代起，自由国际主义战略连同美国国内的"冷战共识"之所以渐趋衰落，就在于维系这一战略共识的东北部—南部社会联盟出现了分裂。究其根源，主要是随着国际经济格局的变迁尤其是东北部传统工业中心的衰落和经济转型，代表这部分社会利益的民主党人在美国对外战略的认知上出现了变化，认为自由国际主义式的遏制战略成本过于高昂，因此转而倾向于降低对苏遏制的战略成本，突出多边主义和国际制度的作用，强调减少海外干涉及承诺，同时缩小军费开支规模。毫无疑问，民主党的这种转型就是典型的实用主义的表现，而非政治制度或意识形态使然。因此，对于美国国内社会联盟格局变迁的探究可以帮助我们发现其对外战略演化背后的关键性动力，从而丰富和完善学界对于美国外交的理解。

综上所述，美国对外战略归根结底是其国内多元化社会利益相互博弈的产物。在这一过程中，国际体系因素对不同社会力量的外交利益诉求起到了干预作用，而这些社会力量为了使国家的对外战略选择符合自身利益，总是倾向于构建基于共同利益且能够在政治博弈中处于主导地位的社会联盟，因此便在特定的历史时期形成了相应的国内社会联盟格局。由于美国奉行以代议制民主为核心内容的政治制度，总统和国会议员等政治精英从赢得连选连任和推动政策议程顺利实施等个体政治理性出发，在制定对外战略的过程中便不得不考虑自身依靠的社会联盟的利益，这就使这些社会联盟得以通过影响政治精英的政策立场而在国家/政府层面形成了彼此合作或相互对抗的政治联盟。最终，以国会政治博弈为中介或平台，美国的对外战略选择便成为在这一过程中占据优势地位的社会联盟意志的体现。

三、社会联盟影响下美国对外战略的演化

通过上文对体系、国家和社会三个变量及其相互关系的梳理与总

第一章　俄罗斯和美国对外政策的国内基础

结，笔者论证了美国对外战略演化背后的根本逻辑，提出了一个以社会联盟为视角的理论框架。本部分将从体系、国家和社会相互作用的理论分析框架出发，指出美国对外战略在二战后得以运行的国内政治机制在不同的国内社会联盟格局之下存在巨大差异，进而说明我们在相应情况下应采取何种理论模式或研究路径对美国对外战略进行分析。通过这一部分的论述，笔者意在表明，无论是用体系中心论还是国家中心论的视角分析美国对外战略的演化，都存在相应的逻辑前提，并且这一前提植根于美国国内社会联盟格局及其历史变迁之中。因此，只有将社会中心论作为研究的出发点，我们才能找到二战后美国对外战略演化的根本线索，并在此基础上运用正确的研究路径对其进行分析。

（一）社会联盟与政治运作机制及理论研究视角

上文提到，由于二战结束以来（实际上可以追溯到罗斯福新政时期），美国国内政治格局一直体现为民主、共和两党间的"势力均衡"，因而任何一项成功且持续的对外战略必须有赖于稳定的跨党派合作。更进一步讲，这一政治格局反映出美国社会政治经济力量对比的变迁。20世纪30年代开始的社会联盟重组特别是民主党向传统的共和党势力范围东北部的扩张以及后来共和党跨越区分美国南北部的"梅森—迪克逊线"，进而反过来对于民主党根据地南部的蚕食，使得两党都逐步拥有了稳定并经过重塑的社会联盟。更重要的是，随着美国南部的崛起，尤其是20世纪60年代后民权运动取得的重要政治成果，上述两大社会联盟的影响力日益接近。[1] 因此，一个稳定的国内多数联盟的形成必然要求东北部"核心地带"与南部"边缘地带"进行政治合作，亦即形成东北部—南部社会联盟。从社会联盟理论出发，这一格局的出现必须建立在两大社会力量中心存在共同对外战略利益的基础上，而这种共同利益能否产生，本质上是由东北部和南部

---

[1] Martin Wattenberg, "The Building of a Republican Regional Base in the South: The Elephant Crosses the Mason – Dixon Line," Public Opinion Quarterly, Vol. 55, No. 3, 1991, pp. 424 – 431.

各自的经济发展、产业形态、贸易结构和人口构成等诸多经济、社会因素决定的,并且在其外交利益形成的过程中,来自国际体系层面的变量还将发挥重要的干预作用,进而参与塑造这种利益。

1. 稳定多数联盟、党派合作机制与体系中心视角

当东北部—南部社会联盟得以构建时,由美国特殊的国家—社会关系决定,行政—立法机构以及国会内部不同的党派之间才能围绕对外战略达成整体上的共识或妥协,形成政治上的多数联盟,从而构建起一种"党派合作"的政治过程或模式,由此成为特定对外战略运作的国内基础。二战后初期,由于两极体系的形成和冷战的开始,以国际体系压力尤其是苏联构成的巨大战略威胁为干预变量,美国国内此前围绕对外战略制定而一直存在的党派竞争在很大程度上得到了抑制,这就为"冷战共识"的形成创造了有利的政治环境。①

更为重要和根本的是,伴随美国国内经济的飞速发展和产业结构的不断转型,尤其是东北部逐渐崛起成为全球性的工业、金融和商业中心,美国国内开始出现了一个支持自由贸易和国际主义战略取向的东北部—南部主导性社会联盟。② 因此,国际体系压力与美国国内主流的社会利益间呈现出显著的"共振效应",进而使得社会联盟格局

---

① Henry Berger, "Bipartisanship, Senator Taft, and the Truman Administration," Political Science Quarterly, Vol. 90, No. 2, 1975, pp. 221-237.

② 正像上文提到的,在二战爆发前的相当长一段时期里,由于经济结构的差异,美国东北部一直是贸易保护主义的提倡者,而南部则倾向于贸易自由主义,因而东北部和南部社会联盟围绕对外政策制定始终存在激烈的矛盾与冲突,参见:Tom Terrill, "The Tariff, Politics, and American Foreign Policy, 1874-1901," New York: Greenwood, 1973; Edward Smith, "Southerners on Empire: Southern Senators and Imperialism, 1898-1899," Mississippi Quarterly, Vol. 31, No. 4, 1977, pp. 89-107; Tennant McWilliams, "The New South Faces the World: Foreign Afairs and the Southern Sense of Self, 1877-1950," Baton Rouge: Louisiana State University Press, 1988, pp. 16-46。到二战结束时,东北部—南部自由国际主义多数社会联盟之所以能够形成,根本上得益于东北部工业化的推进和经济的快速发展改变了其在对外战略方面的利益诉求,参见:Peter Trubowitz, "Defining the National Interest: Conflict and Change in American Foreign Policy," Chicago: University of Chicago Press, 1998, p. 3。

第一章 俄罗斯和美国对外政策的国内基础

的演化得以在国家/政府层面形成稳定的跨党派多数政治联盟。在这种情况下，多元化社会力量对美国政治和外交决策的掣肘被有效地抑制，美国的国家—社会关系因而体现为"强国家、弱社会"；相应地，其对外战略背后的政治运作机制随之表现为党派合作和"强总统、弱国会"。很明显，这一政治运作机制的形成根本上是由于国家对外战略决策体现了主导性社会联盟的利益，因此后者主动赋予前者更大的权力空间。基于国内共识形成的事实，分析这一阶段美国对外战略的实践可以忽略国内政治因素的干扰，从"体系中心"视角入手，即以国际格局和地缘政治演化作为最重要的参考因素。

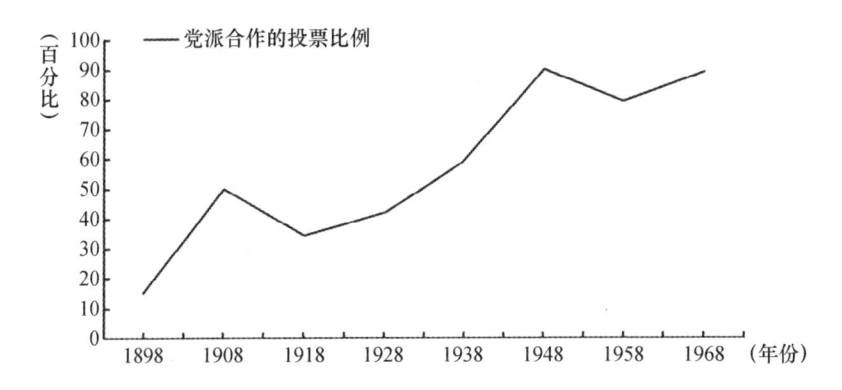

图 1-1 两党在外交政策上的"跨党派投票"占比（1898—1968 年）

数据来源：Peter Trubowitz, Nicole Mellow, "Going Bipartisan: Politics by Other Means," Political Science Quarterly, Vol. 120, No. 3, 2005, pp. 433 – 454。

2. 不稳定多数联盟、合作—制衡机制与体系—国家视角

不稳定多数联盟指的是一个主导性社会联盟内部出现了局部利益分歧，这种分歧虽然不足以导致联盟的解体，但却使美国对外战略在运行过程中不再拥有一种持续、稳定的国内共识。这也就意味着，两党在某些重要的外交议题上可能会进行合作，但在另一些议题上则可能存在冲突。20 世纪 70 年代以后，尽管美苏对峙的两极体系并未发生本质变化，但随着美国国内东北部—南部主导性社会联盟开始走向分裂，维系此前"冷战共识"的稳定跨党派多数政治联盟不复存在。

— 53 —

究其原因，主要是随着国际经济格局和美国国内经济社会的变迁，尤其是东北部传统工业中心逐渐趋于衰落，东北部—南部主导性社会联盟内部在对外战略方面的利益冲突日渐浮现。稳定多数联盟走向分裂的结果是，美国社会在此期间在国家/政府层面无法形成稳定的跨党派多数政治联盟。因此，围绕对外战略制定的政治摩擦便不可避免地会出现。在冷战造成的安全威胁与社会联盟内在龃龉并存的矛盾背景下，美国的国家与社会关系开始演变为"强国家、强社会"，其对外战略背后的政治运作机制也兼具了党派合作与彼此冲突的双重特点，形成了合作—制衡与"强总统、强国会"机制。因此，这一阶段美国对外战略的实践已经不再符合"体系中心"的逻辑。在国内政治斗争突显的情况下，我们必须把研究路径由"体系中心"视角转为体系—国家视角，才能全面准确理解该阶段美国对外战略运行的特点。

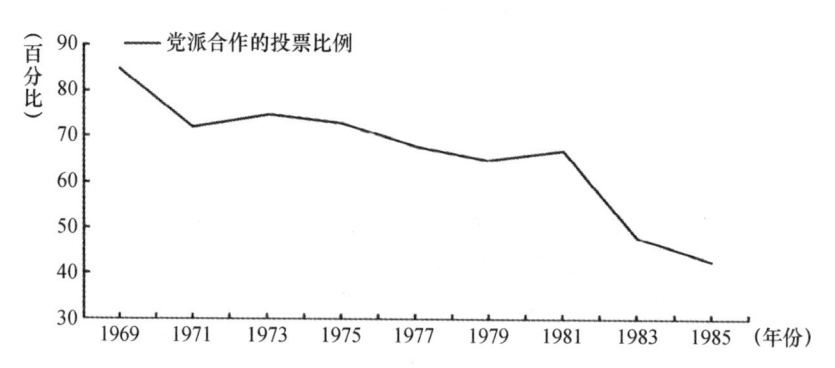

图 1-2　两党在外交政策上的"跨党派投票"占比（1969—1985 年）

数据来源："Congressional Quarterly," https://info.cq.com。

3. 联盟均势、政治极化机制与国家中心视角

当美国国内不存在一个主导性的社会联盟，并且相互竞争的社会力量在政治影响上大体接近时，美国的社会联盟将呈现出一种"均势"格局，即没有任何一支力量足以决定对外战略的决策议程，并且各方处于零和博弈状态。苏联解体、冷战结束后，来自国际体系层面的压力对美国对外战略制定和变迁的影响急剧衰减，体系作为"干预

变量"的效应大为弱化。因此，国内社会利益自20世纪70年代以后所形成的内在矛盾和冲突在美国外交中的影响得以进一步显现。由于民主、共和两党各自代表的东北部和南部社会联盟出现了截然不同的利益诉求，它们在对外战略上的差异和分歧取代了共识与合作。同样重要的是，这些相互竞争和冲突的社会联盟形成了一种"对等极化"的局面，即国内任何一支社会力量都无法在政治上形成多数联盟，并且两党之间无法实现妥协。在这种情况下，美国的国家与社会关系开始发展为"弱国家、强社会"，其对外战略背后的政治运作机制随之演变为政治极化与"弱总统、强国会"，结果是，美国的对外战略在冷战结束后始终处于"钟摆"状态。基于此，对于该阶段美国外交实践的观察应持一种"国家中心"视角，即从国内政治的两极分化和社会联盟的利益冲突中寻找美国对外战略行为的根源。

表1-1 社会联盟与二战后美国对外战略的三类政治运作机制及其研究路径

国内社会联盟格局	美国对外战略运作机制	美国对外战略研究路径
稳定多数联盟	党派合作／"强总统、弱国会"	"体系中心"视角
不稳定多数联盟	合作—制衡／"强总统、强国会"	体系—国家视角
联盟均势	政治极化／"弱总统、强国会"	"国家中心"视角

笔者根据相关资料自制。

（二）社会联盟与对外战略演化的历史进程

二战结束以来，美国对外战略演化的历史进程集中体现为自由国际主义的兴起、衰落与瓦解。自由国际主义战略的核心特征在于对国际制度、多边国际合作的强调及其背后的核心支柱——美国力量——的运用。[1] 二战后初期，由于苏联的战略威胁和欧洲的极端羸弱等国际体系压力的作用，以及美国经济的国际竞争力处于世界领先地

---

[1] G. John Ikenberry, "Liberal Leviathan: The Origins, Crisis, and Transformation of the American World Order," Princeton: Princeton University Press, 2011, p. 1.

位的现实，美国国内政治、经济和社会的变迁出现了有利于自由国际主义战略转向的各类积极因素，特别是东北部的工商业和金融力量与南部种植园主在对外扩张方面形成共同利益、民主和共和两党中的"温和派"成为国会主流的政治力量以及美国经济在二战后的持续、快速发展等，共同推动国内形成了著名的"冷战共识"，即两党一致致力于推行依靠美国领导的多边国际合作、国际制度和美国无与伦比的力量相结合的、以遏制苏联对外扩张为核心目标的自由国际主义战略。在从杜鲁门到约翰逊历届政府的推动下，自由国际主义发展为美国战后持续时间最长、稳定性最高的一项对外战略。

然而到了20世纪70年代，尽管国际体系的两极特性并未出现根本性的变化，但以越南战争和西欧、日本等的经济崛起为催化剂，自由国际主义战略的国内基础——东北部和南部合作形成的自由国际主义社会联盟——开始出现日益加深的分裂，致使自由国际主义逐渐走向了衰落。在这一过程中，美国传统的政治、经济中心——东北部在经历"去工业化"的转型阵痛中不得不面临国际竞争力显著下降的困境，因而代表东北部传统工业力量和劳工阶层利益的民主党人开始日益倾向于以战略收缩、贸易保护主义和多边国际合作等"低成本"的方式对苏联进行遏制，亦即强调自由国际主义战略中多边合作的一面而排斥运用美国力量的一面；与之相反，随着新崛起的中西部和南部产业地带力量的渐趋强大，代表这部分社会联盟利益的共和党人则日益倾向于以战略扩张、自由贸易和单边主义等强势外交政策维护美国的全球领导地位，亦即强调自由国际主义战略中运用美国力量的一面而排斥多边主义与国际合作。基于这一变化了的现实，原先支持自由国际主义战略的核心力量——东北部—南部联盟——开始分道扬镳。需要指出的是，由于冷战时期美国的外部安全威胁始终是超越党派、地域和阶层等国内政治、社会力量的强有力因素，因而尽管自由国际主义社会联盟内部出现了分裂，但两党在遏制苏联的战略目标方面仍然维持着共识，因而该战略大体上维持到了冷战结束之时。

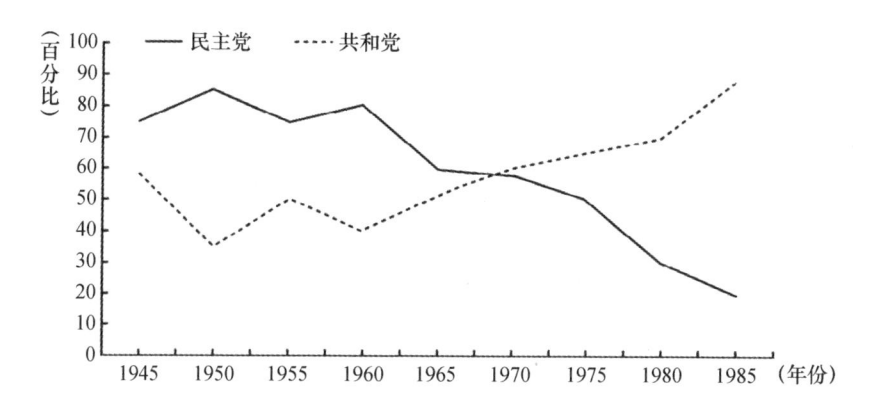

图 1-3 两党对自由国际主义战略的支持度比较（1945—1985 年）

数据来源：Trubowitz, Peter, "Defining the National Interest: Conflict and Change in American Foreign Policy," Chicago: University of Chicago Press, 1998, p.186。

到了 20 世纪 90 年代初，随着东欧剧变、苏联解体以及由此而来的国际体系结构的根本性变化，维系此前"冷战共识"和自由国际主义社会联盟的体系力量（干预变量）已经彻底不复存在，因而国际体系因素对美国外交的影响力急剧弱化。与此同时，随着东北部—太平洋沿岸与南部—中西部利益诉求差异的进一步增加，两党及其各自代表的社会利益在对外战略选择上便逐渐呈现出了日益显著的"极化"趋势。结果是，美国的对外战略在冷战结束后一直处于扩张与收缩交替的"钟摆"状态中。

就民主党所代表的东北部—太平洋沿岸社会联盟来说，它们认为冷战的结束使美国应该有条件进一步缩减军费开支，将其用于解决国内的经济、社会问题，尤其是处于转型困境中的上述地区及其产业部门和社会阶层不愿承担大规模军费开支所带来的"转移支付"代价。然而，就共和党所代表的南部—中西部社会联盟而言，由于 20 世纪 70 年代开始的产业转型升级使之成为日渐崛起的"阳光地带"，因而区别于东北部"铁锈地带"的产业结构尤其是信息技术等新兴工业以及丰富的自然资源等，其认为冷战的结束意味着美国拥有了进一步拓展国际战略空间的绝佳契机。此外，由于中西部和南部地区多为美国主要军事基地和军工产业的所在地，因此增加军费开支可以实现维护其日益扩张的海外利益与获取现实好处等的双重目标。基于此，共和党代表的国内社会联盟开始倾向于进一步强化美国的军事实力、拓展自由贸易和海外承诺，同时极力摆脱国际制度对美国行为的约束，以单边主义的方式巩固美国的霸权地位。[1]

基于此不难发现，美国的自由国际主义——一种将多边主义、国际制度与合作以及充分运用美国力量的意愿结合起来的大战略设计——在冷战后已经彻底瓦解。由于自20世纪70年代开始的美国社会联盟重组彻底重塑了美国社会力量对比的格局，因而美国对外战略在冷战后的这种"极化"和"摇摆"的现象在未来短期内将难以出现根本改观，自由国际主义作为一项大战略的复兴在短期内也不具备充分的国内政治条件和社会条件。

表1-2　社会联盟与二战后美国对外战略演化的历史进程

历史阶段	国内社会联盟格局	美国对外战略变迁轨迹
二战结束到越南战争	东北部—南部 稳定多数联盟	自由国际主义兴起
越南战争到冷战结束	东北部—南部 不稳定多数联盟	自由国际主义衰落
后冷战时期	东北部—太平洋沿岸与南部—中西部联盟均势	自由国际主义瓦解

笔者根据相关资料自制。

总之，通过对体系、国家以及社会三层次研究变量及其相互关系的统筹与梳理，本节旨在重点探究二战结束以来美国对外战略形成和演化背后的根本逻辑，并在此基础上结合历史与现实挖掘其每个阶段的政治运作机制与相应的研究路径，从而构建出一个更为科学并更具

---

[1] Jeffrey Crump, "The Spatial Distribution of Military Spending in the United States, 1941–1985," Growth and Change, Vol. 20, No. 2, 1989, pp. 50–62; Ann Markusen, et al., "The Rise of the Gunbelt: The Military Remapping of Industrial America," New York: Oxford University Press, 1991.

说服力的关于美国对外战略形成与变迁的理论框架。上述分析与论证表明，社会力量在美国对外战略形成和演化的过程中发挥着根本性作用，因此社会联盟理论的构建将进一步丰富和完善国际关系学界对于美国外交的理解。

第二章　人格特质与俄罗斯和美国的对外政策

层次分析是探究对外政策形成的重要方法，国际层次、国家层次以及个人层次都是层次分析法所采用的重要研究视角。对外政策的形成与国内政治息息相关，而国家作为国际体系中的主要行为体，其内部存在领导人个体、决策集团、相关利益集团等诸多属性各异的影响因素。对外政策分析的一个重要方法是从多个角度、多个层次来研究决策的心理、过程和环境对政策制定的影响。领导人的人格特质、决策过程中的小集团思维以及国家身份变化分别从决策心理层次、决策过程层次以及决策环境层次塑造对外政策的选择，是影响俄罗斯和美国外交决策的关键变量。本章结合对外政策分析中的决策理论，分别从决策心理、决策过程、决策环境等层次提取领导人的人格特质作为分析对外政策的关键变量，解释俄罗斯和美国对外政策形成的国内根源。领导人的人格特质，例如个性、认知风格、情绪、动机等要素，可以通过影响政策偏好决定外交决策选择。战略文化则通过塑造国家的内在身份与行为偏好来影响外交决策过程和决策环境，是国家行为的深层动因。

俄罗斯和美国的外交决策中都有较为明显的战略文化要素。俄罗斯战略文化中的大国思维与危机意识，美国在分权体制影响下形成的小集团思维等要素都是我们理解俄罗斯和美国对外政策以及普京、拜登等两国领导人决策思维的重要角度。与此同时，俄罗斯和美国在外交决策方面也体现出了一定的共性：一是不能忽视最高领导人个人政治背景对其决策的强大影响力，例如普京决策团队和拜登决策团队的组成都充分体现了两国领导人在其政治历程中所建立的人际网络以及与其具有相似价值观的人员组成；二是基于国内政治特点的决策模式，俄罗斯的国内政治以垂直体系为基础，而美国的政治体系则强调以制衡为基础，这为不同机构及其领导者的影响力差异搭建了舞台；三是国内政治文化对其决策中的战略文化具有强大的塑造作用。国内政治文化深刻影响着国家对外政策文化的构建。俄罗斯和美国国家身份的建构决定了两国对外政策特点的不同。因此，将战略文化与人格特质进行综合分析，有助于我们从层次分析法中的个人层次更好认识国内政治如何通过作用于领导人个人，进而影响了俄罗斯和美国对外政策的形成。

第一节　俄罗斯外交决策中的人格特质与战略文化

一、决策理论与分析路径

外交决策历来是国际政治研究的重点。一般认为，国家利益决定外交决策。分析俄罗斯的外交决策，一个可以借鉴的分析路径是：首先概要分析国家利益的内涵，进而揭示俄罗斯的国家利益，随后探讨俄罗斯国家利益与外交决策的互动关系，还可以进一步预测俄罗斯外交的发展趋势。这是现实主义国际关系理论经典的研究路径。可以说，现实主义国际关系理论在国家利益与外交决策关系上最经典的表述是：只要世界在政治上还是由国家所构成的，那么实际上，在国际政治中最后的语言就只能是国家利益。国家利益关系到对外政策的本质以及全部政治学说的基本问题。

国际关系理论在范式辩论的过程中逐步完善。时至今日，研究国家利益可资借鉴的路径较为丰富。比如，自由主义国际关系理论注重道德和法律对于国家利益的约束，制度主义国际关系理论注重制度和规范对于国家利益的塑造。当然，影响力最大的仍然是现实主义国际关系理论，现实主义国际关系理论指出了国家利益在影响国家对外政策中的关键作用，使得这一理论可以广泛用于分析各个国家不同的外交政策偏好。那么，如何确定国家利益？要确定国家的利益，必须首先对这个国家的性质有清楚的认识。国家利益取决于国家特性。国家特性又是由哪些方面决定的呢？亨廷顿认为国家特性有两个主要要素——文化与信念。从这两个要素出发，可以分析出国家特性，进而确定国家利益，最终以此审视国家外交决策。

可见，国家特性—国家利益—外交决策构成了一个完整的分析链条。问题在于如何搭建一个分析框架来认识一国的国家特性。对于俄罗斯对外政策的研究也需要从影响俄罗斯国家特性的要素入手，分析俄罗斯的国家利益进而研究其外交决策。

关于影响俄罗斯国家特性的要素，可谓见仁见智。本部分在评析格雷厄姆·艾利森关于决策理论的基础上提出，从领导人人格特质和国家战略文化两个要素出发研究俄罗斯的外交决策。

艾利森作为美国著名的政治学家和国际问题学者，他最为世人熟知的是提出了"修昔底德陷阱"概念。同时，其在《决策的本质：还原古巴导弹危机的真相》一书中通过对古巴导弹危机的案例分析，总结了外交决策本质的三种概念模式，即理性行为体模式、组织行为模式和政府政治模式。在此基础上，艾利森将三种模式进行简化抽象，提炼出每种模式的分析单位、概念体系、推导样式及示范性命题，从而使三种模式具有了更广泛的一般意义，不仅可以用来分析外交决策，还可以对国内行为等问题进行解读。因此，《决策的本质：还原古巴导弹危机的真相》一书不仅是国际关系领域的杰出著作，而且是公共政策与公共管理的经典文献。①

艾利森决策理论产生于国际关系的两极格局时代，但是其理论内涵依然具有适用性。政治学思想流派的演变概括地讲就是从古典主义发展到新古典主义。古典主义政治学最本源的问题就在于政体的运行及管理遵循的是整体主义理念。当发展到行为主义政治学时，其重视的是政体内外的组织行为，观照的是个体主义理念。而当新古典主义

---

① [美]格雷厄姆·艾利森、菲利普·泽利科著，王伟光、王云萍译：《决策的本质：还原古巴导弹危机的真相》，商务印书馆2015年版。

政治学以制度为中心重新回归到新制度主义时，体现了整体主义与个体主义的统一性。这与艾利森的决策模式体现的国际关系理论演变过程中完全理性和有限理性的统一对立有异曲同工之处。

与此同时，艾利森将古典现实主义、结构现实主义、国际制度主义、自由主义、战略战争与理性选择统一起来，进行理论简化，认为国际关系的上述基本理论不存在范式转换，都是理性假定变化条件的不同而造成的区别，本质上都属于理性行为体范畴。换句话说，西方国际关系理论演变的过程都是基于理性的硬核，对完全理性和有限理性的不同理解和运用。[1]

艾利森基于对行为主体从简至繁的假定，抽象出了有关行为体信息变化关系的矩阵。在信息最少的"最抽象"的情况下，行为主体是国际体系中一个具有完全理性的概念化国家。而当相关细节、信息与背景情况不断增加、越来越具体化，该行为主体就成了某种"类型的国家"，或者是某个"具体的国家"，甚至是处于某个特定时间和空间的某个具体国家。而如果领导人的个人价值与看法对行为体有支配性作用，该行为主体又成为了某种"人格化的国家"。

人格化的国家、类型的国家（具体的国家）、概念化国家分别强调了领导人的人格特质对于决策的影响以及国家历史文化对于国家特性的塑造意义，在某种意义上对应政府政治模式、组织行为模式和理性行为体模式，体现了动态性外交决策有限理性与静态性外交决策完全理性的结合。

具体分析世界政治中的俄罗斯，需要看到俄罗斯的对外政策与国内政治是以一种双向影响的方式相互联系的，这两个领域的问题与组织行为体往往重合，是一种双层博弈。国际环境和国内环境具有不同的规律，决策者必须做出选择以应对复杂性并决定问题的优先次序。这实际上把俄罗斯视为一个行为协调一致、有目的的"个人"，这也是大部分从事国别问题研究的学者最常用的分析范式，因为这是理解

---

[1] 秦亚青：《关系与过程：中国国际关系理论的文化构建》，上海人民出版社2012年版，第10页。

国家政策选择和行动的一个有效捷径。

在当代俄罗斯,尽管有各种组织行为体的代表人物,但是在政府中心区域博弈的人仍是关注重点。普京作为俄罗斯对外政策的领导者,决策考虑的是外交长远目标,无疑是对外政策博弈的中心人物,因此对于俄罗斯而言,运用政府政治模式解读其对外政策时,主要应关注普京的理念与决策。换言之,从决策理论出发,俄罗斯领导人的人格特质是解读其对外政策的一个重要要素。

笔者认为,艾利森决策理论及理论依托的三种分析模式过于关注理性及行为体面临的具体情景。实际上,对于国别研究,或者说对于区域学研究来说,最重要的是要理解研究对象国的文化。比如研究俄罗斯问题,要用俄罗斯思维解读俄罗斯,才能真正实现历史与现实研究的统一。

因此,本节除将领导人的人格特质作为分析俄罗斯对外政策的一个要素之外,还提出了一个分析要素——战略文化。苏联解体后,俄罗斯的政治转型与发展是一个民主化的过程。国内民主化问题是影响俄罗斯外交的重要因素。俄罗斯在处理同西方的关系时,会注意从国内民主制度的角度强调俄罗斯对于西方已经没有了敌意。叶利钦和普京都以国内民主制度的变迁与确立努力改善西方对俄罗斯的外交观念,核心是想表明俄罗斯即使具备能力,但是没有了敌意;而西方关注俄罗斯是否已经具备了与其相近的价值观。这其实是战略文化在外交决策中的折射。如果对比影响苏联和俄罗斯外交决策的因素,可以看到两者都受到战略文化的影响。苏联时期影响外交决策的一个重要因素是意识形态与地缘政治动因的独特结合,这被称为"革命—帝国思想复合体"[①]。

二、俄罗斯外交决策中的人格特质

既然人格特质对于外交决策的构建具有重要意义,那么人格特质

---

① [俄] 弗拉迪斯拉夫·祖博克、康斯坦丁·普列沙科夫著,徐芳夫译:《克里姆林宫秘史》,世界知识出版社2001年版,第376页。

是如何形成的？换句话说，人格特质的基本内涵是什么？一般认为，领导人的人格特质，包括领导人的信念、价值和态度等，主要突出领导人的人生经历，因为这对于领导人的性格特质、理念偏好和价值态度起到基础性的塑造作用。人格特质的形成是基于领导人人生关键节点事件与经历的综合作用，是个性特点与历史情境互动的结果。卢基扬诺夫从人格特质的视角论述过俄罗斯三位总统叶利钦、普京和梅德韦杰夫对外政策的不同特点。在卢基扬诺夫看来，首先要分析总统的人格特质，其次要从相反角度分析客观现实如何影响总统决策，最后才能综合分析人格特质与对外政策的关系。三位总统的性格与心理特征迥然不同：通常认为叶利钦是自由派，但好冲动；普京不具有典型的亲西方特征且性格强烈；梅德韦杰夫具有建设性。而上述人格特质又与俄罗斯面临的国际形势和自我国际定位的客观需要紧密相连。①卢基扬诺夫展现了俄罗斯学者如何从总统个人特质分析总统与对外政策之间关系的研究路径。本书也从这一要素出发，力求从理论层面对俄罗斯外交决策做出分析。

苏联解体以来，俄罗斯转型与发展已超过30年。2014年10月，在"瓦尔代俱乐部"会议上，俄罗斯总统办公厅第一副主任、国家杜马主席沃洛金提出——"没有普京，就没有俄罗斯"②。在此前后，"普京主义"已经成为俄罗斯政治研究的核心词语。

2019年新年伊始，在执政党"统一俄罗斯"党经历了2018年地方选举的重大挫折和普京的信任率跌至近年来最低点（35%左右）的政治态势下，"普京主义"再次被执政当局当作俄罗斯民族宝贵的精神财富加以宣传。2019年2月11日，苏尔科夫发表文章《长久的普京之国》，明确表示"普京主义"代表的理念与制度是"百年俄罗斯

---

① Федор Лукьянов, "Три главы одной истории: президентство как зеркало реальности," РИА Новости, 12.06.2011, http://ria.ru/politics/20110612/386651921.html.

② "Володин:《есть Путин—есть Россия, нет Путина—нет России》," Независимая газета, 23.10.2014, http://www.ng.ru/news/483130.html.

生存和发展的模式"。①

"普京主义"所代表的治国理念与制度设计涉及俄罗斯政治、社会、经济、外交、文化的各个领域和各个层面。俄罗斯外交决策是其中的重中之重。普京的人生经历及由此形成的人格特质决定俄罗斯对外政策的特点。从人格特质的内部因素看，从小练习柔道和青年时期担任克格勃特工的职业经历在塑造和影响普京世界观及其外交决策方面的影响潜移默化，坚韧不拔地维护国家利益始终是普京外交决策的唯一选项。从历史情景论的外部因素看，俄罗斯与外部世界的关系以及普京对此的个人认知让普京逐渐遵从俄罗斯的战略文化与历史传统，形成俄罗斯特色的孤立主义，与形成俄罗斯国家基因的时间与空间因素完美结合。

苏联解体后，叶利钦时代虽然提出过"国家振兴战略"②，但由于俄罗斯在整个20世纪90年代进行了一系列激进改革，国家治理成效难以令人满意。世纪之交的俄罗斯面临或是继续衰弱或是重建伟大强国的十字路口。也正是由于上述严峻的形势，直接导致叶利钦在第二任期的主要任务是解决接班人的问题。叶利钦需要将权力转交到一个强有力的、能够服众的"接班人"手上。③

普京在基里延科和斯捷帕申之后坐上总理位子，他立即着手在战略思想领域组织智囊讨论，并推出一系列令人耳目一新的文件。

普京主张在俄罗斯进行市场经济和民主改革，但是强调改革必须从俄罗斯的国情出发，走俄罗斯自己的道路。从这个意义上讲，当时国内外学者普遍认为，俄罗斯走的是"第三条道路"，或称为"中间道路"。关于所谓的"第三条道路"问题，从俄罗斯转轨一开始就有

---

① Владислав Сурков, "Долгое государство Путина – О том, что здесь вообще происходит," Независимая газета, 11. 02. 2019, http：//www. ng. ru/ideas/2019 - 02 - 11/5_7503_surkov. html? pagen = 42&fbclid = IwAR3ct0Nqn3TpMQqnySevtho2Ky25VWB1pYU2yXSaDnB0pxIgFo4JWiR – 9SM&id_user = Y.

② "Общими силами – к подъему России. Послание Президента РФ Федеральному Собранию," Кремль, 17. 02. 1998, http：//kremlin. ru/acts/bank/20941.

③ А. Остапчук, "Импичмент перенесен на Осень," Московские новости, 1998, No. 27.

争论，叶利钦坚决否认"第三条道路"。1995年8月，叶利钦在评价俄罗斯民主时曾经认为，"第三条道路"是走向后退的道路，俄罗斯只能走第一条发展道路，即把继续进行的经济改革同发展国家民主结合起来。民主发展的道路在于建立法律秩序、发展保护人权的发达司法制度以及建立中产阶级。1996年2月，俄罗斯总理切尔诺梅尔金在回答关于有没有"第三条道路"可走的问题时就表示，俄罗斯不会在发展道路问题上搞什么发明创造。

在这种指导思想的基础上，普京不拘泥于"第三条道路"的无谓争论与束缚，采取了切实可行的政治举措，鲜明地提出了面向未来的强国战略。普京在第一任期内，强国战略的构想逐渐明晰和完善，并构成其治国理念的实质内容。他表示俄罗斯的唯一现实选择是做一个强国，做一个强大而自信的国家，做一个不反对国际社会、不反对别的强国、与其他强国共存的强国。① 这表明强国理念构成了普京时代内政外交的逻辑主线。

普京上述外交决策理念与目标的确立固然有各种影响因素，但是从人格特质的视角看，这是领导人基于其个体行为偏好和价值态度，以政治理性的方式将权力投射到政治运动和社会公共事业的过程。普京稳健且进取型的人格特质投射在其对外政策上也具有一定含义：不屈服于外部压力。2014年10月，在"瓦尔代俱乐部"会议上普京表示："来自外部的压力，就像过去的情况一样，只会使我们的社会得到巩固。"②

担任克格勃特工的经历强化了普京的国家主权观念。作为国家强力部门的克格勃，考察培养个人的主要品质是对国家的忠诚和坚韧。美国前国务卿奥尔布赖特认为，普京有两段重要经历：一是进入莫斯科核心领导层之前他的大部分工作时间是在为克格勃效力，二是在圣

---

① "Послание Федеральному Собранию Российской Федерации," Кремль, 08.07.2000, http://www.kremlin.ru/events/president/transcripts/21480/videos.

② Kimberly Marten, "Putin's Choices: Explaining Russian Foreign Policy and Intervention in Ukraine," The Washington Quarterly, Vol. 38, No. 2, 2015, pp. 189–204.

彼得堡工作并与经济改革派交往甚密。两种不同的经历被统一了起来。① 担任克格勃特工的经历让普京有坚定的主权观念和维护国家利益的强烈意愿。普京坦率地表示：世界上的主权国家屈指可数，只有中国、印度、俄罗斯以及其他几个国家。其余国家都处于一定程度或是非常明显的彼此依赖中，或是听命于集团领导。所以，普京认为，"主权是非常珍贵甚至是排他性的东西。俄罗斯不是一个能够在不维护本国主权情况下存在的国家，它要么是个独立主权的国家，要么就根本不存在"。② 2007 年 2 月 10 日，普京在慕尼黑安全政策问题会议上发表讲话，强调"对当代世界而言，单极模式不仅不可接受，而且也根本不可能实现。现在已经到了以在国际交往各主体利益之间寻求合理平衡为出发点、认真思考全球安全结构的时候了"。2016 年席卷全世界的反全球化热潮让新兴经济体和发达经济体都一筹莫展。普京对此开出的"药方"是强调必须坚持国家主权原则来"帮助保障国家和国际层面的和平与稳定"。普京认为西方大国一贯对全球规则和原则进行不利于俄罗斯的操控。当全球规则和原则对西方有利时，西方国家政府就予以坚持；而当全球规则和原则不符合其切身利益时，它们便漠视长期惯例而制定更合心意的全球规则和原则，所以坚持主权原则至关重要。③ 2019 年 2 月 20 日，普京在发表 2018 年国情咨文时再次重申，俄罗斯国家和人民珍视主权，因为"倘若俄罗斯丧失主权，它就不能被称为国家。一些国家可以，但俄罗斯绝对不行"。④

---

① M. K. Albright, "Clear on Chechnya," The Washington Post, March 8, 2000, https://www.washingtonpost.com/archive/opinions/2000/03/08/clear-on-chechnya/72ded6e2-c44f-44e3-8361-dea8d343417f/.

② "Встреча с участниками международного дискуссионного клуба 《Валдай》," Кремль, 14.09.2007, http://www.kremlin.ru/events/president/transcripts/comminity_meetings/24537.

③ Richard Weitz, "Russia Wants to Remake Globalization in Its Own Image," Hudson Institute, November 24, 2016, https://www.hudson.org/research/13192-russia-wants-to-remake-globalization-in-its-own-image.

④ "Послание Президента Федеральному Собранию," Кремль, 20.02.2019, http://www.kremlin.ru/events/president/news/59863.

三、俄罗斯外交决策中的战略文化

在对外关系领域,战略文化是一国历史传统与当代决策的有力结合。战略文化既体现了一国国家性的历史结构因素,也反映了在当代世界政治中一国战略思维要旨所在。就像普京在2019年2月20日国情咨文中简明概括的:"俄罗斯过去是,将来也会是独立自主的国家。这是一条公理。它要么是它现在的样子,要么不存在。这对我们所有人来说应该是共识,我们都应该明白和意识到这一点。"苏联解体后俄罗斯一共出台了六版外交政策构想。除了叶利钦时代1993年的《俄罗斯联邦外交政策构想总则》,其他四版都在普京时代产生。仔细研读和对比2000年、2008年、2013年、2016年和2023年五版外交政策构想,可以看到,尽管文字表述略有差异,但在每份外交政策构想第一部分的对外原则中都体现了普京外交决策的基本原则:一是俄罗斯要成为强国,二是俄罗斯要着眼周边,三是俄罗斯要警惕外部威胁。

对外政策构想传递出来的原则观念,体现了俄罗斯战略文化的历史一致性。在《长久的普京之国》中,苏尔科夫写道:俄罗斯在历史上一共经历过四种主要的国家模式,"伊凡三世的国家"(莫斯科和全俄大公国,15—17世纪)、"彼得大帝的国家"(俄罗斯帝国,18—19世纪)、"列宁的国家"(苏联,20世纪)和"普京的国家"(俄罗斯联邦,21世纪)。无论哪种国家模式,它们的内核是一致的,换言之,俄罗斯国家性的历史结构因素是一致的。战略文化具有穿越时空的解释力。[1] 按照苏尔科夫的概括,俄罗斯战略文化的要点在于拓展性、军事性和人民性。大国意识加强的俄罗斯总把收复所谓的"帝国失地"放在优先地位。俄罗斯前外长科济列夫被认为是"亲西方的精英代表",但在1995年也表示为保护国外的同胞,必要情况下会不

---

[1] Владислав Сурков, "Долгое государство Путина – О том, что здесь вообще происходит," Независимая газета, 11. 02. 2019, http://www.ng.ru/ideas/2019-02-11/5_7503_surkov.html?pagen=42&fbclid=IwAR3ct0Nqn3TpMQqnySevtho2Ky25VWB1pYU2yXSaDnB0pxIgFo4JWiR–9SM&i d_user=Y.

惜使用军事力量。科济列夫视野中的"同胞"通俗地讲是指"讲俄语的公民",它不限于拥有俄罗斯国籍的居民和侨居国外的俄罗斯人,即便是不同的民族,只要平时使用俄语的也包括在内。整个独联体地区以及俄罗斯人占比较大的波罗的海三国也都将是俄罗斯的权益范围。

叶利钦的理念是"俄罗斯作为大国应当受到尊敬",他提出的"欧洲安全新模式"目的在于为俄罗斯在欧洲问题上发挥影响力打下基础。

梅德韦杰夫被普遍认为是具备新思维的俄罗斯总统代表,主张与西方建立现代化联盟,但他依然把独联体地区称之为"具有特殊利益的地区"①。对于俄罗斯在世界上扮演的角色,梅德韦杰夫认为:"我们摆脱了两极模式,这非常好,因为它毕竟阻碍了人类发展。我们曾着重扩大我们的军事潜力,这自然不利于进步。现在所有主要经济国家、所有主要政治力量、所有主要核武器国家都赞同,世界应当是多极的。俄罗斯联邦也坚持这一立场。我们想成为世界固有的一部分。我们希望能在这个世界拥有当之无愧的地位——在经济、安全领域拥有符合俄罗斯潜力、历史和作用的地位。"②

俄罗斯对外政策的传统基因在普京身上表现为显性,他是这一文化的显著代表。俄罗斯的外交传统遵循两个基本原则:第一个原则是,要防止出现对俄罗斯安全构成或可能构成直接威胁的国家和国家集团;第二个原则是,要应对现实存在的挑战构成的主要威胁就必须建立战略纵深体系。建立战略纵深体系就是建立一系列持相似立场的伙伴联盟。③ 尤其是第二个原则。这种思想影响到俄罗斯对外部环境的判定。加强对周边局势的掌控以求安全的观念就是这样的政治体系

---

① Тамара Шкель, "Дмитрий Медведев назвал пять принципов внешней политики России," Российская газета, 01.09.2008, https: //rg. ru/2008/09/01/princypi. html.

② "Интервью датской радиовещательной корпорации," Кремль, 26.04.2010, http: //www. kremlin. ru/transcripts/7559.

③ Никонов Вячеслав Алексеевич, "Современный мир: новые реальности," Россия и мусульманский мир, 2009, No. 12.

和政治理念的一种外在表现。在俄罗斯看来，独联体地区应以俄罗斯为核心联合起来。因为独联体各国仍然存在一些共性问题，这与苏联解体后遗留下来的社会文化联系、经济依赖性以及军事安全问题有关。可是，独联体的这种联合越来越受外在的刺激因素——北约和美国的军事目的和计划、国际恐怖主义、宗教极端主义等的影响，也受到亲西方领导人的影响。但联合独联体国家仍然是俄罗斯最重要的对外战略思想，因为这种思想在历史上是苏联各加盟共和国之间相互融合的核心。①

2014年乌克兰危机后形成的"后克里米亚共识"实际上反映了战略文化在政治进程中的深刻影响。盖达尔指出了这一点，他说："我和我那些在俄罗斯启动改革的同事都明白：向市场经济过渡、俄罗斯适应自己在世界的新地位，这个进程非同寻常。然而我们认为，克服转轨时的退缩、开始经济增长、提高居民的实际收入，这些对自身福利讲求实际的关注会取代恢复帝国的无望幻想。但我们错了。对帝国庄严象征的呼唤是一种操控政治进程的有力手段。"② 普里马科夫在1996年就任外长后就公开批评西方指责俄罗斯在独联体境内用"帝国方法"建立一体化是不客观的。他认为，俄罗斯寻求独联体地区一体化的客观基础是存在的，而且非常坚实。因此，他所领导的外交部认为主要任务是开展对独联体国家的工作，目的是要发展一体化进程、支持向心趋势（同时保留独联体所有国家的主权）和消除冲突。

这种认识又经常反过来影响俄罗斯的内部发展。"在俄罗斯的发展过程中，外部影响所起的作用一向比创造性的主动精神更强有力。"③ 对普京来说，其领导性质和他让俄罗斯恢复强国地位的成功

---

① Алексей Матвеев, "Итоги и перспективы на постсоветском пространстве," Информационно-аналитическом Центре Мгу, https://ia-centr.ru/experts/iats-mgu/itogi-i-perspektivy-na-postsovetskom-prostranstve/.

② [俄] E.T.盖达尔著，王尊贤译：《帝国的消亡：当代俄罗斯的教训》，社会科学文献出版社2008年版，第10页。

③ [俄] 格奥尔基·弗洛罗夫斯基著，吴安迪、徐凤林、隋淑芬译：《俄罗斯宗教哲学之路》，上海人民出版社2006年版，第571页。

是互为条件的：对国内强有力的控制让俄罗斯的海外力量变得强大；海外力量的强大为国内的强势统治提供了理由。① 西方一向擅长分析国际危机的国内根源问题，经常对外溢到国际社会的国内制度的内在缺陷和这种外溢产生的国际影响进行研究。② 在美国看来，俄罗斯表面上的强硬并不单单是愤怒的体现，这反映了一种特殊的世界观。1980—2000 年是国家实力衰退期，先是苏联兵败阿富汗，随后是经济瘫痪直至崩溃。因而，俄罗斯向往赢得尊重、平等。事实上，今日的俄罗斯想赢得尊重的愿望是如此强烈，影响了俄罗斯公民和领导人的世界观。这在美国看来有助于解释为什么普京自 2000 年执政以来，大力恢复俄罗斯的全球影响力并重建无可争议的地区大国地位。俄罗斯在过去十年制定的几乎每一项重大政策都可以被视作为达到这些目标而采取的手段。③

四、外交决策的本质表征：俄罗斯的独特性

按照苏尔科夫的话来说，俄罗斯不是"深暗国家"，它的一切都在明面上，而且这是理所当然的，因为俄罗斯拥有理解俄罗斯的"深层人民"。在不同的时代，"深层人民"可能是农民、无产阶层、无党派人士、公务员等。这类群体曾经不止一次在国家遭受入侵时被迫退却，但总能重新回归，而且"深层人民"凭借坚强的整体，形成了无法战胜的战略文化引力，这种引力与俄罗斯的领导人的人格特质完美契合。领导人与"深层人民"之间相互信赖、交流顺畅，这是俄罗

---

① Robert Kagan, "The End of the End of History: Why the Twenty – First Century Will Look Like the Nineteenth," Carnegie Endowment for International Peace, April 23, 2008, https://carnegieendowment.org/2008/04/23/end – of – end – of – history – pub – 20030.

② ［澳］约翰·W. 伯顿著，马学印、谭朝洁译：《全球冲突：国际危机的国内根源》，中国人民公安大学出版社 1991 年版。

③ Owen Matthews, Anna Nemtsova, "The World According to Russia – Why, Years after the Cold War, the Kremlin's Still Obsessed with Getting Respect," Newsweek, September 7, 2009, http://longreads.com/2009/09/01/the – world – according – to – russia/.

斯区别于西方模式的根本所在,是俄罗斯领导人人格特质与俄罗斯战略文化的完美结合。俄罗斯社会的内部稳定一直是普京的头等大事,但是,最大的不确定性源自外部环境。从1997年亚洲爆发金融危机导致俄罗斯无法偿还国际债务,到国际恐怖分子组织支持参与车臣战争的反政府派别,再到西方插手独联体地区的"颜色革命",普京确信,在"外部环境中无法控制的环境力量"面前,俄罗斯非常脆弱甚至危险。俄罗斯的"深层人民"对危机源自国外的认知与政治阶层也是高度一致。普京坚信,一个国家只有在能够控制自己命运的基础上,才能为未来制订有意义的计划。他的这种观点与其反复提及并特殊定义的主权民主思想相吻合。对于普京而言,主权意味着能够独立把握自己的命运,不能让其他人来左右俄罗斯的命运。

俄罗斯独特性的观念主要是通过与相互抗衡的西方站在对立面产生的。保守主义哲学家伊利因说:"西方国家不理解,也容不下俄罗斯的身份认同……他们计划把紧紧编在一起的俄罗斯'扫帚'拆散,再把拆下来的'扫帚条'一根根折断,最后用它们重新点燃黯淡的西方文明之光。"[1] 2013年的"瓦尔代俱乐部"会议传递的核心理念就是"没有俄罗斯的世界是不完整的"。普京以1815年维也纳会议和1945年雅尔塔会议为例说明,只有俄罗斯参与重大国际问题的解决,才能塑造稳定的国际秩序。而一战后的巴黎和会没有苏俄的出席,他认为这次会议上通过的《凡尔赛和约》导致了局势动荡和二战的爆发。普京认为俄罗斯为一个不可替代的大国,俄罗斯不会谋求"例外论",但它会永远谋求全球命运决策圆桌的一席之地。[2] "对俄罗斯来说,同西方欧洲伙伴保持良好关系非常重要,因为俄罗斯是欧洲文明的一部分,它已保持着这种联系。但与东方的关系对俄罗斯也非常重要,俄罗斯将同东方伙伴发展经济、政治及其他领域合作,同时重视

---

[1] Leon Aron, "Why Putin Says Russia Is Exceptional," The Wall Street Journal, May 31, 2014, https://www.realclearworld.com/2014/06/01/why_putin_says_russia_is_exceptional_158847.html#!.

[2] "Заседание международного дискуссионного клуба《Валдай》,"Кремль, 19.09.2013, http://www.kremlin.ru/events/president/news/19243.

新兴经济地区。因此，俄罗斯将在各个方位开展工作。"①

俄罗斯独特性的理念还与俄罗斯民族特性中的超强自信有关。在俄罗斯学者看来，从一系列数据看，作为联合国安理会常任理事国之一，俄罗斯属于一流国家。俄罗斯这个能源大国不是一种发展构想，而是事实，俄罗斯的能源出口占全球能源总出口量的17%。② 俄罗斯仍是核大国和资源大国，俄罗斯的原料资源占世界原料资源的30%以上③；俄罗斯还是政治领导人、政治阶层和各方面专家都具有全球思维的为数不多的国家之一。这种地位使俄罗斯有权参与各种国际机构并履行职责，管理当今世界各个体系。与此同时，俄罗斯学者还认为，俄罗斯的自我意识在苏联解体后的唤醒是一个复杂且长期的过程，但只有这种自我意识才能够使国家振兴，能够唤起人民的创造力，使之团结起来，这是不容置疑的历史规律，俄罗斯的历史多次验明了这一点。俄罗斯应当自己成长和成熟，其发展不能脱离大国的历史，俄罗斯必须重新找回民族自豪感，恢复俄罗斯的精神价值，其中最重要的是恢复大国思维，因为这种大国思维的积淀是对俄罗斯历史命运的思考。大国思维应当成为俄罗斯的现实政策和实际行动的原则，证明俄罗斯人民能够团结一致地完成战略性任务。俄罗斯的这种大国思维是塑造其领导人人格特质和战略文化的关键因素。

领导人人格特质和国家的战略文化深深影响了俄罗斯的对外政策。俄罗斯精英在对外政策的原则与目标上惊人地一致：保持俄罗斯在世界上作为一个不可忽视的国家的地位。正如前外长普里马科夫所说，"俄罗斯过去是一个大国，现在仍然是一个大国。像任何大国一

---

① "Интервью датской радиовещательной корпорации," Кремль, 26.04.2010, http：//www.kremlin.ru/transcripts/7559.

② "Energy Institute," October 1, 2023, https：//assets.kpmg.com/content/dam/kpmg/cn/pdf/zh/2023/10/statistical – review – of – world – energy – 2023.pdf, p.35.

③ "Energy Institute," October 1, 2023, https：//assets.kpmg.com/content/dam/kpmg/cn/pdf/zh/2023/10/statistical – review – of – world – energy – 2023.pdf, pp.30 – 54.

样，俄罗斯的政策必须是多向和多面的"，"国际局势本身要求俄罗斯不仅是历史上的大国，而且也是现在的大国"。一种意见是，虽然承认俄罗斯的能力有限，但是并不认为俄罗斯的有限能力会构成它在世界上发挥积极作用的障碍。[①]

必须强调的是，从人格特质与战略文化的视角分析俄罗斯外交决策，本质上还是研究俄罗斯与世界政治的关系。俄罗斯不是一个孤立的个体，领导人人格特质和国家战略文化的形成都是俄罗斯与世界政治在"冲击—反应"的互动中产生的。俄罗斯是世界政治的一部分，世界政治的历史潮流必然对俄罗斯的发展变化产生影响，同时俄罗斯又深刻影响了世界政治的发展变化。这是俄罗斯研究的普遍性问题。但俄罗斯在世界政治历史潮流中或偏离或融入，并在这个互动过程中产生俄罗斯观念，这都是在具体时代背景下俄罗斯独特性的体现。这种普遍性与独特性，无疑是俄罗斯研究永恒的话题。

从这种独特性上看，北约东扩和欧盟东扩就是俄罗斯必须面对的问题。俄罗斯传统安全思维一直将邻国看作俄罗斯的安全要义所在。邻国首先是指苏联的各个加盟共和国。俄罗斯认为，这些新独立的国家不仅同俄罗斯有特殊的"血缘关系"，而且直接关系到俄罗斯自身的安全。东欧国家向西靠拢，就是这些国家不断疏远俄罗斯的过程。2008 年之前，从俄罗斯的经济和军事实力来看，它只能是被动地接受这一过程，通过自己有限的外交努力使之对自己的损害降至最低限度而没有其他的政策选择。2008 年的俄格冲突和 2014 年的乌克兰危机，则表明了俄罗斯实施欧亚战略的决心。2014 年俄罗斯新版军事学说明确表示：俄罗斯面临的主要外部军事危险是北约东扩。北约军力扩大，北约军队被赋予全球性职能，可以使其军事设施逐步逼近俄罗斯国界。[②]

苏联解体之初，俄罗斯认为冷战结束以后，世界大战和大国之间

[①] Sherman W. Garnett, "Russia's Illusory Ambitions," Foreign Affairs, Vol. 71, No. 2, 1997, pp. 61 – 76.

[②] "Военная доктрина Российской Федерации (утв. Президентом РФ 25 декабря 2014 г. N Пр – 2976)," 25.12.2014, http://base.garant.ru/70830556/.

的战争已不可能，世界和平的主要威胁是来自"侵略性的民族主义"，而这种民族主义恰恰集中在俄罗斯周围。后来随着北约东扩的逼近，俄罗斯又感到对其安全的威胁主要来自西方。在这种情况下，密切同独联体其他成员国的关系，在俄罗斯周围建立"睦邻地带"，就成了其对外政策"最优先的方面"。与此同时，俄罗斯虽然已从东欧地区撤出，但仍把这一地区视为自己的"利益范围"，不愿被完全挤出，认为北约、欧盟双东扩的过程是一个不断剥夺和削弱俄罗斯在欧洲传统影响力的过程，所以强烈反对东欧国家加入北约。归根结底，传统战略思维决定了俄罗斯对世界政治环境性质的判断。在2017年"瓦尔代俱乐部"会议上，普京继2014年的讲话后，再次发表了关于国际秩序的看法。① 在俄罗斯看来，西方为了彻底消化冷战的"胜利成果"，努力从政治、经济、意识形态和军事安全各个领域把东欧融入西方体系。显然，双方在战略目标上存在结构性矛盾。

围绕俄罗斯与世界政治之间的关系，冷战结束以来，始终存在两个对立的战略概念，即欧美大陆体系和欧亚大陆体系。欧美大陆体系的观点是希望美国通过北约或各种不同的双边和分区条约更紧密地参与欧洲安全事务。欧亚大陆体系的观点则是包括一个重要的布鲁塞尔—莫斯科轴心，围绕这样一个轴心，欧盟会在俄罗斯的密切配合下发挥更大的安全作用。如果说2014年乌克兰危机之前还有一些东欧国家主张欧亚大陆体系，那么乌克兰危机后欧美大陆体系已经占据主导地位。从这个意义上说，乌克兰危机对俄罗斯地缘政治环境影响深远。

叶利钦时期的主要任务是使俄罗斯留在国际政治体系中。叶利钦政府不断遭遇政治危机和经济危机。叶利钦首先面临的问题是新生的俄罗斯政权必须尽快解决一些最基本的问题：苏联的法律继承问题（俄罗斯在世界上的法律地位问题）、俄罗斯境内外的核武器问题、与邻国建交的问题。上述局面构成了叶利钦总统任期内的外交内涵：避免大国地位的彻底丧失，使俄罗斯至少在形式上仍然身处世界主要大

---

① "Заседание Международного дискуссионного клуба《Валдай》," Кремль, 19.10.2017, http://www.kremlin.ru/events/president/news/55882.

国之列。这项任务有三个组成部分：实现国内政治稳定，实现独联体地区稳定，塑造俄罗斯在国际舞台上的积极角色。表面上维系国际地位的目标得以实现，但是如何把表面上的大国地位转换成真正的国际实力就成了普京时代面临的问题。普京时期俄罗斯与西方的关系历经坎坷：从最初的融入西方，到后来的实力并立，再到现在与西方的相互对立。为了充实维持国际地位的能力，普京整合了内政、外交各种资源，这种策略调整是合理的选择。结合上述时代背景可以更加清楚地看到俄罗斯传统战略思维与领导人人格特质在外交决策上的反映。性格鲜明的叶利钦在执政后期几乎是"病夫治国"，但却体现了某种不受约束的俄罗斯特质，他的使命是要不惜任何代价让国际社会看到俄罗斯在国际舞台上的存在。保持警觉并讲求实效的普京恰恰适合完成巩固阵地、夯实国际地位的任务。[①] 从这个角度来看，俄罗斯的对外政策即便不是前后连贯，至少也是一个整体。两位总统的不同表现正是俄罗斯作为一个国际主体逐渐成长的过程。

总之，从人格特质与战略文化的视角分析俄罗斯外交决策是一个研究俄罗斯与当代世界普遍性与独特性关系的综合性课题，它源于俄罗斯与世界政治的相互影响，作用于俄罗斯与外部世界的互动关系。俄罗斯是世界的一部分，世界政治的潮流深深影响了俄罗斯政治的发展，俄罗斯政治的变化又撬动了俄罗斯与外部世界的关系，形成了俄罗斯独特的观念。

第二节 美国外交决策中的人格特质与战略文化

一、外交决策分析中的人格特质与战略文化

随着国际政治心理学的发展，通过探讨领导人的人格特质进而分

---

① Федор Лукьянов, "Три главы одной истории: президентство как зеркало реальности," РИА Новости, 12.06.2011, http://ria.ru/politics/20110612/386651921.html.

析国家的外交决策已经成为国际关系研究的重要路径。尤其在大国政治的研究中，由于大国的领导人对国际关系的影响更为深远，因此通过探究大国领导人的人格特质进而分析该国的外交决策乃至战略文化成为对外政策分析的重要研究领域。

认知心理分析模式是探讨外交决策中人格特质因素的重要路径之一，其核心在于关注决策者或决策小团体的心理及其对外部世界的看法如何影响其行为及外交决策。[①] 在认知心理学的分析范式中，认知风格、情绪与动机是人格特质的重要组成部分。决策个体特定的认知风格包括信仰、价值观和思维定式等具体构成方面，它是个体处理、判断和理解外部世界，以及应对不确定性复杂环境的基本工具。[②] 情绪与动机奠定了决策者外交决策偏好的形成的微观基础。情绪对于个体认知行为以及认知的进化具有助推作用，因此，在外交决策分析领域，情绪的作用对于判断政策的稳定性以及政策的发展密切相关。奥利·霍尔斯蒂提出，无论是个体还是组织，在解决问题的过程中带有一定的紧张情绪以及适度压力都是非常必要的，这有利于提高解决问题的效率。与此同时，情绪和动机会使人产生合作、竞争、对抗的心理倾向，在哪些条件下的情绪、动机会导致投降、绥靖和回避的反应，是外交决策分析对情绪要素进行研究的关键目的所在。可见，情绪在一定程度上促进了决策者个人心理机制的进化和调整，是人格特质的重要组成部分。

除人格特质以外，战略文化在国内政治文化与国家身份心理互联互动中形成，它作为领导层决策思维产生深远影响的层级化偏好，是塑造国家行为和外交政策偏好的主要非物质性因素之一。从整体上看，影响外交决策的战略文化存在于微观和宏观两个方面。从微观角度来说，领导人个人领导力的强弱对于塑造决策群体的战略文化具有

---

① 李志永：《外交政策分析的路径与模式》，《外交评论（外交学院学报）》2011年第6期，第90—110页。

② 张清敏：《国际政治心理学流派评析》，《国际政治科学》2008年第3期，第71—101页。

重要作用，从而形成了不同决策群体的不同特点。从宏观角度来说，以国家身份心理为主导的国家战略文化则会在一个更长的时间段内影响一国外交决策的发展方向，从而使该国的外交决策具有区别于其他国家的明显特征。

首先，领导人个人领导力的强弱对国内政治文化的塑造具有关键影响。领导力作用于群体决策过程，对群体心理和决策思维起到重要影响，从而使决策团队形成特定的战略决策思维和国内政治生态。领导力的强弱对于群体决策的进程和结果有着决定性的影响。这是由于做出重要外交决策的主体通常是最高领导层内的一个人员数量很少的决策团队，在这种较为封闭的决策环境中，容易产生某种压制性的氛围，使得决策团队成员无法客观中立地分析决策环境，导致决策理性下降。但强势的领导人可以通过自己的强领导力影响决策过程，有能力主导决策团队的人员构成以及政策的制定过程，甚至通过其强领导力塑造政党官僚体系和政党文化。[1] 领导力作为塑造战略文化的核心要素之一，在小集团决策方面发挥着极为重要的作用。在小集团决策过程中，领导人需要在授权下属处理政策问题的同时保持对政策走向的控制，并且拥有在政治系统中其他行动人施加结构性影响的情况下，继续保持塑造政策议程的能力，[2] 领导力的强弱会影响领导人对以上两个挑战性问题的处理能力和应对方式，从而影响小集团决策的过程和结果。

其次，国家身份心理主导着国家战略文化的特性。国家的对外战略思维取向植根于一国的人民期望自己的国家在对外关系中应追求什么样的目标、在国际社会中应扮演何种角色、追求何种国际地位的基本价值判断。[3] 国家心理与国家身份之间的关系密不可分，而国家身

---

[1] 尹继武：《试析希拉里的政治心理及对华政策偏好》，《现代国际关系》2016年第9期，第20—26页。
[2] 李泉：《政治领导人的行为码与领导力特征分析》，《世界政治研究》2020年第3期，第29—59页。
[3] 王立新：《美国国家认同的形成及其对美国外交的影响》，《历史研究》2003年第4期，第124—136页。

份特征与一国政治制度、意识形态、地缘特点、文化传统以及历史因素有着密切的联系。群体认同和文化因素在建构了国家身份和社会文化的同时,也为战略文化的产生提供了观念性环境。需要指出的是,社会文化的基本内涵和基本价值观念是国家战略文化的产生根源。文化因素体现在人们的生活方式、行为和思维方式等社会生活的各个方面,是可以超越群体、阶级和政治党派的存在。相对于不断更迭的政权,一个国家文化的基本内涵、基本价值观念和思维方式等具有相对稳定性。① 在建构主义理论看来,文化影响着国家的基本特征以及国家行为的动机,塑造了国家身份认同。战略文化对于国家间的政治信任、各国对于威胁的认知,以及和平谈判的成功与否,都在客观上发挥着一定的影响作用。

二、拜登政府外交决策中的人格特质

国家领导人对外交决策的形成发挥着关键作用,领导人的人格特质作为其政治行为的深层根源,是影响外交决策和国际关系发展进程的重要变量之一。政治精英在个性、认知、情绪、动机等方面存在差异,由此形成的行为特点和决策风格也存在个体差异,这些差异可能导向不同的外交决策结果。个体决策行为具有其内在动因,对拜登的人格特质进行分析有助于更好地理解其政治行为特点和对外政策偏好。

(一) 拜登总统的人格特质

1. 积极外向、亲和宜人的人格特质

基于人格理论分析拜登的成长经历和从政经历对其带来的影响,可以判断其人格特质形成的原因和内在机制。研究表明,拜登在外向性维度上表现最为显著,在宜人性维度的得分也非常突出,② 由此得

---

① 张清敏:《外交政策分析中文化因素的作用与地位》,《国际论坛》2003年第4期,第34—39页。

② Aubrey Immelman, "The Political Personality of Former U. S. Vice President Joe Biden," Unit for the Study of Personality in Politics, December 2, 2019, https://digitalcommons.csbsju.edu/psychology_pubs/122/.

出积极外向和亲和宜人是拜登的两种核心特质，其形成原因与他的童年和过往经历具有密不可分的因果互动关系。

一方面，童年的口吃经历促使拜登形成了高同理心、高同情心的心理特点，并且塑造了其尊重他人的人际行为风格特点，这些特性共同塑造了拜登亲和宜人的个性。另一方面，为了对孩童时代口吃造成自卑心理进行弥补，拜登在克服口吃后对于自我表达和社交活动具有很强的积极性，从而在表达行为风格方面形成了高表达欲的特点。

童年和过往经历使拜登的行事风格养成了较高程度的外向性，外向性特点集中体现在其表达行为和人际行为方面。在表达行为方面，拜登乐于表达自己想法，擅于公开表达自己的感受，愿意分享自己的观点和理念。相应地，其人际行为呈现出爱好社交的特点，热衷于社交沟通，乐于参加社交活动，享受聚会的乐趣。由此可见，行事风格的高度外向性特征使拜登形成了积极外向的人格特质。

拜登积极外向与亲和宜人的人格特质，使其总体来讲符合人们对美国传统政客形象的心理预期。拜登容易获得周围人的喜爱和友谊，但这样的人格特质也对其领导力的塑造产生了一定不利影响，特朗普就曾在2020年的总统大选中利用拜登这种适应性强的社交型人格来攻击拜登缺乏个性和领导力。拜登的个性总体呈现出一种合作、友好、参与和妥协的特点，传达出了一种自尊、和谐且具有责任感的形象，这在一定程度上使得他缺乏一种干练强硬的领袖魅力，使其领导力显现出一种低主导性特点。

2. 灵活开放的认知风格

拜登的认知风格具有较强的开放性和灵活性，其处理与自身内在信念不一致的信息的方式更加灵活，态度也更倾向于妥协。因此，拜登对与其个人信念不一致的信息接受程度较高，愿意在与外界信息不一致的情况下更新个人信念体系以适应外在的约束。在大五人格分析框架中，拜登开放灵活的认知风格在开放性维度上对应着约束适应性特点。此外，拜登较为灵活开放的认知风格也影响了他的归因方式，使他很少进行外部归因，愿意对外在约束进行客观的全面了解，在此基础上对自身的认知和行为展开渐进性的调整。由此可见，拜登拥有较好的认知调节机制,擅于缓和困境、淡化矛盾,属于约束适应型领导人。

通过回顾拜登在不同时期,对外界质疑的声音所采取的应对方式的变化历程,可以观察到其认知风格的灵活性特点在逐渐得到强化。2002年,拜登作为参议院外交关系委员会主席,表示支持授予布什总统所提进行伊拉克战争的决议,其支持战争这一具有争议的行为也被其政治对手和媒体不断质问。此后,拜登曾多次对其投票动机进行解释,对伊拉克战争的态度和认知也经历多次立场变化,都是他调整了自己的认知和行为以适应当前的政治情境的表现。

拜登在参议院的这段从政经历使其认知风格中的开放性和灵活性得以形成和强化。拜登倾向于调整偏好,以便与其他人的偏好兼容,他能够积极调和分歧以避免冲突,必要时让步或妥协,而不是对矛盾进行片面的外部归因。这样的认知风格使拜登成为约束适应型领导人,能够尊重约束、对信息持开放态度、注重调和分歧和建立共识。

3. 保持稳定、渴求激励的情绪特征

拜登在情绪方面呈现出稳定性特征,这种特征的形成源自其人生出现重大变故的关键节点。在拜登过往的人生经历中,当他面对生活和事业上沉重的打击时,都表现出了对情绪较强的自我调节能力和较为坚定的意志力。经历了青年时期痛失妻女、老年丧子、罹患脑瘤在死亡边缘生还的拜登在个人自传中称这些不幸的经历具有两面性,他认为自己能在磨难中保持信仰继续前进,做一个坚定执着的追梦者。遭受长子去世打击后,拜登及时调整情绪状态,继续参加2020年总统大选,可见其应对突发性外部打击的方式具有稳定性特点,在面对外部冲击事件时,能够相对快速地把自己的情绪调整为较为稳定的状态,并能够保持积极心态,把外部压力和冲击视为对未来承诺的考验。[1] 由此可见,种种磨难造就了拜登过人的意志力,加强了他承受外部打击的能力,塑造了其情绪的稳定性。

---

[1] 李宏洲、尹继武:《拜登的人格特质及决策特点》,《现代国际关系》2021年第2期,第11—22页。

激励渴求是拜登个人行为的内在动机。得到正向人际评价和他人的赞美是拜登行事的激励性目标以及重要的动力来源，这一动机的形成与拜登从童年到青年时期的成长经历有关。拜登童年的口吃经历使他备受歧视，因而在成长过程中形成了渴望获得他人关注和认可的心理，即激励渴求。拜登在这种激励渴求的内在动机之下，通过不懈地训练克服了口吃并开始积极参加社交活动，后来成功通过这种方式展现个人魅力。在这种激励渴求与人际反馈的正向循环互动中，塑造了拜登的自信心。

自信也是拜登个人心理层面情绪与动机的另一个重要方面。虽然拜登自信且渴求他人认可的情绪动机经常使他在公共场合过度表达，造成其失态行为的出现，但是高度自信且具有稳定性的情绪、动机特点，有利于塑造拜登的领导力，使他能够以果断和坚定的方式对已制定的政策进行长期贯彻。

（二）人格特质对拜登政府外交决策的影响

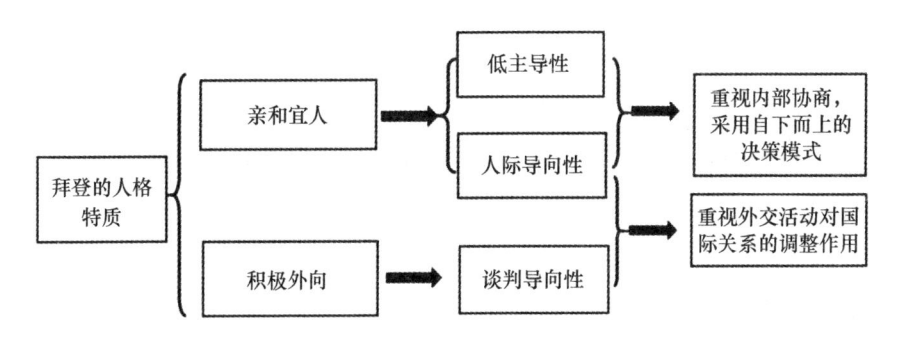

图 2-1 拜登的人格特质影响美国外交决策的路径

笔者根据相关内容自制。

其一，拜登政府重视外交活动对于国际关系的调整作用。这一外交决策特点由拜登的积极外向与亲和宜人这两项核心人格特质共同决定。由拜登的两项主要人格特质可以推导出他的三项核心的决策特点，即人际导向性、低主导性以及谈判导向性，这三项决策特点构成了拜登人格特质维度上的领导力模型。其中，亲和宜人特质塑造了拜登的人际导向性与低主导性两种领导力特点，积极外向特质使拜登的领导力模型呈现出谈判导向性特点。

亲和宜人的人格特质使拜登呈现出注重人际关系的领导风格，这决定了他具有人际导向性领导方式，这种人际导向性特点的影响也体现在其对外政策方面，是拜登积极开展外交活动的动因之一。人际导向性领导人对获得国际上其他政治精英的尊重和承认持有较高的重视程度，因此会积极开展外交活动。具体表现为对开展多边外交和首脑外交具有较强的积极性，并对与本国利益相关的他国领导人建立友好的私人关系持有较为开放的态度。由此可见，拜登政府会重视与他国展开外交活动，并积极参与国家间的首脑外交。

拜登领导力模型中的谈判导向性特点，使他倾向于利用外交手段来达成政治上的战略目标，重视通过外交手段调整国家间关系。拜登对于谈判手段能够达成的政治目标具有相对理性的认识，所以他擅于将预期战略目标通过务实的分段式谈判来达成，而非不切实际地希望对手在谈判中做出彻底性的大范围让步。[1] 这是由于谈判导向性领导人不倾向于按照宏伟的愿景来重塑世界，而是倾向于对环境做出反应，希望可以通过谈判达成和解。[2] 因而拜登在谈判时能够适当妥协，以务实导向同对手进行利益交换。在国际上，拜登总统的外交角色定位是一个低支配性的调解者和整合者，关注调和国家之间的分歧，愿意通过外交手段解决国际上的矛盾。因此，拜登重视通过外交手段调整双方关系，重视与他国保持开放的沟通渠道，而不是通过断绝沟通或最后通牒的方式进行胁迫和威压。[3]

---

[1] 李宏洲、尹继武：《拜登的人格特质及决策特点》，《现代国际关系》2021年第2期，第11—22页。

[2] Anne Marie Griebie, Aubrey Immelman, "The Political Personality of 2020 Democratic Presidential Nominee Joe Biden," Psychology Faculty Publications, August 11, 2020, pp. 1 – 23, https://digitalcommons.csbsju.edu/cgi/viewcontent.cgi?article=1131&context=psychology_pubs.

[3] 李宏洲、尹继武：《拜登的人格特质及决策特点》，《现代国际关系》2021年第2期，第11—22页。

第二章 人格特质与俄罗斯和美国的对外政策

由此可见，拜登的人格特质所导向的决策特点，以及他作为"调和者"的外交角色，会使拜登重视外交活动对于国际关系的调整作用。但是值得注意的是，拜登的谈判导向性特点使他能在外交活动中更加务实且有效地为本国争取到更多利益。外交活动是拜登政府的一种策略性手段，而谈判破裂可能意味着展开进一步激进行为。

其二，拜登政府制定对外政策重视内部协商，采用自下而上的决策模式。这种决策模式的形成与人际导向性以及他在权力需求方面的低主导性特点有关。

一方面，拜登强调团队合作，决策重视内部协商，这由他亲和宜人的人格特质所引发的人际导向性特点决定。亲和宜人的领导人希望通过他的"礼貌和体贴"使自己受到员工的喜爱，[1] 并愿意对团队成员所做的工作给予肯定。拜登了解团队合作的重要性，经常与他的顾问和内阁保持联系，与其广泛的合作伙伴保持密切关系，愿意对其团队做出妥协。

这种决策特点的形成是因为拜登作为具有人际导向性特质的领导人，更希望获得下属的尊重，而不是仅仅获得他人的服从，这使拜登能够尊重和重视团队成员提出的政策意见。亲和宜人的个性使拜登成为一个合作型的领导人，他能够给予团队内部关键成员较大的行动空间，许可其下属在重要事务的处理中发挥强力作用。拜登允许内阁成员拥有相当大的独立性，并鼓励其助手行使独立判断，他依赖于在员工体系中工作，倾向于在顾问提出的政策选择中做出决定。由此可见，人际导向性使拜登了解自己作为个人的局限性，[2] 对其下属和团队成员有较高的信任度，重视通过团队成员的内部协商来达到政策优化的效果。

另一方面，拜登政府采用自下而上的决策模式，这很大程度上由

---

[1] Hunnicutt T., Oliphant, "J. Biden Shows Tender Ness and Temper on 2020 Presidential Trail," Reuters, February 10, 2020, https://www.reuters.com/article/us-usa-election-biden-idUSKBN2042K7.

[2] Fineman H., "The Politics of Picking Biden," Newsweek, August 23, 2008, https://www.newsweek.com/fineman-politics-picking-biden-88089.

拜登在权力需求方面的低主导性决定。这种决策模式的形成与拜登亲和宜人的人格特质有关,亲和宜人的领导人与其团队内部成员的合作性较高、支配性较低。"对自身权力的使用以及对他人控制力的强度"① 是领导人权力需求程度的衡量标准,由此可见,拜登的权力需求程度较低,具有低支配性、低主导性特点。在总统类型上,可判断拜登与巴伯提出的消极—肯定型领导人最为相似,这种类型的领导人如威廉·霍华德·塔夫脱、沃伦·盖玛利尔·哈定以及罗纳德·里根,他们的共同特点是拥有讨好型性格、乐观的态度,以及取悦他人的欲望。② 由此可判断拜登作为消极—肯定型领导人,虽然可以从总统职位中获得较大满足感,但不会投入太多精力,也不愿控制下属,对权力的需求程度较低。③

低主导性特点使拜登偏好分散化、自下而上的决策模式。这种决策模式使拜登对于决策过程中的信息收集和处理过程较少干预,对其政策制定的专家团队信任程度较高,相信宪政体系下的政治决策系统能够发挥效率优势。由此可判断拜登作为低支配性的消极—肯定型领导人,倾向于在决策系统中,通过团体决策分散责任,营造分权化的决策结构,采用自下而上的模式进行外交决策。

由此可见,拜登的决策团队会充当对外政策制定中的重要角色。在对外政策议程中,拜登会积极采纳关键部门领导者及其核心决策圈主要成员的意见,因此,这些官员的政策偏好是美国对外政策走向的

---

① Valerie D. Hudson, "Foreign Policy Analysis: Classic and Contemporary Theory," British: Rowman & Littlefield, 2013.
② Anne Marie Griebie, Aubrey Immelman, "The Political Personality of 2020 Democratic Presidential Nominee Joe Biden," Psychology Faculty Publications, August 11, 2020, pp. 1 - 23, https://digitalcommons.csbsju.edu/cgi/viewcontent.cgi?article=1131&context=psychology_pubs.
③ Aubrey Immelman, "The Political Personality of Former U. S. Vice President Joe Biden," Unit for the Study of Personality in Politics, December 2, 2019, https://digitalcommons.csbsju.edu/psychology_pubs/122/.

重要判断依据。[1]

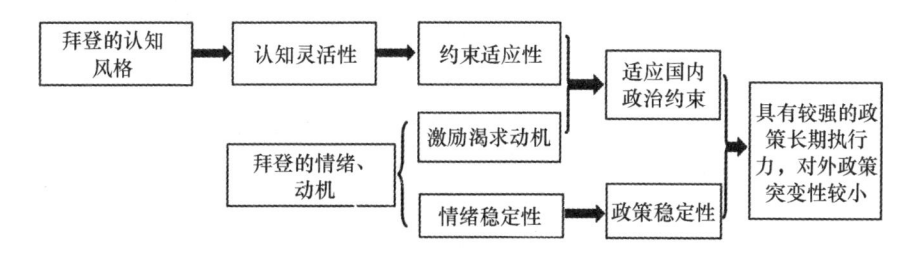

图 2-2　拜登的认知风格与情绪、动机影响美国外交决策的路径
笔者根据相关内容自制。

其三，拜登具有较强的政策长期执行力，对外政策突变性较小。这一决策风格在拜登的认知风格和情绪动机的共同作用下形成。情绪稳定性强使拜登具有较强的政策长期执行力，而灵活开放的认知风格使拜登具有约束适应性特点，倾向于顺应长期存在的国内政治压力来制定对外政策，因此对外政策突变性较小。

一方面，拜登在神经质维度上呈现出的情绪稳定性使他具有政策长期执行力。领导人控制情绪的能力会影响其风险偏好和决策理性，从而进一步影响其对外政策选择。具有极强的情绪管控能力的领导人会有意识地尽量避免个人情绪对决策的影响，反之，情绪管控能力弱的领导人在最终决策阶段出现的极端情绪会严重影响其之前的"理性"判断。[2] 拜登的情绪管理能力强，高情绪稳定性使得拜登对于压力情境有较高的忍耐力和毅力，面对政策执行过程中的困难较少选择放弃，进而塑造了拜登较强的政策长期执行能力。

另一方面，认知风格的约束适应性和激励渴求的内在动机使得拜登在对外政策方面的突变性较小。首先，拜登政府的对外政策面临着显著的外在约束，美国内外政策面临相互联系、相互制约的困境，加

---

[1] 李宏洲、尹继武：《拜登的人格特质及决策特点》，《现代国际关系》2021年第2期，第11—22页。
[2] 苏若林：《外交决策中的风险偏好：概念与形成》，《国际政治科学》2021年第4期，第77—105页。

之国内压力集团的操纵，使得拜登难以对特朗普时期的内政外交进行彻底性改变。其次，由于拜登在认知风格方面的约束适应性较强，使其容易出现高压力屈从倾向。具体表现为面对高压力情况缺乏稳固的立场和信念，对于高冲突性决策环境的承受能力和忍耐能力较低，当出现分歧时，会通过牺牲自己的立场、妥协自己的愿望试图平息事态，甚至在重要问题上做出让步。最后，拜登激励渴求的内在动机使他对得到认可有着极大的需求，这会导致拜登过度依赖公共舆论和民意风向作为指导其制定对外政策的工具，加深其容易屈从于国内政治压力的倾向。由于上述三点原因，拜登政府的对外政策会受制于美国国内政治阻力，适应国内政治的约束。在外交决策方面，拜登较高的约束适应性所带来的压力屈从倾向，意味着拜登政府会顺应国内政治压力，渐进性调整前政府的政策，因此对外政策突变性小。

总体而言，拜登的政策长期执行能力较强，其主导的对外政策变革趋向于渐进式调整，而非一蹴而就。在美国复杂的国内政治形势下，拜登人格特质呈现出的高稳定性的情绪、约束适应性强的认知风格，加之其从政经验丰富的政治精英身份，有助于拜登对美国内政外交两方面的决策信息进行综合判断，使拜登政府对外政策具有一定的稳健性。

三、拜登政府外交决策中的战略文化

战略文化对对外政策有着深远而广泛的影响。在外交决策过程中，战略文化因素通过塑造国家行为偏好的路径影响外交决策。决策团体的政治文化和国家身份观念构成了美国战略文化的两个方面：一方面，决策团体的政治文化是战略文化的重要组成部分，其直接作用于美国国内政治生态；另一方面，国家身份决定国家对外政策的行为逻辑，同时决定了其对本国战略目标的定位和对他国角色和身份的认知。就美国而言，国家身份为战略文化的价值取向和核心理念定下基调，也为与之相协调的战略文化影响下的具体外交行为提供正当性和国内支持。因此，战略文化植根于决策层政治文化和美国国家身份观念呈现出的特定价值观念和思维模式之中，探究国内政治与国家战略文化之间的互动关系,有助于理解美国外交决策的形成原因和决策特点。

(一) 拜登政府决策团队的政治生态

拜登政府决策团队的政治文化具有小集团思维特点。拜登政府决策团队的人员构成的特点与共性,以及拜登政府核心决策团队中主要成员的从政经历、主要思想、政策理念,都具有鲜明的小集团思维特点。

在拜登决策团队的人员构成方面,其外交与国防政策团队以老面孔居多,核心成员都是奥巴马时期的建制派政治精英,其团队成员的政策取向带有明显的建制派特点。一方面,权力斗争和政治经济博弈是建制派官员所擅长的领域,他们具有较高水平的政治手段,以党派利益为政治行为的主要出发点,强调"弥合分歧"。传统建制派政治精英组建的政府擅于在党内不同派系与两党之间相互冲突的利益诉求中寻求平衡,因而显得立场多变。另一方面,建制派精英重视国内政治,强调内政优先的原则,制定对外政策的出发点在于维护国内中产阶级的利益。这些传统建制派政客代表着美国中产阶级和政治经济上层的利益,他们与美国的资本和大企业有着紧密联系,掌握着话语权和意识形态高地,[1] 因此很大程度上框定了美国外交与国防安全政策的主要方向。

拜登政府核心外交决策团队人员具有亲密性和同质性两个主要特点,其成员的亲密性和团队精神带来的高度凝聚力使得团队内聚性突出,组织结构上高度同质性的人员构成造成了决策团队闭塞的缺陷,这两点内部因素共同构成了拜登政府小集团思维形成的基础。此外,俄乌冲突加速了大国关系调整,在对俄罗斯带来的外部威胁的认知方面,主要官员外交态度的一致强硬,促使了决策团队内部保持高度团结。

由此可见,拜登总统的决策团队达到了一个高度内聚团队的标准,特别是在面对外部压力刺激情境的情况下,其内聚性和封闭性促

---

[1] 金君达:《特朗普时代美国共和党"建制派"的行为模式分析》,《美国研究》2018年第5期,第126—140页。

使拜登政府决策中的小集团思维特点进一步突显,在此基础上,可以判断出拜登决策团队中的小集团思维特点主要有以下三点。

其一,内聚团队导致拜登政府决策团队具有对自身的力量和道德过高估计的决策特点。由于拜登决策团队的内聚性特征,使得其带有很强的群体偏见,对群体道德深信不疑,对自己的力量和道德过高估计,坚信自由主义民主价值观。价值观和道德因素在拜登团队的决策中具有显著作用。拜登及其决策团队坚信美国民主价值观是一种向善的神圣力量,① 对美国的自由主义价值观有着过高的估计,认为美国"活在上帝的旨意"中,对于全世界来说美国就是一盏"明灯"。② 他们秉持"例外论"的思想,相信本国的"天赋的使命"对其他国家的指引作用,加之团队高度内聚性使得小集团的道德偏见更为突出,更加重了决策过程中意识形态色彩明显的倾向。

其二,组织结构闭塞使拜登政府形成封闭性思考的决策特点。拜登决策团队闭塞突出表现为决策团队人员构成的相对封闭性,这样的人员组成与信息的相对封闭造成封闭式思考的小集团思维特点。拜登政府决策层核心成员都具有建制派主要思想、相似的从政经历和认知方式,这种闭塞的组织结构导致拜登决策团队在主观层面上与外部信息相对隔绝,决策方案相对封闭,由此造成获取信息渠道闭塞以及一系列不完全的调查,导致决策团队形成封闭性思考。③ 加之拜登在权力需求方面低支配性、低主导性的特点,决定了其并不是一个强势型领导人,难以完全调控和主导政策的制定和决策过程,因此决策团队的政策制定会具有强烈的建制派倾向,决策过程中拜登总统低主导性的领导方式和小集团封闭性的决策程序,使得拜登政府决策中封闭性思考的小集团思维特点尤为突出。

---

① [美]詹姆斯·曼著,韩红、田军、肖宏宇译:《布什"战争内阁"史》,北京大学出版社2007年版。
② [美]斯蒂芬·曼斯菲尔德著,林淑真译:《活出使命:布什总统的信仰》,中国档案出版社2006年版。
③ 马延滨:《特朗普政府对华贸易决策中的"小集团思维"》,《战略决策研究》2020年第4期,第24—36页。

其三，在刺激性情景因素的影响下，拜登政府决策中激发了追求一致观点和全体同意的小集团思维特点。由于国际权力体系发生变化，俄乌冲突等危及美国霸权的大国博弈在客观上给美国带来了外部压力，使美国的全球霸权地位受到了挑战，对拜登政府的决策团队构成了外部刺激情境，这种外部威胁的高压力加重了内群压力，促使决策团队在决策过程中形成了寻求保持一致的小集团思维特点。具体而言，由于在高压力刺激的情况下，强烈的危机感促使小集团为了缓解恐惧心理产生出一种集体性的自我辩解和"坚不可摧"的错觉，[①] 从而防止成员出现暂时性低自尊和胆怯情绪。这种为了避免胆怯而形成的集体情绪会引发过度追求一致性政策的倾向，而小集团对自身能力、道德的高估以及封闭式思考特点也对这种过度寻求同一性观点的趋势起到助推作用，[②] 促使小集团通过寻求团队政策一致性来应对外部刺激情境带来的高度压力威胁。

除此之外，拜登政府外交决策中的小集团思维也体现出如下特点。

其一，重视意识形态竞争。拜登团队对自身实力和道德过高估计的决策特点，使得其对群体道德深信不疑，对自由主义民主价值观过度的信奉和推崇成了一种道德偏见，使群体道德判断走向了极端，由此导致其对外政策带有强烈的自由主义意识形态色彩，使得拜登政府的对外政策更加突出意识形态竞争。拜登政府决策团队强调西方价值观的主导性，使得其对外政策中的意识形态色彩尤为突出，具体表现为价值观外交等。拜登政府宣称，美国要把"民主价值"提升为一种榜样力量来对抗"威权主义"。在外交竞争中占据意识形态高地成为拜登决策团队达到使"美国扮演领导角色"这一战略目标的核心手段之一。与强调美国利益优先的特朗普政府相比，拜登政府更加注重价值观等因素。

[①] 马延滨：《特朗普政府对华贸易决策中的"小集团思维"》，《战略决策研究》2020年第4期，第24—36页。

[②] Paul Hart, "Groupthink in Government: A Study of Small Groups and Policy Failure," Maryland: Johns Hopkins University Press, 1994.

其二，极强的美国建制派外交特点。拜登决策团队闭塞所导致的封闭式思考这一小集团思维特点，使拜登政府的对外政策方向由建制派顺应国内政治需求的外交特点主导。从根源上来讲，拜登政府在对外政策方面之所以会体现出极强的美国建制派外交特点，是由于拜登作为消极—肯定型总统，并不是一个具有强烈行为偏见的领导人，低主导性、低支配性特点使其呈现出领导力相对较弱的特征，这在很大程度上导致其决策团队在对外政策的制定过程中发挥着极其关键的作用。小集团思维最大的特点就在于它的组织结构问题，拜登的领导力相对较弱，其主导政策的制定和决策过程的需求较低，因而对决策团队的掌控能力较弱，这就使得由拜登决策团队的组织结构闭塞所造成的封闭性思考影响被放大，极强的建制派外交特点也在拜登政府对外政策中得到体现。

拜登及其决策团队核心成员作为传统意义上的建制派精英。以党派利益作为政治行为的基点，弥合美国种族移民分歧、贫富分化、既得利益集团建制派与大众分歧等国内问题是拜登政府的第一要务。建制派决策团队制定对外政策首先要顺应国内政治需求，国内压力使得拜登政府延续特朗普外交强硬政策，拜登决策团队以"外交强硬派"的姿态出场，在不改变以强硬对外政策为内核的方略下，对特朗普的对外政策进行部分调整以应对国内党派分裂的现状，这样的策略可以在防止保守派对新政策抵触的同时，向选民与精英传递出拜登政府摆脱特朗普政府影响的决心。[1] 封闭式思考影响下的拜登政府对外政策，虽然在关注的议题和政策优先事项上有所变化，但实质上仍是对民粹主义的再包装，具有典型的建制派外交特点。

其三，希望利用外交手段增强美国权力，并重视与盟友的协调与协作。俄乌冲突的爆发使俄罗斯被视为西方主导的国际体系中最激烈的对抗者，并成为当前西方世界共同面对的外部压力，全面制裁俄罗斯成为美国乃至西方民主价值联盟认知中共同的道德正确，这种认知

---

[1] 李宏洲、尹继武：《拜登的人格特质及决策特点》，《现代国际关系》2021年第2期，第11—22页。

促使拜登政府向其盟友施加"团队一致性"的压力，力图通过加强盟友间协调合作增强美国的全球领导力，巩固其全球领导地位。

拜登政府不同于坚持"美国优先"战略的特朗普政府，特朗普忽视和欺凌盟友的行为不仅失去了西方盟友对美国的信任，也难以达成鼓动盟友与美国进行一致外交进而极限施压的战略目标。拜登强调"同盟是美国最伟大的资产"，认为美国必须重视与盟友和战略伙伴之间的协调合作，积极通过外交等手段增强美国在国际机制中的作用，进而重新获得特朗普时期美国在盟友间丧失的威信，以此增强美国权力。此外，拜登政府注重与盟友在制度与规则建设方面保持一致性理念，力图通过加强同盟关系建设，与盟友在外交战略方面协调一致，保障美国的强劲领导地位不受动摇。

（二）美国的国家身份和社会文化

通常来说，国家身份由内在身份和社会身份两种基本身份共同组成。内在身份由国家独立于外部世界的属性决定，[1]"它是国家本质上固有的、使国家成为国家、独立于国际体系而存在"。社会身份则内生于国际体系之中，由国家与其他国际行为体的互动中所产生的国家间共有观念建构而成。[2]

在国内层次上，美国内在身份的构成要素主要包括三个：一是美国以"自由、民主"为核心的共同价值观，成为塑造美国内在身份的核心力量；二是美国的盎格鲁-新教文化，造就了美国内在身份的独特性；三是美国具有鲜明特点的发展历史，是美国内在身份形成的基础。

第一，以"自由、民主"为核心的共同价值观是塑造美国内在身份的核心力量。"自由、民主"等价值观是自由主义的核心，美国作为世界上最大的自由主义国家，以"民主的灯塔"自称，其国内民族

---

[1] 周明、李嘉伟：《国家身份与欧亚地区抗争政治的变奏》，《外交评论（外交学院学报）》2021年第3期，第101—131页。

[2] 李慧明：《国际关系中的国家身份》，《学术论坛》2007年第12期，第63—71页。

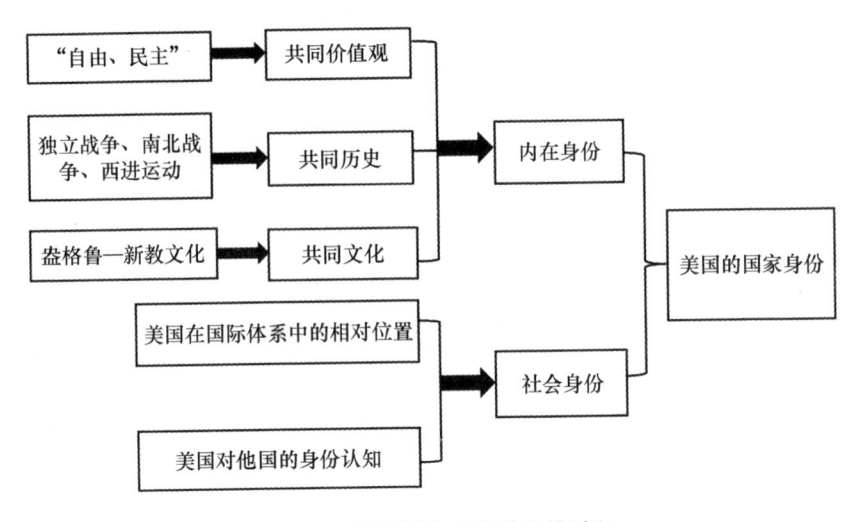

图 2-3　美国国家身份的建构过程

笔者根据相关内容自制。

众多、文化多样，以及开放的移民政策使得美国社会呈现出多元性的特点。在美国多元化的社会中，对"自由、民主"等价值观的认同取代了对民族、种族的认同，成为美国社会凝聚力的主要来源。自由主义是美国的主流意识形态与国家制度的形成基础，因此，"自由、民主"等价值观也成为了美国社会的主流价值观。

第二，盎格鲁-新教文化是美国内在身份得以形成的文化基础。盎格鲁-新教文化来源于从英国继承的政治体制、社会体制以及习俗，它是构成美国内在身份和国家特性的重要部分。[1] 作为美国社会中的主流文化，盎格鲁-新教文化具体表现为美国社会以英语为语言、坚持新教的习俗与价值观等。作为美国社会共享的主流文化，盎格鲁-新教文化对塑造美国内在身份产生深远的影响。例如，新教认为美国人是"上帝的选民"，提出了"山巅之城"的概念，为美国的内在身份附加了传播"民主"的使命感。新教不同于欧洲"旧大陆"传统基督教，其更加包容，这也赋予了美国内在身份的荣誉性与独

---

[1] [美]塞缪尔·亨廷顿著，程克雄译：《我们是谁？——美国国家特性面临的挑战》，新华出版社2005年版。

特性。

第三，美国的发展历史是其内在身份形成的基础。独立战争、南北战争、西进运动等是美国发展历史中最具代表性的事件，这些事件对美国内在身份的塑造发挥着至关重要的作用。1775—1783年，美国的独立战争捍卫了新生的民主国家，美国在北美洲东部建立了世界上第一个联邦总统制国家，也因此成为政治现代化的先锋，民主概念成为美国内在身份的重要特点；南北战争中北方胜利，在一定程度上给予了黑人权利，种族平等等价值观融入美国内在身份；19世纪末20世纪初，为扩展国土，美国向着太平洋一侧进行国土拓展，进行西进运动，冒险精神等成为美国内在身份的一部分。这些重要的历史事件是美国社会的共同记忆，深刻地塑造着美国内在身份。

由此可见，"自由、民主"价值观、盎格鲁-新教文化以及美国的发展历史共同作用于美国内在身份的建构过程，使得美国内在身份既有理想化的"救世主"成分，又有勇于开拓的进取者或是侵略者成分。

在国际层次上，美国社会身份通过与其他国际行为体的互动所产生的认知塑造而成。在国际体系层面，两大要素共同塑造了美国的社会身份：一是美国在体系结构中的相对位置，二是美国对其他国际行为体的身份认知。

就体系结构而言，国际体系结构主要有单极结构、两极结构和多极结构三种基本类型。当体系处于多极结构时，例如维也纳体系下建立起来欧洲协调均势结构，美国受到自身实力的限制，将内在身份定位为中立者，主要参与美洲相关的国际事务的治理，减少涉及欧洲事务；当体系处于两极结构时，例如冷战期间，受到体系压力的作用，美国将自己的社会身份定位为苏联的竞争者，实行遏制政策；当体系处于单极结构时，美国倾向于将其社会身份定义为治理者或是主导者。在治理者这一社会身份的影响下，美国按照治理者的逻辑行事，为世界提供公共物品。例如冷战后国际结构迅速变动，美国成为单极结构中唯一的一极，其将社会身份定位为体系主导者，实行更加外向的政策，积极干涉中东等地区的事务。

拜登政府时期，受到国内外形势变化的影响，美国的内在身份与社会身份发生了较为明显的变化。在体系层次上，中俄两国国际影响力的上升削弱了美国的单极优势，使得美国的社会身份由提供公共物品的治理者向强调大国竞争的竞争者转变；在国内层次上，受到全球化的影响，美国国内出现政治极化加剧、社会公平问题突显、主流文化地位下降的变化，这些变化冲击了塑造美国内在身份的价值观、文化以及历史，使得美国内在身份对异质文化的包容性下降，对大国关系采取更加悲观的态度。

全球化这一外部发展通过改变美国国内政治这一路径来推动美国内在身份的建构。尽管新冠疫情期间，全球化发展有所停滞，但是全球化为美国国内政治带来的变化仍然重要并持续地对美国内在身份的塑造发挥着影响。全球化在促进经济增长的同时，也给美国带来了尖锐的社会问题——失业问题和贫富差距。造成美国高失业率的原因一方面是经济全球化发展促进生产要素合理配置，美国国内低端产业进行了海外转移，这使得美国底层人民的就业机会减少；另一方面在于全球化促进了人员的自由流动，这使得进入美国的移民，尤其是从事低端服务业的移民与美国底层人民形成就业竞争。贫富差距引发社会不公问题，全球化的发展增加了社会顶端的财富积累，造成中产阶级缩水，底层人民增加。在这些社会问题的共同促进下，美国内在身份的包容性迅速下降，出现了排外等新特点。

与此同时，人员流动全球化推动美国社会的文化多元化，削弱了盎格鲁-新教文化的主流地位。美国内在身份的核心是盎格鲁-新教文化，这也是美国之所以成为美国的内在动力。盎格鲁-新教文化的吸引力建立在美国强大的实力基础之上，随着美国实力的相对衰弱，这一文化的吸引力正在下降。其在美国的主导地位正面临着来自拉丁美洲和亚洲的移民新思潮、多文化主义和多样性理念等诸多挑战。这些变化在相当程度上削弱了美国内在身份的包容特性。此外，异质文化移民对美国发展历史的认同感相对较低，这将进一步削弱美国内在身份的同一性。全球化的发展也导致选民结构的极化，进而加剧了美国政治极化这一现象。在政治极化的影响下，两党为争取更多选票与更高的支持率，实行更加极端的竞选口号与政策，尤其是涉及中俄的议题，本就是两党争取选民的热点议题，两党对中俄两国极端化政策的宣传，潜移默化地塑造了选民对中俄两个大国的认知，并进一步削弱了美国内在身份的包容性。

总而言之，拜登政府时期美国的战略文化正在进入一个转型时期，其外交决策在保持建制派小集团思维特点的同时，其国家身份和社会文化随着全球化的日益发展正在发生明显变化，这两方面因素的总和影响塑造了拜登政府在对外政策中对大国关系的悲观态度以及价值观逻辑，成为这一时期美国推动"大国竞争战略"的重要影响因素和推手，塑造了拜登政府治下美国对外政策的转型。

第三章　民粹主义与俄罗斯和美国的对外政策

在国内政治诸要素当中，政治思潮是影响国家对外政策的重要变量。进入21世纪以来，民粹主义崛起成为世界大国政治思潮中的一个重要特点，并推动了英国"脱欧"、特朗普当选美国总统等重大国际事件的发生。民粹主义的兴起成为全球化时代国际政治一个令人瞩目的现象。民粹主义现象在俄美两国有着较为深厚的历史根基，分别起源于19世纪的沙皇俄国与美国，以俄国民粹派运动和美国人民党运动为代表。俄罗斯和美国政治中的民粹主义现象虽然不同，但都具有反建制、反精英等特点。在21世纪，民粹主义的这些传统使其政治影响不再局限于国内政治，而日渐成为影响大国对外政策调整的一个重要因素，因此，考察民粹主义对俄美两国外交决策的影响是思考国内政治影响大国对外政策的一个重要方向。

纵观俄罗斯和美国民粹主义的发展历史及其对对外政策的影响，有其共同特点。一是民粹主义的核心在于影响精英与民众的互动关系，并推动国内政治结构中反建制力量的发展。在俄罗斯，这一问题体现为建制—反建制矛盾和人民—非人民矛盾，并以此为基础影响了俄罗斯对于外部世界的认知。而在美国，民粹主义则体现为左翼—右翼思潮的矛盾以及其通过影响总统个人、政党政治以及国家—社会关系来塑造美国与外部世界互动的新特点。二是民粹主义的反建制特点推动了大国对外政策的变革，成为影响对外政策以及大国关系的最重要因素。俄罗斯民粹主义的反建制强化了保守主义在俄罗斯的巩固，成为造成俄罗斯与西方在意识形态领域矛盾的重要根源，而美国民粹主义中的反建制传统则深刻影响了特朗普政府时期美国的对外政策过程，使得大国关系的不可预测性进一步增强。

两国的民粹主义思想虽然有所差别，但对两者的分析能够帮助我们更好地理解民粹主义作为当今世界最有影响力的一种政治思潮，是如何推动大国对外政策出现转型，进而影响当代国际关系的。

第一节 俄罗斯的民粹主义及其对对外政策的影响

俄罗斯的政治民粹化现象由来已久。20世纪末苏联解体后，有学者指出当代俄罗斯政治中存在民粹化现象。[①] 虽然历史与当代的民粹化现象存在显著差异，但可以认为，无论是将政治民粹化作为转型或社会剧烈动荡时期的政治现象还是作为一种操控民众的政治技巧，它都将是理解俄罗斯政治的一项重要理论工具。

观察当代俄罗斯领导人的政治理念可以发现，其中既有对民众参与的强调，也有对参与秩序的强调，同时还强调参与的方式必须结合俄罗斯的传统与实际情况。借用当代俄罗斯政治分析中的一个重要概念"可控民主"，或可认为当代俄罗斯领导人正致力于构筑一种"可控民粹"机制。从民众的角度，这一机制为其提供了宣泄情绪、表达诉求、理解政策的渠道；从政府的角度，这一机制可从"上""下"两个方向形成推动改革的动力与监督的机制；从国家的角度，民意能通过政党、公众院、青年组织、社会团体和自发倡议等方式得到有效的、经过提炼和过滤的表达，使得政局更加稳定，发展道路也更加具有共识。

理论上，"可控民粹"机制与"直接民主"的理念非常接近，可

---

① Н. А. Баранов, "Эволюция взглядов на популизм в современной политической науке," СПб: 2001; Г. И. Мусихин, "Популизм: структурная характеристика политики или «ущербная идеология»," Полития, 2009, No. 4, стр. 40–53.

以在一定程度上促进甚至催生民主政治。但在实践中，不同的历史背景下，民主与民粹很可能呈现出不同的关系，政治民粹化的表现形式及作用也很可能大不相同。民粹主义在特定的历史时期和历史条件下，可能与民主运动携手推动政治的发展，但在当代世界，这种可能性正在日益减少。相反，民粹主义在当代世界造成的问题将会日益增多，后果也会因规模扩大和人类社会的广泛联系而更加严重。借用俞可平教授的观点，民粹主义虽然有着模糊性和双重性，它对于现代化和社会进步来说或许可能是福音，但更可能是一种祸害。[1]

2018年以后，俄罗斯在国内政治和国际政治中的民粹化倾向大大加剧。如何准确理解和把握俄罗斯政治中的民粹化这一线索，对判断俄罗斯政治的趋势与走向将会具有重要意义。

一、俄罗斯民粹主义的基本矛盾与核心问题

从民粹主义数十年来理论假设与基本定义的发展可知，民粹主义现象中会出现人民—非人民、建制—反建制两对基本矛盾，这也是判断民粹主义现象的基本依据和理解民粹主义运动诉求的重要参照。第一对矛盾是人民与非人民之间的矛盾。在民粹主义现象中，通常会存在一个理想化的"人民"群体。它常常由民粹主义者或民粹主义的领导人提出，随后在运动过程中获得大量的共鸣与同情，从而吸引一大批民粹主义运动的参与者。换言之，这是一个专门为了某种特定诉求而塑造出来的、想象的群体。这一群体的诉求具有凌驾于一切的重要性，因此也会成为判定一切行为合法性的最高依据。民粹主义现象中的"人民"观念通常具有三方面的特征。其一，它是一个具有广泛性的观念。它不具有任何明确的边界，因此无法用民族、种族、职业、阶级、性别、宗教等任何标准加以区分。相对于范围，"人民"群体的特征更加明显。民粹主义者们常宣称"人民"具有某些特别的价值、传统、习俗或潜能，通过发挥这些特质则能建立或恢复一个比当

---

[1] 俞可平：《现代化进程中的民粹主义》，《战略与管理》1997年第1期，第88—96页。

前更加美好的生活与秩序。其二,它是一个具有统一性的观念。为了赢得更多的支持者,"人民"群体常常不具有清晰的边界,从而表现为多个阶级的政治联盟,这些阶级之间甚至本身就潜藏有尖锐的矛盾。因此为了保持诉求的一致性,"人民"观念通常是简化的、统一的,故意忽视不同群体之间的区别和矛盾,特别强调这些群体共同面对的问题或境况。其三,它是一个具有对立性的观念。"人民"通常会与"非人民"作为矛盾的双方同时出现。这类人群通常在某方面的利益遭到损害或始终无法得到满足,但由于他们被排除在政治体制之外或并不知道应该如何通过参与政治和社会变革争取自己的利益,因此他们常有一种"被压迫感"或"被侵犯感",这种压迫和侵犯的来源往往就是与之相对的"非人民"群体。

第二对矛盾是建制与反建制之间的矛盾。根据民粹主义者的观念,"人民"在事关自身的重要决策过程中常常处于失语和缺位的状态。相对于人民—非人民矛盾的人造意味,建制—反建制矛盾要具有更加现实的基础。许多后来的民粹主义参与者、支持者或同情者本身就具有极低的政治效能感和政治信任。他们对既有制度和程序的反感常被民粹主义者所发掘、挑动并加以夸大。这一部分民粹主义者的想象和口号实际上才真正属于民粹主义现象的特点。它同样具有三方面的特征。其一,它通常呼吁民粹主义者和民粹主义参与者直接联系。无论是民粹主义者主动走近"人民",还是"人民"通过各种方式聚集在民粹主义者周围,由于长期对建制的不信任和反感,民粹主义者与"人民"之间的联系必须是直接的、没有任何阻碍与隔阂的。民粹主义者通常会用各种方式(热线、演讲、游行、政治形象塑造)来表达他们关系的密不可分。其二,民粹主义运动通常体现为某种大规模的政治动员。民粹主义现象通常最初表现为突然的、大规模的政治—社会运动,并没有严密的组织程序。但值得注意的是,民粹主义参与者期待的是社会改革,并不具有强烈的政治兴趣;但民粹主义领导人首先关心的是政治问题,其目标是赢得政治权力。其三,民粹主义运动追求领导人对"人民"意愿和诉求的集中代表。在"人民"的社会改革诉求与领导人的政治目标之间实际上存在相当的距离。对于这个问题通常会有两种解决方案。一种是领导人直接宣称自己就是民意的代言人，自己最了解"人民"的诉求，因此领导人的行动就自然是为"人民"争取利益，领导人的成功则意味着"人民"的利益将会得到实现。另一种是引入某种政治组织，将碎片化的社会改革意愿提炼转化为领导人的政治纲领。后一种方案常见于民粹主义现象的中后期，具体体现为民粹主义政党的出现。但这种政党依然是高度个人化的，不可能阻挡领导人与"人民"的直接联系和对人民意愿的集中代表。同时，无论哪一种方案，这种代表性都是集中的、排他的。这意味着只有民粹主义领导人及其政党有资格代表民意，其他政党或领袖都将会扭曲民意。

实际上，人民—非人民矛盾、建制—反建制矛盾，通常可以归结于民粹主义现象中的三类核心问题，这些问题也对应着民粹主义研究的三种基本分析框架。

第一类是精英—大众问题。民粹主义运动中的"精英"并不是指某个具体的阶层和社会群体，而是掌握政治权力，维护既有社会结构特别是分配结构，给"大众"造成损害并且始终维持这种不公平发展模式的群体。可见，作为"大众"对立面的"精英"，除了政治、经济、社会精英、统治阶级、发展获利群体之外，也包括精英所构筑的政党、政府、议会、法律等政治制度、程序与秩序。精英—大众矛盾所体现的实际上是权力中心与参与群体之间的距离问题。在现代政治的背景下，人类社会始终无法解决的一个问题是如何有效地组织大众实现政治参与和民意表达。"有效"不仅是指单纯的范围扩大，更是指碎片化的、日常的、浅表的民意得以被归纳提炼为普遍性的、抽象的问题并加以协商，从而调整社会整体的发展模式与方向。代议制为这样的参与和表达提供了一种渠道，但同时也使得民意在表达的过程中出现折中与衰减，令参与群体感到自己与权力中心之间存在隔阂，甚至被排除在权力运作的全过程以外。当这样的感知日益强烈，感知的群体日益增多时，民粹主义发生的可能性就日益提高。

第二类是国内—国外问题。民粹主义运动中的"国外"并不仅限于严格意义上的民族国家。它可以泛指本国以外的一切外来的、对本

第三章 民粹主义与俄罗斯和美国的对外政策

国固有的生活方式和价值理念构成冲击的因素。它既可以是民族国家，也可以是外来移民、外来宗教，甚至是外来资本和外来文化。"国外"因素被认为是造成当前社会地位下降、利益受损、秩序混乱的原因，因此排除"国外"因素就成为了恢复原先安定生活的必要手段。国内—国外矛盾所体现的实际上是世界政治发展不均衡的问题。全球化使得世界各国的交流沟通更加深入，世界的资源配置更加优化。但是，一方面，在国际社会中，不同国家的发展速度并不一致，因此严重依赖国际市场的许多发展中国家就会将发展的问题归咎于发达国家的资本和商品输出。更值得注意的是，另一方面，这种不均衡还体现在次国家的层面之上。同一个国家的不同阶层在全球化过程中获利并不一致，这就会造成即便国家作为一个共同体在发展中获益，但某些特定阶层也会在发展过程中受损的情况。当政府长期无力解决或忽略这些群体的利益诉求时，民粹主义现象发生的可能性就日益增大。

第三类是正义—非正义问题。民粹主义运动中的"正义"并不只是客观意义上的经济分配或社会公平，甚至也不是政治哲学意义上的正义。它更多是指一种正义的感知。这种感知由两部分构成：一部分是指对现实生活中社会不公情况的感知，另一部分则是对社会不公持续存在情况的感知。二者的叠加共同构成了民众的不公平感。换言之，如果民众存在强烈的不公平感，那么一方面可能是由于经济分配严重失衡，社会地位差别巨大，另一方面则可能是由于失衡和差异长期存在，甚至有所扩大，或者两方面问题同时存在且不断扩大。正义—非正义矛盾所体现的实际上是投入感知与回报期望不相符的问题。社会的全面发展取决于各个社会群体的共同努力，但不同社会群体所付出的努力，付出努力所产生的效果，这一效果对社会发展真正起到的推动作用都是不同的。而在社会得到发展之后，按照何种比例让各个社会群体分享发展成果始终存在争论。除了按投入成本分配和按实际作用分配之外，实际上广泛存在的分配比例与投入成本之间并无明确联系，只是基于政治权力的自主决定。这就造成许多社会群体认为自身付出了大量投入，获得的回报却相当微薄，造成了投入感知与回报期望之间的巨大落差。当这种落差持续存在甚至日益严重时，民粹主义发生的可能性也就会不断增高。

二、俄罗斯政治中的建制—反建制矛盾

如上文所述，建制—反建制问题通常是民粹主义现象中的一对基本矛盾。在当代俄罗斯政治中，建制—反建制的矛盾格外显著。观察俄罗斯政治精英特别是高层精英的政治理念可知，当代俄罗斯政治中强调国家与公民之间建立直接联系。但需要指出的是，这里的"国家"与"公民"都具有一定的特殊性。国家是指抽象的、作为俄罗斯民族政治共同体的一个整体，而不是指政治权力的载体——政府及官僚。而公民则同样是指抽象的、不强调公共生活和组织建制的、作为一个集体性概念的民众群体，而不是指作为政治行动者、具有完整权利和利益诉求的公民个体。这就与民粹主义现象中常见的处于失语和缺位地位但利益受损的"人民"想象非常接近，实际上也正是这样的想象形成了当代俄罗斯政治中另一对矛盾——人民—非人民——的核心内容。而俄罗斯政治中民粹化现象最为直接的证据则来自对民族国家内各级建制性组织的警惕、质疑、排斥和回避。建制性组织不仅包括国家与政府的体系，也包括非政府政治的体系。但反建制现象的主要特征就是，无论作为政治组织的各级政府及其分支机构，或是作为非政治组织的各领域社会机构常常会同样受到无差别的质疑和批评。而在当代俄罗斯政治中，对政府的批评主要集中于对其行政效率和官僚主义的不满，而对社会组织的批评则主要集中于对其"外国代理人"潜在可能性的警惕。2018年以后，俄罗斯领导人政治理念中关于国家—社会—公民三者关系的定位在延续之前一贯逻辑的基础上得到了进一步的强调。

首先，国家依然被认为是俄罗斯发展的主导者。国家的合法性主要体现在三个方面——保障国家的安全和统一，引导社会经济发展，维护传统、文化和价值观。在俄罗斯领导人的观念中，俄罗斯国家在保障安全、维护道德规范方面都取得了显著的进展，最大的不足在于国内社会经济的发展迟滞。普京在2018年指出，"今天的俄罗斯是具

第三章　民粹主义与俄罗斯和美国的对外政策

有强大对外经济和国防潜力的主要大国之一。当然，在确保人民生活质量和福祉的关键任务方面，我们还没有达到我们所需要的水平"。①随后，他又在2020年提出了国家建设的目标："我们必须建立一个坚实、可靠、坚不可摧的体制。从外部来看，这一体制绝对稳定，能保障俄罗斯的独立和主权。同时，体制内部是有生命力的、灵活的、简洁的、现代的，能适应世界和我们周边形势的变化，最重要的是能适应俄罗斯社会本身的发展。"②笔者认为，俄罗斯国内社会经济发展缓慢，主要归咎于国家的低效和腐败两大障碍。此处的"国家"泛指广泛意义上的权力机构，既包括联邦政府，也包括联邦主体政府和地方自治政府，还包含司法机构和检察机构。"腐败"并不仅指官员个体行为不当，还包括系统性、结构性的现象，主要体现在权力机构对企业的施压与掠夺。效率问题则主要体现为各级执行机构的主动性和责任感缺失，既不能迅速贯彻国家意志，也不能协调一致回应社会需求。因此2018年以后，政治变革不再局限于精英改革之类的人员调整，也不再局限于对电子政务和数字政府等新型治理工具的引入，而是开始启动更为直接和根本性的制度改革和宪法修改。同时，对政策制定和执行的监督也不再局限于专门的监管机构，而是大量引入了多种官方与半官方机构和组织。

其次，社会依然被认为是俄罗斯国家发展的辅助者。实际上，在俄罗斯领导人的观念中，社会并不是一个具有独立利益和意志的行动者，而更接近于一个个人和家庭聚合的场域。它更多是国家和个人观念部分延伸与混合的产物，而不是公共生活、公共利益与公共意志的产生场所。社会更多承载了"向下"即国家面向个人和家庭的行动功能，而非承载着"向上"即个人和家庭面向国家的表达功能。国家的行动能穿透社会触及个人，但个人的行动则主要集中在社会层面。社

---

① "Послание Президента Федеральному Собранию," Кремль, 01.03.2018, http://www.kremlin.ru/events/president/transcripts/56957.

② "Послание Президента Российской Федерации," Кремль, 15.01.2020, http://www.kremlin.ru/acts/bank/45148.

会作为一个中间层次需要承载一部分国家的职能，即实现对个人和家庭的支持与援助。同时社会作为一个聚合体，也是集体记忆、传统价值和道德规范的承载者。因此，社会虽然为实现其职能依然需要强调社会参与，但这样的社会参与却会包含三部分内容：政府回应、机构参与和志愿活动。在2018年以后的各类发言中，普京多次强调国家与社会的对话，强调从中央到地方的各级政府都需要直接回应公民及社会的要求，不可逃避。机构参与则主要是指各类社会组织通过如公众院、商业联合会、战略规划会、"全俄人民阵线"等官方或半官方的各种组织或机构参与政策制定，提出关于国家发展，特别是社会经济发展方面的建议。例如2020年普京就曾指出，"高度便捷可得的互联网应该成为我国和我国公民的竞争优势，应该为教育、创新、交流、社会与文化项目的落实创造广阔的空间。当然，这是人民参与国家生活的新机遇。对我们来说，公民、公共协会、非营利组织的每一项建设性倡议都是重要的，这些努力为国家发展的目标作出了贡献"。① 对于社会组织及其活动，俄罗斯一般会将其控制在一定的规模和范围内，而志愿组织和志愿活动特别是文化活动，则是在2018年后受到国家大力鼓励与支持的，俄罗斯将其视为团结社会的重要方式。普京曾指出，"2018年被宣布为俄罗斯志愿者年，具有象征意义的是，这一年始于通过的一项法律，它规定各级权力机关有义务协助志愿者。今天，积极热心的公民和服务于社会的非营利组织积极参与解决最为重要的问题。正是人民对国家事务的参与，以及文化、道德和精神价值，使我们成为一个能够实现重大目标的民族"。②

最后，公民依然被认为是俄罗斯国家发展的建设者。在俄罗斯领导人看来，自由是个人价值的核心，它包含经营自由、创造自由和公民倡议自由三个方面。这三个方面都不包含个体性的内容，既没有处

---

① "Послание Президента Российской Федерации," Кремль, 15.01.2020, http://www.kremlin.ru/acts/bank/45148.

② "Послание Президента Федеральному Собранию," Кремль, 01.03.2018, http://www.kremlin.ru/events/president/transcripts/56957.

理个人或群体之间的利益冲突,也没有处理个人与国家间的界限划分,都以集体性的内容为主,指向社会经济发展。2018年后俄罗斯领导人的公民自由观念同样是对2012年的延续,它强调"自由的限度",是指一种发展的自由而非选择的自由,与公民责任的含义相近。因此,国家对公民自由的保护将会主要集中在三个方面:其一,提高公民素质,保障公民自我实现、自我发展和自我创造的基本条件,使其为工作和创造做好准备;其二,提高政府机构的服务能力,特别是经济发展与制定、执行公共政策方面的能力,使公民能获得更多的工作机会和更强的创造能力;其三,防止权力机构侵害公民权益,避免公民的工作和创造能力遭到削弱和破坏。具体措施包括降低贫困、增加收入、延长寿命,确保公民在教育、医疗、工作、贷款等方面的资源获取能力。2018年以后,俄罗斯领导人明显加大了督促政府提高服务能力和防止权力机构干扰发展的力度。普京在2020年强调,"我们需要更快地、毫不拖延地完成我国的重大社会、经济和技术发展任务。其内容和指导方针反映在国家项目中,这些项目的实施,需要在公共管理、政府工作、各级权力机构与公民的直接对话等方面都上一个新台阶。今天,我们的社会明确表达了变革的要求。人民渴望发展,他们在工作、学习和生活中奋力拼搏,愿意承担起各种大大小小的责任。他们往往更清楚地知道那些他们工作和生活的地方——城市、地区、村庄乃至全国——为什么需要改变,以及应该如何改变。改革的步伐必须逐年加快,努力在提升公民生活尊严感这一领域取得成果"。[①]

三、俄罗斯政治中的人民—非人民矛盾

当代俄罗斯政治中"人民"与"非人民"群体之间的矛盾同样显著。如果说俄罗斯"人民"的概念还与"公民"和"民族"概念存在相似性或交叠部分而难以分辨,那么"非人民"群体的指向则相对而言要清晰许多。当代俄罗斯政治精英认为,自己所代表的"人

---

① "Послание Президента Российской Федерации," Кремль, 15.01.2020, http://www.kremlin.ru/acts/bank/45148.

民"群体正在遭受强烈的压迫和侵犯。而这样的侵害来自两方面,即"非人民"和"人民之敌"。从国内政治的角度,"人民之敌"表现为"背叛的精英"。这既包括利用自身特权地位,在俄罗斯现代化与全球化过程中获取巨大利益的社会与市场精英,也包括获取政治权力之后却不能很好地服务于国家战略和人民利益的政治精英。而从国际政治的角度,"人民之敌"则表现为"危险的西方"。这不仅仅是指以美国为代表的西方国家及其主导的国际秩序,还有这些国家秉持并宣扬的一系列后现代认同和理念。俄罗斯认为它们希望从价值观上破坏俄罗斯的道德基础,从外交政策上削弱俄罗斯的世界地位,从地缘政治上将俄罗斯逐出欧洲,从国内政治上"分裂"和"肢解"俄罗斯国家。俄罗斯政治中"人民"与"非人民"之间的矛盾同样在近年来大大加剧。

回顾2018年以来的各类公开材料可以发现,俄罗斯高层精英对待政治发展问题的态度出现了一些明显变化,大致可以概括为落差感、隔阂感和安全焦虑三个特征。这三个特征不是突然出现的,而是在数十年的时间中逐步累积的。落差感是态度转变的基础和前提,隔阂感是态度转变的主要内涵,安全焦虑则在某种程度上加速了态度转变的产生。

其一,落差感。俄罗斯领导人将俄罗斯判定为一个世界性大国,但其发展速度始终无法完全达到目标,这就使理想与现实间的落差感得以产生。例如在2018年的国情咨文中,普京曾对俄罗斯30年来的发展成果进行了总结。这虽然有为选举进行宣传动员的意图,但依然能从中把握俄罗斯高层对俄罗斯国家的心理定位。在咨文中,普京将俄罗斯定义为一个"拥有广阔领土、多元文化、复杂联邦结构、历史断裂和艰难考验历史记忆的多民族国家"[①]。他将俄罗斯与其他国家进行了比较,认为俄罗斯在经济方面需要"在世界五大经济体中站稳脚跟";在人均寿命方面进入"80 +"国家行列,与日本、法国、德

---

① "Послание Президента Российской Федерации," Кремль, 15.01.2020, http://www.kremlin.ru/acts/bank/45148.

第三章　民粹主义与俄罗斯和美国的对外政策

国比肩;在农业农村发展方面使"农工联合体具有全球竞争力";在交通运输方面"不仅成为地球上的关键物流和运输枢纽,而且应该成为世界上存储、处理、传输和保护大数据阵列的中心之一";在医疗保健方面"以世界最高标准为指导";在环境保护方面同样"确保高标准的环境福利";在教育方面延续"世界上最好初级教育之一"的成果;在科学研究方面"走上前列";在基础设施建设方面使俄罗斯成为"世界上最强大和最有效的国家之一"。最后他总结道,"今天提到的所有项目和优先事项——空间发展、基础设施投资、教育、卫生和生态、新技术和科学、经济支持措施以及人才和青年促进措施——都是为了一个战略目标——俄罗斯的突破性发展"①。同时,他更进一步指出发展迟滞、无法完成既定目标可能对国家造成的后果,"我们有义务集中一切资源,集中一切力量,展现出勇气和意志来有成效地工作。不这样做,我们、我们的孩子和我们的国家都没有未来。问题不在于有人会来占领和破坏我们的土地。不,这不是重点。落后才是主要的威胁,才是我们的敌人。如果我们不扭转这种局面,它将不可避免地加剧。它就像一种严重的慢性病,不停地、一步一步地从内部侵蚀和破坏身体机能,身体还往往觉察不到"②。落差感主要指的不仅仅是社会经济发展速度的缓慢,更重要的是对行政效率的批判。在俄罗斯领导人看来,俄罗斯的人民与社会中蕴含着巨大的潜力和动力,恰恰是臃肿僵化的行政机构和官僚体系拖延了发展的脚步。一个典型的例子就是 2021 年普京在论述商业环境改善时曾提到,俄罗斯的行政效率不仅需要跟上发达经济体,而且要超过它们。他指出,"我们已经在建筑和其他领域废除了许多古老的规范和要求,放弃了大量不必要的检查,但我们必须加快步伐,改善商业环境的结果必须是直观的、可理解的、可感知的。例如,在俄罗斯以'交钥匙承

---

① "Послание Президента Федеральному Собранию," Кремль, 01.03.2018, http://www.kremlin.ru/events/president/transcripts/56957.

② "Послание Президента Федеральному Собранию," Кремль, 01.03.2018, http://www.kremlin.ru/events/president/transcripts/56957.

包'的方式建设一家工厂,应该比世界其他地区甚至经济发达的国家和地区更快速、更便捷、更有利润"。① 这也成了隔阂感产生的主要原因之一。

其二,隔阂感。俄罗斯领导人对俄罗斯的发展抱有极高的期望,但当国家意志无法得到贯彻落实,甚至出现国家权力中层梗阻现象时,就使得领导人与基层社会产生了隔阂感。这既是指高层精英感到国家意志和国家权力无法穿越中间层次触及基层,也是指基层的信息、诉求和意愿无法通过中间阶层准确有效地向国家进行反馈。这样的中层梗阻现象既出现在联邦政府之中,也出现在联邦主体甚至地方自治政府之内。俄罗斯领导人对基层社会的隔阂感在过去30年的发展过程中一直存在,但在2018年后出现了比较明显的加剧态势。一个典型的案例就是在近年来的国情咨文中,普京经常强调,作为联邦总统他不得不"亲自干预一些问题"②,甚至不得不动用内务部或者检察长办公室之类的强力机构与特殊权力机构。更为严重的是,即使领导人亲自干预,也会出现进展缓慢的情形。如普京曾在2019年指出,"为了实现国家面临的重大目标,我们需要摆脱限制企业经营自由和自主创新的一切障碍。诚实经营的企业不应该总是受到各种条文和手续的限制,不应该经常担忧受到行政甚至刑事处罚的风险。我已经在另一次国情咨文中提到了这个问题,并给出了相应的数字。不幸的是,情况没有太大变化"。③ 梗阻的形成被归纳为两方面的原因,一是利益集团的有意阻挠,二是行政系统的懒政怠政。普京曾提到,"我知道一些有影响力的说客试图尽一切可能阻止这项法案。他们的论据我是很清楚的——需要保障就业,需要应对困难的经济形势。但这一情形不能无限期地延续下去。我要提醒大家,在做出这些决定

---

① "Послание Президента Федеральному Собранию," Кремль, 21.04.2021, http://www.kremlin.ru/events/president/transcripts/messages/65418.

② "Послание Президента Федеральному Собранию," Кремль, 20.02.2019, http://www.kremlin.ru/events/president/news/59863.

③ "Послание Президента Федеральному Собранию," Кремль, 20.02.2019, http://www.kremlin.ru/events/president/news/59863.

时，我们不应以小团体的利益为指导，也不应以个人和公司的利益为指导，而应以俄罗斯人民的利益为指导","如果有人喜欢因循守旧，不竭尽全力地工作，既逃避创新又逃避责任，那么最好马上离开。我听到过一些类似'那里不行''这里太难了''那里的标准太高了''做不到'之类的话。带着这样的心态最好就不要从事艰巨的工作。另外，你也欺骗不了人民。他们能敏锐地感受到虚伪、不被尊重和任何形式的不公正。他们对官僚主义的繁文缛节不感兴趣。对人民来说，重要的是实际做了什么，以及这些事是如何改善了他们和他们家庭的生活。不是什么时候都可以，而是现在就必须行动起来。我们决不能重蹈过去几十年的覆辙……必须现在就开始改变状况。因此，各级执行权力机关的工作必须协调一致，内容丰富，充满活力。这样的工作节奏是俄罗斯联邦政府的责任"。① 官僚主义造成的隔阂感会带来对中层及基层政治精英和各级政府机构大范围、系统性的不信任。不信任程度的加深会使行政效率的技术性问题上升为政治体制的结构性问题，从而影响领导人对俄罗斯发展现状的认知及其对未来发展路径的规划，促使其采取专门的应对措施。

其三，安全焦虑。与落差感和隔阂感一样，俄罗斯领导人始终保持着对安全问题的高度关注，特别是国际政治领域的国家安全。但与前两者不同的是，对安全问题的关注在近年来存在比较明显的议题转变，而不仅仅是程度的加深。换言之，安全问题呈现出从国家安全向政权安全演变的轨迹。最初安全问题主要体现为国家间的博弈。但近年来俄罗斯高层精英日益强调国家间的博弈开始从国际政治领域向国内政治延展，在一些国家和地区构成了对其国内政权的直接挑战。2004年的"橙色革命"、2014年的乌克兰危机已经使俄罗斯高层精英开始关注国家安全向政权安全演变的问题，2020—2022年在白俄罗斯、吉尔吉斯斯坦、哈萨克斯坦陆续发生的冲突事件更是加剧了他们的担忧。俄罗斯安全会议秘书帕特鲁舍夫总结道，"西方是把赌注押

---

① "Послание Президента Федеральному Собранию," Кремль, 20.02.2019, http：//www.kremlin.ru/events/president/news/59863.

在那些不记得苏联的人身上"。① 他指出,"在这些国家中,有人押注在苏联解体后才懂事的人们身上。他们对苏联没有切身认知和真实了解。数据表明,初级管理层(27—30岁)的自然更替几乎已经完成,中级管理层(30—40岁)的更替将在2026年前完成,高级管理层(40—50岁)的更替则会在2036年前发生。然而,格鲁吉亚和乌克兰的例子表明,使俄罗斯周边国家的精英整体性采取仇俄行动的过程可以人为加速"。② 普京在2021年指出,"不幸的是,世界上似乎所有国家都已经习惯了出于政治动机的、非法的经济制裁,习惯了一些国家以武力将自己的意志强加给其他国家的粗暴企图"。③ 俄罗斯安全会议副主席梅德韦杰夫随后也做出评判:"近年来,俄罗斯和美国的关系实际上已经从竞争转向对抗,实际上已经回到冷战时期。制裁的压力、威胁、冲突对抗、捍卫一己私利——所有这些都使世界陷入持续不断的不稳定状态。"④ 俄罗斯高层精英在安全问题上正逐渐达成共识——俄罗斯对外关系日益承压,甚至于存在失去对后苏联空间影响力的可能性,使得俄罗斯的安全关注上升为安全焦虑。

四、如何理解俄罗斯政治民粹化现象的影响

当代俄罗斯政治中的民粹化现象是以保守主义价值观为内核驱动的系列反建制决策和行动。它以维护"人民"利益,对抗"人民之敌"("背叛的精英"与"危险的西方")为口号,不仅质疑和回避国内既有各级建制性组织机构,也主动挑战建制性的世界秩序。它没有

---

① "Об Отработанных Западом Инструментах Цветных Революций," Совет Безопасности Российской Федерации, 10.06.2020, http://www.scrf.gov.ru/news/allnews/2799/.

② "Об Отработанных Западом Инструментах Цветных Революций," Совет Безопасности Российской Федерации, 10.06.2020, http://www.scrf.gov.ru/news/allnews/2799/.

③ "Послание Президента Федеральному Собранию," Кремль, 21.04.2021, http://www.kremlin.ru/events/president/transcripts/65418.

④ "Невыученные Уроки Истории," Совет Безопасности Российской Федерации, 23.04.2021, http://www.scrf.gov.ru/news/speeches/2973/.

脱离第三波民粹主义浪潮的基本规律，产生并经常性地阐述精英—大众、国内—国外、正义—非正义三个核心议题。在这样的政治理念中，"精英"是可疑的，"外国"是危险的，同时二者都是非正义的，将会对国内的正义的公民造成威胁。

理解俄罗斯政治民粹化现象中的保守主义内核需要引入历史和政治的双重视角，既需要解读其现实，也需要理解其由来。当代俄罗斯的保守主义价值观产生于20世纪90年代。俄罗斯的保守主义政治精英、知识精英大多出生于赫鲁晓夫执政之后。与西方世界经历了二战后长时间的经济繁荣与充分就业不同，苏联的社会经济自勃列日涅夫后即陷入长时间的滞胀之中。这一时期的俄罗斯政治与知识精英见证了俄罗斯国家的由盛转衰，经历了社会经济停滞、崩溃并逐渐走向失序的全过程。时代背景决定了俄罗斯精英对"启蒙""进步""现代"概念的质疑，反而会更加怀念传统生活中的秩序、道德与宗教。当前俄罗斯政治中的保守主义内核与民粹化政策既是政治精英的主动选择，也有着深厚的时代烙印，可以认为是一代人社会文化的集中体现。需要注意的是，俄罗斯政治精英的政治选择既是可以理解的，却也是值得反思的。苏联国家的固有缺陷和领导人的错误决策造成了20世纪下半叶的社会经济长期停滞与衰退。这已然是历史的事实。如果不主动面对和处理现代化与全球化的深刻问题，依然试图在历史传统而非积极变革中寻找出路，俄罗斯将难以摆脱面临的问题。

而出于落差感、隔阂感与安全焦虑，俄罗斯政治精英采取政治民粹化的反建制决策和行动，选择了一条"权力再集中"的发展路径，这可能对未来五到十年的俄罗斯政治发展方向产生显著影响。"权力再集中"战略也意味着俄罗斯继2000年后再次进入了一个长稳定的政治周期。新的周期内虽然会延续过去20年的既定政治逻辑，但一些过去未能达成的政策目标将会加速实现，过去没有开展的结构性调整将会加速进行。在国际政治领域，可能会观察到俄罗斯更多侧重于对国家利益的强调而非积极主动参与全球治理，可能会观察到更多的大国对抗以替代原先的大国竞争，也可能会观察到俄罗斯更主动、更深层次地介入地区政治。在国内政治领域，可能会观察到对联邦和联邦主体政府的更多制约，可能会继续观察到"政权党把控大方向、新政党覆盖新领域"的政党格局，也可能观察到更多官方或半官方替代性制度机构出现在经济社会发展领域，而纯粹的社会组织活动向志愿服务与文化传播领域集聚。在政治精英领域，可能会观察到更加频繁的人事变动，特别是中层精英的流动性和不确定性增加，也可能会观察到精英群体与派系的进一步分化对立。在政策实施领域，可能会观察到更多由国家出台的制度设计和规划以替代地方性的道路探索，可能会观察到更迅速的政策颁布，也可能会观察到更多突发性、大范围的激进改革。

第二节 美国的民粹主义及其对对外政策的影响

美国有着丰富的民粹主义历史。作为民粹主义发源地之一，美国民粹主义起源于19世纪中后期，是美国政治的悠久传统和固有特征，同时也是推动美国政治发展和社会变革的重要力量。[①] 美国作为典型的民主制和代议制国家，民粹主义是其政治发展过程中不可忽略的政治因素，呈现以左翼民粹主义为主、右翼民粹主义为辅的特点。虽然历史与当代美国民粹主义的发展背景不同，但整体上看，受经济周期、社会不平等、政治极化等因素影响，美国民粹主义的发展呈周期性发展趋势。由此可以理解为，正因为民粹主义对美国政治的长期性影响及民粹主义浪潮的周期性回归，助长了2016年美国民粹主义浪潮的再次兴起。

当代美国国内政治生活中存在的民粹主义主要通过领导者个人、美国政党、国家社会三个影响途径，推动美国外交政策的转变。民粹主义对外交决策的影响在于打破了核心决策圈由传统政治精英组成的固有模式，使得没有任何从政经验的非传统政治精英走进核心决策

---

① Kazin M., "The Populist Persuasion: An American History," Cornell: Cornell University Press, 1995.

层，同时民粹主义改变了美国长期以来坚持的多边机制，采取单边主义方式捍卫美国利益，对盟友态度也逐渐趋向消极。民粹主义影响下的美国外交政策的转变对美国国内政治体系和世界秩序都产生重要影响，加剧了美国"理想主义"的衰退和多边主义机制的式微。

一、美国民粹主义的基本矛盾与核心问题

美国作为世界上早期的民主国家，其政治体系围绕着代议制政治理念而建立。而美国代议制从最初的建立到完善的过程中一直含有民粹主义基因，民粹主义在美国社会变革与发展中会周期性地出现，对美国民主政治的发展有不可忽视的影响。从美国民粹主义的历史发展进程看，资产阶级与无产阶级之间的矛盾是美国民粹主义的一对重要矛盾。

首先，美国作为资本主义国家，资产阶级和无产阶级之间的矛盾是不可调和的。原本贫富对立的阶级矛盾，随着经济全球化的快速发展以及2008年金融危机对美国经济体系的巨大冲击，美国中产阶级在历史发展中逐渐消失。同时，贫富差距的明显分化激化了原有的阶级矛盾，经济议题成为美国民粹主义的核心诉求。其中左翼民粹主义有着明显的经济诉求，以中下层民众和少数族裔为主要组成力量。而右翼民粹主义则主要继承了美国保守主义的政治主张，以美国白人阶层，甚至是中下层白人为主要组成力量。因左翼民粹主义和右翼民粹主义组成成分的不同，不同阶级的利益诉求不同，资产阶级和无产阶级不可调和的矛盾不仅影响了美国左翼民粹主义与右翼民粹主义在政治立场、文化和社会观念上的明显区别，同时也为美国民粹主义的兴起提供了土壤。

其次，美国作为民主选举制国家，民主制为美国民粹主义浪潮的兴起提供了有利条件。人们对"民主"的理解决定着美国民主朝着"民主化"方向发展还是"民粹化"方向发展。一方面，若人们认为美国的"民主"是自下而上的民主，民众通过各种渠道表达自己的诉求和意见，少数与多数、精英与大众、中央与地方等都享有权力，同时彼此之间又相互制衡，避免任何一方独断专行，学界称之为"多元

式民主"。另一方面,若人们认为不是所有人都能被称作"人民",而反对民主多元化,强调"人民"作为一个整体的共同利益和意志,认为只有"人民"自己才能管理"人民",美国民主应以选举的方式产生相关的行政部门,代表"多数民意"参与相关政策的决策过程和政策实施,避免权力过度分散而被相互制衡,可称之为"一元式民主"即民粹主义。两种民主形式的矛盾化推动着美国民粹主义浪潮的兴起,同时代议制民主制度也为美国民粹主义的兴起提供了机会。

最后,美国作为两党制国家,政治极化现象的出现是美国民粹主义的又一重要矛盾。两党制的设定虽是为了更好地满足选民诉求,避免出现单一政党执政独揽大权的极端化决策,但随着两党制的逐渐发展,民主党和共和党在诸多问题上出现分歧,同时两党间中间温和派的逐渐消失,导致美国政党政治极化现象出现。一方面,严峻的政治极化现象是当前美国政治发展的重要特征;另一方面,严峻的政治极化现象导致两党在议题选择、政策偏好、外交理念上存在明显分歧,相关政策的决策过程缓慢、政策实施过程效率低下且政策实施效果不显著,无法满足民众的需求且政府公信力大大下降。民主党和共和党为吸引选民,赢得选举的胜利,越发地倾向于采取简单且极端化的立场。在此背景下,美国国内政党的极化、总统—国会的分化以及精英—民众的分裂都推动着美国民粹主义浪潮的再次兴起。

与此同时,美国的民粹主义思想有着以下三方面的重要特征。

首先是反精英主义。美国民粹主义的核心问题是精英—民主的对立,因此反精英主义思维模式是美国民粹主义核心思维模式之一。相对于自由的、多元式民主理念,民粹主义者对精英阶层的领导力与执行力持怀疑和否定的态度,认为精英阶层只代表了一小部分人的观念和利益,且这一小部分人出于对各自阶级利益、党派利益等的维护,操纵着经济、政治政策走向。因此,民粹主义者认为精英阶层不能代表普通"人民"的利益和意愿,只有"人民"自己才能管理"人民",精英阶层的价值观念和知识理念是否真的来源于民众也是值得考量的。而民粹主义的情绪表达也体现为应选举和支持那些能代表人民利益、反对精英的强有力的领袖人物。

其次是反建制主义。反建制主义作为民粹主义的又一核心内容，它强调可以打破法制、规则、程序，绕过执行和维护它们的政治阶层。美国民粹主义浪潮中的反建制主义思维模式主要体现在对现有政治和经济制度的批判，以及对传统政治精英的质疑和不信任。此外，相对于代议制民主中的精英主导，民粹主义者更倾向于推崇直接民主和民众的直接参与，简化复杂的决策过程，采取更直接的、激进的民粹主义手段参与政策的决策和实施，反对通过代议制或政党来间接表达民众的意愿和诉求。[1] 可以说，美国民粹主义浪潮中的反建制主义思维模式对美国政治产生了深远的影响。

最后是反多元主义。反多元主义作为美国民粹主义的一个重要思维模式，主要体现在对多元价值观和政治体制的反对上。美国作为一个多种族、多族群、多移民国家，多元主义是美国文化的重要内容，身份认同是多元文化理念的核心内容。多元主义虽一定程度地提升了美国社会的包容度与多样性，但随着美国国内政治和社会的发展和演变，美国人口结构发生了变化，白人比例下降，多元主义被认为是威胁白人生活方式的重要因素。与此同时，美国国内社会的压力及国际政治格局的调整需要美国对内外政策进行调整，而多元主义思维方式难以与美国实际发展现实相匹配，反多元化主义的声音在此时出现。

纵观美国政治的发展历史，民粹主义的反建制、反精英思想始终体现在其民粹主义运动的历次主张之中。

19世纪20年代末第二次英美战争结束后，美国自由资本主义进一步发展，改变了美国的经济与社会结构。随着西部地区的开发与经济发展，选民呼吁扩大选举权，大量成年男性公民拥有了普选权，选民基础与选举活动范围逐渐扩大。此外，美国政治腐败问题盛行，阶级分化、财产不均等现象越来越明显，引起普通民众的不满，他们对政府和精英失去信任。在此背景下，杰克逊为迎合广大中下阶层选民的经济诉求，提出"铲除特权利益集团，以平民利益为主"。1828

---

[1] 肖河:《美国反建制主义和特朗普政策》,《国际政治科学》2017年第2卷第2期，第62—94页。

年，杰克逊成功当选美国第七任总统，开创了"杰克逊式民主"时代。

在经济方面，杰克逊政府反对富有银行家与经济垄断，主张废除第二合众国银行并倡导贸易保护主义。1832年，杰克逊凭借反对第二合众国银行的举措得以连任，不久便抽走银行中的所有联邦财产，而该银行于1836年底因许可证到期而关闭。此外，杰克逊为发展壮大国内制造业使其与欧洲具有同等竞争力，建议国会对关税法案部分条款进行修改，针对那些不会受到外来商品冲击的物品降低税率，执行关税保护制度。①

在政治方面，杰克逊政府实行"政党分赃制"，开创"厨房内阁"。一方面，杰克逊上任后对内阁进行改革，从社会各界选拔受过高等教育且具备专业技能的优秀人才组成私人顾问，后人称之为"厨房内阁"。与此同时，对任职期间有贪污腐败行为的官员进行调查，对忠于本党的支持者分配官职以示奖励。杰克逊撤换与选拔官员并行的行为，不仅动摇了旧官僚体制下特权阶层对官职的垄断，还缩短了人民与政府之间的距离，②打破了只有权贵精英参与政治、垄断专权的局面，为普通民众参与政府管理提供了更多的机会与可能，民主思想深入人心。

另一方面，杰克逊极力推行种族主义政策。杰克逊的国家利益观以"白人利益至上"为核心原则，对印第安人存在着严重的偏见与猜忌，并对其实行严厉的种族主义政策。如，1830年的《印第安人迁徙法案》，政府利用手段将印第安人驱逐到"文明世界"以外的地方。杰克逊时期的印第安人驱逐政策与平民主义政策形成鲜明的对比，体现了右翼民粹主义在种族问题上的立场，即不同种族之间存在着不可调和的价值冲突。

---

① William W. Freehling, "Prelude to Civil War: The Nullification Controversy in South Carolina 1816 – 1836," New York: Oxford University Press, 1968, p. 199.

② Arthur M. Schlesinger Jr., "The Age of Jackson," New York: Harper Row Publisher, 1981, p. 417.

19世纪末兴起的人民党运动是美国历史上第一次具有全国影响力的群众运动，是自下而上的民粹主义运动在美国的首次政治实践。这一时期，美国南部和西部经济因内战而受到重创，北部垄断资本占据主导地位，西部和南部为摆脱控制而发起地域性斗争，为人民党运动提供了空间条件。人民党产生的根本原因是农场主在产品销售与运输、土地资源等方面受到资本的垄断与控制。针对农产品价格下降和信贷受限、铁路交通受到控制及金融资本的垄断，农场主自发成立了德克萨斯联盟，并在19世纪90年代初发展成为人民党。这场运动依靠联盟动员，试图通过农民团结来增强其经营自主性，鼓励农民发表言论，为民粹主义力量的产生与发展提供了扎实的土壤。

1892年，人民党提出了著名的《奥马哈宣言》，核心内容是提倡国家干预经济，反对工业化及其金融资本对市场的垄断。就整体而言，人民党的政策主张具有左翼民粹主义特征：痛斥金融资本以通货紧缩政策剥削农场主的行为，反对金本位和美联储。由其提出的著名的"国库分库计划"，要求由国家管控货币，积极干预社会经济运转，保障人民收入和财产安全，减免农民负债；明确主张铁路国有化，政府应对全部铁路拥有管理权和所有权，并要求建立铁路管制委员会。同时，该党又表现出排外和反移民倾向，如人民党反对引进外国劳工，并要求进一步限制不良移民等。1896年人民党推选的副总统候选人托马斯·沃特森极力反对大量意大利、波兰、犹太移民进入美国。总之，人民党运动是伴随着向垄断资本主义过渡而引起的一系列矛盾与冲突而产生的，是美国社会对迅猛的工业化的一种政治反应。[①]

纵观20世纪美国政治发展历程，共出现过三次具有全国性影响的民粹主义政治运动。20世纪30年代，休伊·朗以民主党成员身份进入政坛，推行自己的民粹主义主张。他公开反对华尔街，谴责社会财富的高度集中，痛斥民众受教育程度不平等的现象，并提出一系列

---

① 刘瑜：《民粹与民主：论美国政治中的民粹主义》，《社会科学文摘》2017年第4期，第22—24页。

改善底层群众生活的治理方案,如取消路易斯安那州的人头税、提供免费教育等。① 1930 年,朗凭借改善民生为目标的举措赢得了"为下层阶级代言"的民粹主义名声和影响力,成功当选国会参议员。此后,朗以参议员身份提出"财富分享"计划,目的是对美国社会财富实行再分配。"财富分享"计划的主要内容包括限定个人财富上限、为老年人发放养老金、为退伍军人发放退伍津贴等。他认为美国社会和经济存在问题的最根本原因是社会财富分配不均衡。

20 世纪 60 年代,乔治·华莱士通过将种族主义作为政治工具与竞选策略在美国政治舞台上崭露头角,表现出鲜明的民粹主义色彩。这一时期美国国内政治受冷战与民权运动的影响,种族问题成为当时美国的重要议题之一。1958 年,华莱士竞选阿拉巴马州州长失败后,转为支持种族隔离政策并成功煽动民粹情绪,于 1963 年成功当选阿拉巴马州州长。1982 年,种族隔离问题已失去全国影响力,华莱士为继续担任州长,为自己以前的不当行为向黑人道歉,以获得广大黑人选民的支持。华莱士在支持种族隔离政策的同时抨击墨守成规的权贵精英,痛斥华盛顿的"削尖脑袋的知识分子",希望以此获取普通民众的信任。此外,他还提倡税制改革,反对联邦政府向各州征税。华莱士坚持种族隔离、反对联邦政府的民粹式做派,使他成为了 20 世纪 60 年代民粹主义浪潮的领袖人物。

20 世纪 90 年代,经济全球化为美国社会带来福音的同时,也滋生了许多消极影响。美国跨国公司为降低生产成本,雇佣大量他国劳工,美国工人阶级失业率和贫困人口数量不断上升。民众对精英政治不满,社会矛盾进一步激化,民粹主义再次出现。罗斯·佩罗是此次民粹主义浪潮的代表人物,他利用民众对主流政治的不满情绪获得广泛选民支持。政治上,首先,反对官僚政府,认为联邦政府运行低效且严重腐败,造成大量资源浪费。其次,反对外包,认为美国将劳动密集型产业外包导致工人阶级失业率上升和产业空心化,强调应以美

---

① Hair, W. I., "The Kingfish and His Realm: The Life and Times of Huey P. Long," Baton Rouye: Louisiana State University Press, 1991, pp. 151, 162, 228.

国利益为先，减少国际债务。最后，反对精英政治。布什总统任职期间，国会由民主党掌控，总统与国会因党派竞争导致在经济和社会问题上难以达成一致。政府内部的矛盾与僵局，使得民众不满情绪高涨，佩罗认为精英政治已脱离群众失去了民主代表性。为宣传政治思想与主张，他在1996年组建了"我们团结起来支持美国"的统一组织，采用通俗易懂的说教方式和极具个性化的政治策略，煽动民众对精英权贵的不信任与不满情绪。佩罗巧妙利用彰显个性魅力的民粹表达方式吸引了白人男性、无固定政治倾向的青年和没有明确宗教信仰的选民的支持。在1992年的民意调查中，佩罗的公众支持率超过30%，赢得190多万张选票。[1] 虽然佩罗最终没能当选总统，但却成功地煽动和利用大众选民的不满情绪改变了此次选举的格局与结果，对美国两党政治产生了深远影响。

综上，20世纪最具代表性的三次民粹主义运动的共同点可以归纳为：在生产秩序混乱、经济受到重创、普通民众权益受到侵害的社会危机背景下，拥有个性魅力的政治代表人物通过直接诉诸人民的方式掀起民粹主义运动浪潮，并依靠大众化的竞选言论、制造反精英反建制议题，调动和利用底层民众对精英政治的不满情绪从而获得大众广泛支持。

纵观美国民粹主义历史，民粹主义在美国的兴起与低落大致遵循一定的发展轨迹，具有鲜明的美国特色。

第一，民粹主义总是伴随着美国巨大的社会变革而产生，是美国民众对社会矛盾的应激反应。如19世纪末，受内战影响，美国经济受到重创，铁路交通由金融资本控制，资本主义自由经济转向资本垄断，广大农场主自发成立联盟，希望借助农民运动摆脱垄断资本控制。20世纪经济大萧条时代，美国工业发展受阻，失业率持续上升，农业产值急剧下降，贫富差距加剧，出现了多次关于社会改革的民粹

---

[1] Michael Levy, "United States Presidential Election of 1992," November 11, 1992, https://www.britannica.com/event/United-States-presidential-election-of-1992.

主义运动。20世纪90年代，在经济全球化浪潮的影响下，美国劳动力市场因全球化的到来而发生改变，失势群体呼吁政府多关注百姓福祉问题。

第二，民粹主义运动的结果并不一定都是消极的。民粹主义政治家通过构建"人民"与"精英"的二元对立结构，鼓吹官僚的腐败与制度的僵化达到煽动群众和反精英反建制的效果。然而激进的民众运动最终都会被成熟的精英政治所接收并内化为有利于主流政治的一部分。很多历史时刻，民粹主义领导者虽败选，但其诉求与政策主张的合理内容却被纳入到主流政党政治中，构成政治改革的动力。如人民党运动试图建立第三党挑战现行两党制框架，在极大程度上刺激了美国政党力量的重组。人民党虽仅存四年便被解散，但它的许多"进步主义"诉求和主张被民主党吸纳。

第三，美国的两党制政治特点使得右翼和左翼的民粹主义运动相伴兴起。左翼民粹主义带有明显的经济诉求，以中下层民众和少数族裔为主。而右翼民粹主义则主要继承了美国保守主义的政治主张，以美国白人阶层，甚至是中下层白人为主。同时右翼民粹主义受到宗教思想影响较为深远，与美国宗教力量结合较为紧密。美国民粹主义的左右翼共同出现的特点在某种程度上加剧了美国的政治极化。在民粹主义兴起时期，民主党与共和党进行政治妥协的难度明显加大，政党政治质量下降。种族主义问题突出是民粹主义盛行时期美国政治运行的一个重要突出特点。

第四，美国总统候选人常将民粹主义作为一种温和的竞选策略加入到竞选中。政治家们在竞选过程中将自己塑造为"普通人"的形象，代表弱势群体来表达对精英建制派的不满。如华莱士代表"我们普通工人"，抨击"削尖脑袋的知识分子"，他树立的美国劳工阶层形象被认为"更像一位一呼百应的政治演说家而不是一位改革家"。[①]

[①] Waldo Barden, "The Old Tradition in the South," Baton Rouye: Louisiana State University Press, 1983, p. 105.

二、当代美国民粹主义的左翼—右翼矛盾

2008年金融危机后,美国民粹主义浪潮再次高涨,主要表现为左翼民粹主义现象、右翼民粹主义现象。左翼—右翼矛盾成为当代美国民粹主义的核心矛盾。在矛盾激化的影响下,进而诞生出了特朗普式民粹主义。民粹主义现象的形成与发展对美国政治生态产生了深刻影响。

当代美国左翼民粹主义现象的产生来源于2008年金融危机。在金融危机的背景下,美国国内出现了经济下滑、失业率攀升、贫富分化加剧等问题。2011年9月,近千名示威者聚集在华尔街,响应《广告克星》杂志的号召,向政府部门抗议以表达中下层人民的不满与诉求,该活动在不到一个月的时间内迅速蔓延至华盛顿、芝加哥、波士顿等城市,由此演变成了一场席卷全国的草根运动,这场运动是左翼民粹主义最突出的表现。

"占领华尔街"运动主要有以下特点。其一,参与活动的示威者来自不同的社会阶层,如在校大学生、家庭主妇、艺术家等,且多为30岁以下的年轻人。此外,一些左翼和弱势群体如下岗工人、越战老兵等也是抗议者的重要组成部分。他们在经济危机的重创下面临着失业和流离失所的困境,斥责政府牺牲大多数美国纳税人的利益为华尔街金融巨头的贪婪行为而买单的行为。其二,该运动没有明确的领导核心且缺乏统一目标。与传统社会运动不同,"占领华尔街"运动没有以某一阶层或社会组织为主导对参与人员进行统筹协调,多为不同肤色、不同立场的人民自愿参加,参与者的政治诉求也不尽相同。其三,该运动的议题主要集中在经济领域。运动参与者的诉求主要是抗议金融公司的腐败、金钱政治与精英政治的失灵,以及反对社会不公。

"占领华尔街"运动的抗议诉求主要包括以下方面。其一,痛斥金钱操控民主政治,反对大企业,要求政府加强金融监管。美国金融危机调查委员会于2011年发布的《金融危机调查报告》指出,金融寡头的贪婪与政府的失责是此次金融危机爆发的罪魁祸首。金融危机

爆发后，美国银行、花旗银行等银行的规模较大不能倒闭，而不得不通过裁员、减少工人福利待遇、投入巨额财政资金等方式进行救助，以减少金融危机带来的不利影响。在此次金融危机中，银行、证券公司等大型金融机构不仅没有因其不正当行为受到惩罚，反而获得了政府的巨额救援资金。然而，华尔街并没有因政府救助选择"投桃报李"，不仅大量裁员囤积资金，还反对为富人加税。美国工人阶级和底层民众无法忍受政府使用纳税人的钱财为华尔街买单，同时无法改变他们陷入失业和生活质量下降的做法。其二，反对分配不均和贫富分化，渴望提高就业率、改善医疗水平、寻求社会公正。2008年金融危机之后，美国中产阶级人口数量与资产规模不断萎缩，贫困人口持续增多。据皮尤研究中心数据显示，1971—2021年美国中产阶级群体的人口比例由61%下降至50%；低收入者和高收入者群体比例出现不同程度的上升，其中，高收入群体比例由25%上升至29%，低收入群体比例上升7个百分点，由14%上升至21%；在收入总份额占比中，中等收入家庭收入占总收入的比例由1970年的62%下降到2020年的42%，高收入家庭则由29%上升至50%。① 由此可见，美国社会总体财富分配严重分化，这是由于少数经济精英操控的经济制度和政府政策，使富人阶层成为主要获益者，底层民众不得不面对繁重的经济与生活压力。面对贫富分化、社会财富分配不均的现状，中下层群众表现出强烈不满，他们要求政府用资源财富优先解决就业、医疗、社会保障体系等更为紧急的问题。"占领华尔街"运动本质上是一场左翼民粹主义运动，通过诉诸人民的方式将矛头指向华尔街的金融权贵，反对大公司，痛斥资本精英操控政治。

美国右翼民粹主义则产生于金融危机后美国经济发展的变化。2009年初，面对国内经济衰退、政府财政赤字的严峻局势，奥巴马政

---

① "How the American Middle Class has Changed in the Past Five Decades," Pew Research Center, April 20, 2022, https://www.pewresearch.org/short-reads/2022/04/20/how-the-american-middle-class-has-changed-in-the-past-five-decades/.

府推出一系列经济救助计划和全民医疗改革方案引起了经济保守势力的强烈不满。2009年2月,保守派博主凯莉·卡伦德发起对奥巴马总统签署的《2009年复苏与投资法案》的抗议,"茶党"运动由此开始。而随着"茶党"运动影响力的逐渐扩大,它得到了保守派精英的支持与赞助,到最后发展为全美750多个城市、近200万人参加抗议的大规模组织活动,成为美国政坛上一股新兴的右翼民粹主义力量。可以说,"茶党"运动是美国右翼民粹主义崛起的典型代表。

"茶党"运动的特点主要有以下几个方面。

首先,"茶党"的支持者大部分来自经济水平中等的白人中产阶级群体,年龄普遍在40岁以上。与普通民众相比,他们接受过良好教育,平均收入相对较高,经济状况较为富裕。"茶党"运动的参与者大多数是来自南部、西部和中西部地区的保守势力,政治立场与共和党较为接近,具有较强的基督教信仰和右翼保守态度。

其次,"茶党"成员信奉小政府理念,主张限制政府对市场经济的干预。"茶党"成员和支持者将奥巴马政府提出的一系列救市政策、经济计划以及医疗改革方案看作是政府干预市场、扩大政府权力的行为,认为其做法并未充分考虑到人民的利益,违背了美国宪法主张的"有限政府"原则。"茶党"成员认为两党制已沦为政治精英谋福祉的工具,政府不应过多干预个人自由,指责政府滥用宪法所赋予的权力,需要恢复有限政府。在经济上,"茶党"成员呼吁削减联邦政府开支,降低税收,减少联邦政府财政赤字,实现财政平衡,同时反对奥巴马的全民医疗改革计划。

最后,主张"白人至上"的"茶党"成员对于非法移民态度强硬,且带有强烈的本土主义与排外主义倾向,以及鲜明的种族主义色彩。"茶党"不反对政府干预,相反他们希望借助政府力量抵制、排斥外来移民与少数族裔,维护美国本土白人的利益、优势地位以及传统文化价值观。"茶党"支持者们认为外来移民的大量涌入不仅抢占了美国本土公民的工作岗位,还享受着政府提供的免费福利待遇和社会服务。政治精英们窃取平民阶层辛苦创造的财富救济那些不劳而获的群体,从而导致政府财政赤字,政府权力不断膨胀。

由于"茶党"运动以美国白人阶层为主，同时又有大量美国政治人物的参与，因此，在美国政治议程中的影响力要明显大于"占领华尔街"运动。虽最终没能改变奥巴马政府的政治运行特点，但其众多主张与思想为未来美国的特朗普式民粹主义奠定了基础。

在美国左右翼矛盾激化、政党政治质量下降的背景下，2016年唐纳德·特朗普作为"政治素人"击败老牌建制派精英希拉里·克林顿，当选为第45届美国总统。这不仅是特朗普个人的胜利，还代表着特朗普式民粹主义在美国的强势崛起。

特朗普式民粹主义现象具有其突出的特点。

首先，在此次竞选过程中，商人出身且缺乏政治经验的特朗普登上美国政治舞台引发了人们的广泛关注。特朗普在美国政治光谱中属于"政治局外人"，没有任何的政治经验，且党派立场频繁改变。根据纽约市选举委员会记录，特朗普自1987年登记为共和党人以来，已变更5次党派属性。由此可见，特朗普并非坚定的共和党成员。作为总统竞选者，特朗普无任何执政经验，这是往届总统竞选中从未发生过的状况，也是左翼与右翼民粹主义相区别的突出特点。

其次，特朗普成功地利用了民众的焦虑情绪，塑造了支持他的"人民"以获得选举的胜利，这里的"人民"主要是指被忽视的边缘群体，以美国中下层白人群体为主。2016年斯坦福大学全国选举研究数据表明，在共和党和其他除民主党之外的党派中，白人选民对特朗普的支持率要比非白人选民高出至少30%。[1] 特朗普的核心支持者主要以年龄较大的白人男性，以及受教育程度不高、收入相对较低、排斥少数族裔和外来移民、诉求遭到两党忽视的选民为主，这部分选民多为中产阶级以及蓝领阶层。从选民地区分布来看，支持特朗普的白人男性主要生活在宾夕法尼亚州、威斯康星州、密歇根州等中西部"铁锈地带"。这一地区的选民意识形态混杂且矛盾，即文化上的右

---

[1] "ANES 2016 Pilot Study," American National Election Studies, October 4, 2016, http://www.electionstudies.org/studypages/anes_pilot_2016/anes_pilot_2016.htm.

派、经济上的左派。且这部分选民的诉求很少被重视，是共和党选民中被边缘化和沉默的群体。他们迫切希望一个来自体制外的局外人打破现有政治格局，而特朗普的"让美国再次强大"为这个群体提供了选择的机会。如果将特朗普的参选到当选视作"特朗普民粹主义现象"，那么该现象背后所折射出的是美国政治生态的深刻变化。

最后，特朗普以美国利益为先，不断挑战美国社会长期存在的"政治正确"原则，提出具有强烈的反建制特征的政策主张。特朗普在竞选中大力抨击建制派传统政治精英，指责华盛顿精英攫取利益果实，表示要将手中权力交还到人民手中。在国内政治方面，特朗普上任伊始便废除奥巴马的多项改革计划，如限制议会权力、取消遗产税、为中产阶级减税等。在对外政策方面，特朗普以"美国优先"为原则，退出多个以美国为主导的多边国际机制。在贸易政策方面，采取保守主义立场，反对全球化和自由贸易，废除多边自由贸易协定，重新进行区域贸易双边协定谈判。特朗普虽将目光聚焦于经济与贸易领域，却将主要矛头指向非法移民和少数族裔问题，具有鲜明的民粹主义色彩。特朗普公开反对"政治正确"的言行和提出具有本土主义的外交政策为他赢得了大量对现实不满的美国中下层白人的支持。

特朗普式民粹主义迅速崛起的原因主要有以下方面。首先，中产阶级的萎缩和白人蓝领阶层的衰落为特朗普式民粹主义的产生提供了土壤。中产阶级在美国社会结构中一直扮演着"稳定器"的角色，有效遏制了社会中激进的政治运动。如今，随着中产阶级人口数量的不断减少，其拥有的财富规模大幅度缩水，中产阶级陷入了前所未有的困境。而蓝领阶层的衰落更为严重。随着全球化的发展，技术的进步让美国制造业不再过多依赖劳动力，蓝领阶层成为产业结构变迁中最大的受害者。经济危机下，工作岗位数量的减少使得中产阶级跌入低收入阶层，蓝领阶层也难以通过奋斗进入中产阶级阶层。面对这样的状况，底层民众对精英政治表现出强烈不满，在政治上越来越激进，这为特朗普赢得选举的胜利提供了选民基础。

其次，日益激化的种族矛盾为特朗普式民粹主义提供了生长条件。美国是世界上最大的移民国家，移民的大量涌入加剧了中下层白人群体的就业压力，而"9·11"事件等恐怖主义袭击事件更是加重了这部分人对少数族裔的恐惧。身份与文化的焦虑进一步激发了中下层白人群体的种族主义与本土主义观念。特朗普利用民众的这种焦虑情绪，塑造了支持他的"人民"。如在竞选之初公开指责外来移民攫取美国利益果实；提出修建隔离墙，禁止非法移民和穆斯林进入美国等主张。特朗普逆袭成功的背后是美国政治中深层次矛盾的集中爆发，揭示了金融危机背景下美国社会普遍存在的美国白人对身份与文化的焦虑与不满情绪。

最后，美国日益严峻的政党矛盾为民粹主义的形成提供了空间。自20世纪70年代以来，美国政治极化愈演愈烈。两党在议题上达成的共识越来越少，如两党在全民医保、同性恋和联邦预算等议题上总是陷入僵局。两党对立的局面使选民对政府治理能力的信心下降，两党对边缘群体诉求的忽视削弱了代议制民主的代表性。两党选民对于政治极化所带来的公共政策推行难和朝令夕改，积累了大量不满情绪。因此，特朗普高举反精英旗帜，对建制派精英进行猛烈攻击的举措赢得了民众的广泛支持。

三、当代美国民粹主义矛盾的表现

民粹主义浪潮的兴起不仅对美国国内政治、经济等各个方面产生影响，同时也影响着美国外交政策的多个层面。当代美国民粹主义的左右翼矛盾既体现在政治决策和外交决策的个人层面，也体现在政党和社会层面。

首先，在个人层面，总统作为美国政治体制的核心人物，是外交政策的主要制定者。美国总统作为全国最高行政首长，拥有任命权、免职权、行政权、外交权以及与外交事务有关的立法权。[1] 总统的人格特质、从政经历、价值观等对美国外交决策都有着直接的影响作

---

[1] 周琪：《美国外交决策过程》，中国社会科学出版社2011年版，第36页。

用。美国总统常常将总统行政命令作为其实现竞选诺言和政治目标的首要手段，该命令无需通过国会批准，可由总统签字直接下达给政府。2016年特朗普的当选标志着民粹主义在美国的强势崛起，特朗普上台后以总统行政命令和总统备忘录的方式推行具有民粹主义的政策纲领。这些政策纲领不仅充分展示了特朗普总统的鲜明个人风格，还将民粹主义渗透到美国军事、经济、政治等各个领域。

特朗普莽撞、直率的言论风格且利用新兴网络媒体发表个人政治观点的手段是美国外交决策变化的重要变量。有西方学者认为，民粹主义者通过其日常的破坏性表演，惬意地将领袖气质、政治失范及明目张胆的歧视抑或政治表演的绅士化结合起来。[1] 特朗普言论从不按常理出牌，打破了美国政坛的传统游戏规则。在竞选期间，特朗普利用网络新媒体作为宣传平台，抨击"政治正确"并发表负面情绪言论，将自身塑造成"卡里斯马式"领袖人物形象，成功挖掘出蓝领阶层以及中下层白人群体的"隐藏票仓"，最终赢得大选胜利。当选后，没有任何政治经验的特朗普依旧我行我素，利用网络媒体发布情绪化及富有煽动性的话语，向网民传播具有民粹主义色彩的施政理念。主要包括抨击建制派主流媒体、政策和政客。特朗普"X[2]治国"的方式虽然为其争取到蓝领阶层的拥护，但却给美国外交与国际社会带来许多难题。

特朗普所实施的对外政策大多数具有反建制色彩。反建制是民粹主义影响对外政策的内在逻辑。由于国际社会处于无政府状态，缺少一个凌驾于民族国家之上的超国家权威，无论是主权国家还是国际组织都无法有效约束美国的反建制行为。此外，其他国家对于在国际舞台上以"非制度化方式"行使权力的美国多采取"软平衡"政策。[3]

---

[1] 本杰明·莫菲特、西蒙·托米、宋阳旨：《对民粹主义的再思考：政治、媒介化和政治风格》，《国外理论动态》2016年第10期，第38页。

[2] 指社交网络服务平台。2023年7月该平台名称由"推特"（Twitter）更名为"X"。

[3] Robert A. Pape, "Soft Balancing Against the United States," International Security, Vol. 30, No. 1, 2005, pp. 7–45.

这使得特朗普在国际社会实施反建制举措的阻力远远小于国内社会。因此，特朗普执政后便加速推行反建制施政理念，如反对奥巴马政府的建制遗产、退出《跨太平洋伙伴关系协定》、退出《巴黎协定》、退出联合国教科文组织等。

特朗普将"美国优先"政策作为对外政策的核心。特朗普提出的"美国优先"原则主要体现在两个方面。第一，体现在国家实力优先，重点是提振美国经济和增强国防实力。在经济上，阻止国内大企业转向海外投资生产，逼迫他国解决美国长期存在的贸易逆差，增加美国本土就业机会。在军事上，增加了军费开支，反对奥巴马时期建立的国防"自动减赤"机制，重塑美国军事力量，同时大力扩充军备规模，增加舰艇、空军战机和核武器数量，扩充陆军与海军陆战队规模。第二，体现在国家利益优先，通过战略收缩手段减少在国际事务方面的责任，让盟友承担更多义务，降低维持美国霸权地位的成本。在民粹主义的思潮下，美国对外政策从"全球主义"转向"美国优先"具有强烈的经济民粹主义倾向。总体而言，特朗普领导下的美国对外战略总体呈收缩态势。

其次，美国作为两党制国家，政党是美国政治体系中不可或缺的一部分，民粹主义对于美国的政党政治也产生了深远影响。民粹主义加剧两党矛盾，在气候变化、移民等众多外交议题中两党难以达成共识，对外政策的实施阻碍重重。一方面共和党在南部政治重组、民权运动、"茶党"运动等因素的影响下，保守主义思想成为其主流意识形态。另一方面随着南部保守白人转向民主党以及少数族裔的大量涌入，民主党在种族政治的推动下越来越自由化。意识形态的严重分歧使得两党达成共识的可能性较低，政府制定对外政策受阻，决策僵局频频发生，导致国会频繁停摆。如在气候变化议题上，特朗普以"美国优先"为指导原则，认为《巴黎协定》并不存在有利于美国制造业和工人的条款，因此选择退出该协定。而民主党人拜登执政后于就职当日签署行政令，宣布重返《巴黎协定》。2021年4月22日，拜登在领导人气候峰会上，承诺2030年温室气体排放比2005年减少

50%—52%①。同年11月,白宫公布了到2050年实现"净零"温室气体排放的战略。受民粹主义影响,在拜登政府时期,民主党控制参议院与共和党控制众议院的局面直接导致国会对外政策的产出低效,国家治理的效能也受到严重影响。

与此同时,民粹主义也冲击了两党的政策议题设置,使得经济议题成为两党讨论的核心议题。两党为获得对政府或国会的控制权而产生的博弈贯穿了公共政策制定的始终,贸易政策作为外交决策的重要组成部分更是双方争相使用的工具。自2008年金融危机后,美国民众对自由主义多边贸易机制的不满情绪激增。在民粹主义思潮的推动下,特朗普为平衡党内重视商业与贸易的传统利益,回应中下层蓝领选民经济诉求,愈发坚定地推行贸易保护主义主张。在美国的政治传统中,各州选民的支持是两党争夺执政党和总统赢得大选或连任的关键所在。共和党对选民的积极回应和民主党对中下层蓝领群体的忽视,使得民主党希拉里在总统竞选中并未获得稳固票仓的支持,位于美国中西部的"铁锈地带选民"几乎集体转向共和党候选人特朗普。两党政治力量与选民基础受民粹主义影响而发生了重大变化,势必影响对外政策的制定与实施。而具有民粹主义倾向的中下层白人和蓝领阶层对改善国家经济状况的强烈愿望使得两党更加关注经济领域,因此两党在贸易议题上更容易达成一致。拜登执政后,美国贸易代表办公室公布了《2021年贸易议程报告和2020年年度报告》,该报告中提到,贸易政策是优先级最高的事项。

最后,随着数字化时代的到来,公共舆论的影响作用越来越大,而舆论的主要来源是民众。舆论不仅影响着美国国内的政治、经济和文化等各个方面,也对美国对外政策有着重要的影响作用。公共舆论为外交决策的提出与实施提供重要依据。为获得选举胜利,决策者们在制定外交决策时会充分考虑公众的态度和反应。种族和移民问题不仅给美国人民带来文化和身份认同的焦虑,也是当代美国民粹主义崛

---

① 《领导人气候峰会聚焦加强国际合作》,新华网,2021年4月23日,http://www.xinhuanet.com/politics/2021-04/23/c_1127364298.htm。

起的深层次原因。全球化进程正向刺激了美国人口结构的变迁。根据美国人口普查局2020年数据显示,尽管白人仍然是美国最大的种族或族裔群体,但与2010年相比,2020年白人占美国人口比例由2010年的72.4%下降到61.6%,少数族裔人口则呈现出不同程度的增加,例如拉丁裔人口由16.3%增加到18.7%,亚裔由4.8%增加到6%。[①]美国人口构成中的多种族化与多样化趋势更加明显。在全球化带来的移民潮冲击下,美国白人深感自己的传统核心地位受到威胁,文化特权正在丧失,而移民和资本的全球流动让美国中下层白人和蓝领阶层失去了原有的工作岗位和再就业机会。民主党在竞选时并没有对这些边缘化群体的诉求做出有效回应。与此同时,决策者为获得更多支持,积极动员并影响公共舆论。在2016年大选期间,由于特朗普的积极动员,被边缘化的中西部白人群体重新进入美国社会舆论的视野。特朗普在竞选演讲中表示,"中西部白人男性选民是美国这个伟大国家的核心成员",而"现在的问题是外国人、移民和精英一直在密谋压制他们,现有权力结构背叛了他们并对他们毫不尊重"。特朗普巧妙地在政治动员中添加民族主义元素,并利用中下层白人选民失去的经济与文化的安全感,成功激发了这一阶层的共鸣,从而为大选获胜奠定了基础。

四、理解美国民粹主义现象的对外政策影响

从前文分析可以看出,民粹主义影响了美国国内外政策的多个层面,这里将分析民粹主义对美国对外政策的影响,主要从民粹主义是如何影响外交决策、议题选择以及政策实践方式三个层面进行分析。

对外政策的形成是一个复杂的过程,是决策系统中不同决策团队、决策者、决策机构相互作用的结果。而外交决策代表的不仅是国

---

① United Census Bureau, "2020 Census Illuminates Racial and Ethnic Composition of the Country," August, 2021, https://www.census.gov/library/stories/2021/08/improved-race-ethnicity-measures-reveal-united-states-population-much-more-multiracial.html.

家行为、决策机构行为，体现的更是决策者个人意识形态与利益偏好。因此，分析民粹主义对美国外交决策的影响也应将个人因素考虑在内。

首先，在特朗普担任美国总统期间，其个人的民粹主义特征是影响外交决策的最大变量。特朗普的政治观点与意识形态一直徘徊在精英体制之外，具有反精英、反建制情结。特朗普长期以来在家族企业中奉行的个人决策模式，使其形成了独断专行的个人风格，缺少团队合作精神。无论是在竞选过程中还是上任后，特朗普我行我素，不顾传统"政治正确"价值观的反对，通过签署行政命令等形式来推行自己的政策主张。总统个人的外交决策权覆盖了外交决策过程的始终，其他参与对外政策制定实施的高层决策人员与部门的权力明显削弱。如特朗普在退出伊核协议、对朝鲜进行极限施压等重大问题上很少启动国会程序，主动避开冗长的国会协商讨论过程，这导致国会在国际事务中黯然失色。特朗普的个人风格和弱化与外交核心决策官僚组织的互动使得美国对外政策极具特朗普个人风格。

其次，民粹主义使得许多没有执政经验的人员进入美国核心决策圈。外交决策的核心决策圈包含以总统为核心的极少数人员，如国防部长、国务卿等高级内阁官员。在特朗普政府时期，由于他对建制派的强烈排斥，其执政后改变外交决策的最内层高级内阁官员由政治精英组成的传统，转为选择由缺乏执政经验的企业高管、退休军人和特朗普家庭成员组成对外政策核心圈。特朗普将与其立场不一致的人员排除在外，且排斥具有执政经验和专业性较高的建制派人选。如特朗普选择与其有着相似背景且同样没有任何从政经验的蒂勒森执掌国务院。此外，特朗普重用亲属这一特点也与以往总统不同。特朗普让其女儿伊万卡·特朗普和女婿贾瑞德·库什纳承担重要的咨询角色。同时，伊万卡以特朗普助理的身份参与总统事务，代表总统参加 G20 峰会，凭借其对女性运动的支持为特朗普赢得了部分女性选民选票。而拜登政府时期，民粹主义影响力回落，拜登对核心决策圈的人事任命更偏好建制派精英，例如任命安东尼·布林肯为国务卿，任命劳埃德·奥斯汀为国防部长，任命杰克·沙利文为国家安全顾问等，其核心决策圈的人员均属于传统政治精英，人事任命具有多元化的特点。

最后，在特朗普担任总统期间，强调重要决策职位内部的忠诚与团结，这使得外交决策圈的核心人员频繁变换。对于与其政治立场不一致的人员，特朗普一律免去其职位或阻止其进入核心决策层，形成完全由总统主导决策的局面。如班农作为美国首席战略专家和高级顾问，其政治目标是以民粹立场将白人蓝领从民主党手中夺取过来，壮大以白人为核心的中产阶级，遏制少数族裔、移民和多元文化对白人盎格鲁-撒克逊新教文化的冲击。他所倡导的民粹主义主张帮助特朗普赢得白人蓝领选民的支持。虽然班农与特朗普的意识形态相近，但其倡导的民粹主义和孤立主义不仅严重影响了特朗普的政治前途，还遭到美国主流社会的质疑，威胁着美国社会的长治久安，最终，特朗普不得不将其解聘。与特朗普时期的内阁成员关系相较，在民粹主义影响力回落的作用下，拜登政府内阁成员关系相对和谐，核心决策圈相对较为稳定。

对外政策由国家利益来决定，而国家利益的界定实际上取决于意识形态的取向。[1] 民粹主义浪潮的兴起深刻影响了美国决策者以及普通民众的价值取向，使得美国外交议题紧紧围绕着经济、安全等议题展开，对多边协作议题的态度呈现出消极趋势。

首先，民粹主义使得特朗普政府对经济议题的重视度急剧上升。2008年金融危机后美国经济虽逐渐向好，但制造业萎缩的现象仍然存在。处于美国中下层的蓝领工人并未感受到经济状况好转，反而认为美国现有经济体系仍然过于偏向精英阶层。他们希望拥有强硬政治态度的领袖人物来保障自己的利益，因此对迎合民意的政治人物所提出的经济主张十分支持。而特朗普在担任总统期间为回应选民期待，以振兴经济为导向，通过实施降低个人所得税、放松金融监管、实现弱势美元政策等措施促进国内经济增长和提高工人就业率，以此弥合普通民众和精英阶层的裂痕，缓和社会矛盾。此外，特朗普要求墨西哥

---

[1] 熊志勇主编，王勇、范士明、李庆四编著：《美国政治与外交决策》，北京大学出版社2007年版。

和加拿大就《北美自由贸易协定》展开新一轮谈判并最终取得成果。针对贸易来往国，运用反倾销、反补贴贸易调查来对外实行经济制裁，如对加拿大进口木材进行"双反"调查，以国家安全为名对进口钢材、铝制品进行调查等。特朗普对外展开贸易调查的次数与以往相比明显增多。据中国商务部统计，2017年美国对华反倾销和反补贴调查立案22起，金额45亿美元，是对中国产品立案数量最多、涉案金额最高的国家。① 特朗普在贸易政策上强调"公平贸易"，根据美国单边性的利益得失界定标准，同时采取有针对性的加征关税的霸道行径。而拜登执政后，民粹主义影响力回落，因此，经济议题尽管也是拜登政府对外政策中的重点，但是在议题设置上，其更加强调气候议题等低政治领域议题。

其次，民粹主义使得特朗普政府对多边协作议题的态度趋向消极，倾向采取单边主义议题。原因在于美国国内选举政治和迎合选民诉求的需要，以及特朗普本人对自由主义国际制度和国际组织的认知的重大改变。

特朗普政府反多边主义行为具体表现为以下两个方面。一方面，排斥多边贸易协定。特朗普自上台以来猛烈抨击自由主义国际秩序和多边自由贸易体系，指责经济全球化和多边贸易导致美国制造业大量外包，造成美国工人失业率的急剧上升，因此特朗普积极实施贸易保护政策。另一方面，特朗普试图通过双边协定代替多边协议，如一边退出《跨太平洋伙伴关系协定》，一边施压胁迫墨西哥、加拿大签订《北美自由贸易协定》。

最后，质疑国际合作，退出国际组织，拒绝承担全球治理责任。特朗普认为美国参与国际治理承担了过多的国际责任，削减了本国的实力，有悖"美国优先"原则。因此，特朗普上任后接连退出多个多边国际机制。如：以全球治理威胁国家主权、人权为由退出国际刑事

---

① 《2017年中国出口产品遭遇国外贸易救济调查的有关情况》，中华人民共和国商务部，2018年3月14日，http：//www.tbt.org.cn/tscGardenDetail.html? type = case&id = a4c285903978458192afc4c492162582。

法院、联合国人权理事会以及《移民问题全球契约》等国际组织和多边条约；以美国不愿支付巨额欠款、反以色列倾向为由退出联合国教科文组织；以制定的邮资费率对美国不公为由退出万国邮政联盟。

根据"美国优先"原则，特朗普在军事安全领域也进行相应调整。伴随国内外环境的变化，美国政府重新评估外部威胁，并以此作为制定外交策略的重要依据。在当前国际安全背景下，特朗普政府在安全、国防等方面规划了新目标和新战略。在安全议题方面，特朗普更注重美国自身军事力量的建设。为扩大美军优势，特朗普大幅增加军费预算，升级武器装备。2018年2月，特朗普公布2019年预算报告，将国防军费预算继续增加至7160亿美元，较2017年增加了800亿美元。特朗普在2018年签署的《2019年国防授权法案》中，将2019年陆军现役部队由47.6万人增至48.75万人。在升级武器装备方面，国防部大规模采买装备，包括增加战斗机、坦克、航母和核武器的数量。针对核武器，特朗普政府重新界定其在美国国家安全中发挥的作用。2018年《核态势评估报告》中指出，在保障盟国军事安全、规避风险，实现美国目的等方面，美国仍然需要核力量发挥关键作用。具体详细规划包含对海陆空"三位一体"核力量的更新，改良指挥、控制和通信系统，翻新核武器以加强美军作战灵活性。

近年来，经济全球化浪潮席卷全世界，一定程度上导致美国出现制造业空心化现象，资本外流和产业外移使得美国中下层蓝领工人面临失业的危险，造成了美国社会经济不平等、贫富差距较大等问题。失业风险的增加和收入的下降使得美国中下层选民在心态上有所失衡。特朗普政府利用民众急迫想要改变现状的诉求，大力提倡反建制、反精英的民粹主义政策主张，对原有外交实践方式表现出几乎全面的否定与改变的态度。

首先，特朗普将国家安全战略重心从全球反恐战争转向大国竞争。特朗普政府时期的《美国国防战略报告》中提出，当前国家之间的首要问题不是恐怖主义而是国家间的战略竞争，明确将中国和俄罗斯确认为美国安全的首要威胁。根据调整后的安全战略，特朗普政府在经济、文化、军事等不同方面对中国和俄罗斯采取一系列措施加以限制。如在打压俄罗斯方面,美国参众两院高票通过《以制裁反击美国敌人法案》,从能源、经济、军工等领域对俄罗斯进行制裁。美国以"干预美国选举"和"入侵国际组织网络数据库"为由制裁俄罗斯个人和实体,以俄罗斯前特工斯克里帕尔中毒事件为由禁止一切涉及国家安全的敏感商品和技术对俄出口,禁止俄罗斯使用美元进行能源贸易结算。为松绑中短程核导力量、重振美国军事实力,特朗普政府单方面宣布退出与俄罗斯签订的《中导条约》。美国海军为抗衡俄罗斯海上力量发展,大幅度调整海军航母部署方式、重新恢复海军第二舰队建制。

其次,特朗普政府时期美国的外交实践方式倾向于单边主义。特朗普提出的"美国优先"不断通过单边主义的外交实践方式破坏已有国际规则和秩序,如单方面提高关税、设置贸易壁垒等。而特朗普将美国贸易逆差、制造业空心化等问题归咎于与他国形成的不对等贸易关系。为提升国内经济实力和重建以美国为主导的国际经济秩序,特朗普政府在《美国国家安全战略》报告中强调,不应继续纵容其他国家使用工业补贴、倾销、强制技术转让等方式获得经济优势局面,应建立"公平和互惠"的经济关系。2017年6月开始,美国以反倾销、反补贴为名,单方面对加拿大、韩国等多个国家加征关税,并挑起贸易争端。特朗普以退出为要挟,胁迫加拿大和墨西哥就《北美自由贸易协定》重新展开谈判。在谈判过程中,特朗普政府的诉求具有极强的贸易保护主义色彩,如要求北美地区交易的汽车中75%的零件必须来自美国,北美地区所产汽车的组成部件产自北美地区的覆盖范围从62.5%提升至85%等。特朗普政府还宣布,单方面退出伊核协议,追求自身的绝对安全。特朗普认为该协议并未限制伊朗实施核计划与弹道导弹计划,也并未约束"伊朗对恐怖分子的支持"。因此,2018年5月,特朗普签署总统备忘录宣布退出伊核协议,并重新对伊朗实施最高级别制裁,如将美国驻以色列大使馆迁至耶路撒冷、将伊朗伊斯兰革命卫队定义为恐怖组织等。特朗普政府的一系列制裁措施加速分化和重组中东地区力量,遭到世界多个国家的强烈反对,严重加剧了海湾国家局势紧张。

最后，特朗普政府时期美国对盟友体系态度趋向消极。随着国际格局和经济环境的变化，美国同盟政策发生较大改变。从外交实践方式上看，特朗普执政后基于"美国优先"原则，试图在维护同盟体系内安全事务主导权的同时，减少对国际事务的投入成本，要求盟友承担更多的国际义务。如对于欧洲盟友，特朗普通过表达对军费分担的不满或以退出北约为威胁，迫使盟友增加防务支出和分担更多联盟成本。此外，美国战略东移并实施"印太战略"以及退出《中导条约》是特朗普治下美国忽视欧洲盟友态度的重要体现。特朗普不顾欧洲盟友安全利益退出《中导条约》和伊核协议，不仅加剧了美欧同盟之间的分歧还威胁到中东地区的安全与稳定。相对于对待欧洲盟友的态度，特朗普政府对亚太盟友的态度更为强硬。对于军费分担问题，特朗普指责韩国以及日本长期以来的安全保护的"搭便车"行为。如2018年他以撤走驻韩美军为要挟单方面要求韩国大幅度提高防卫费分担比例，认为美韩两国应公平分担驻军费用，韩国分担的费用应增加一倍。尽管美韩双方针对防务费用存在明显分歧，但两国最终就《防卫费分担特别协定》达成共识。特朗普奉行的"交易式"外交以及对盟友的消极态度不仅损害了美国的战略信誉，还对其核心利益造成负面影响。

第四章　政治结构与俄罗斯和美国的对外政策

政治结构是国内政治各要素中内容最为复杂、影响最为深远的变量之一。其对于大国对外政策的影响路径也是最多元的。由于俄美两国在历史发展、社会结构以及政治传统上的巨大不同，两国的政治结构也存在着巨大差别。政党政治是美国政治结构的核心之一，而在俄罗斯则是"超级总统制"和精英政治发挥着主导作用。除此之外，国内政治结构对于不同对外政策议题的影响也存在明显差异。本章的研究目的在于，力图通过选取俄美对外政策中受国内政治结构影响最明显的典型案例，来探究 21 世纪两国国内政治结构发展影响对外政策的路径与特点。

对俄罗斯来说，气候政策是其对外政策的重要组成部分，也是近年来俄罗斯对外政策中转变最为明显的案例之一，通过对于这一案例的分析，可以探究当前俄罗斯国内政治结构所具备的特点及其影响对外政策的主要方式。而对美国来说，外交决策是美国对外政策的最重要组成部分，政治极化则是美国国内政治结构近年来发展的最突出特点，通过分析政治极化对美国外交决策的影响，我们可以理解政党政治结构对美国对外政策的建构方式以及当前美国对外政策中诸多重要特点形成的原因。

与此同时，我们也应看到，虽然俄美两国在国内政治结构上存在差异，但两者对对外政策的影响却存在诸多相似之处。一是当前俄罗斯和美国的政治结构演变都在加强领导人个人在对外政策中所扮演的角色。二是国内政治结构的演变特点决定了俄罗斯和美国对外政策偏好上的变化。俄罗斯国内政治精英的更替极大影响了俄罗斯在气候政策上的立场。而美国政治极化过程中政党结构的变化则强化了美国在对外政策偏好上的不稳定性，共和党特朗普担任总统时期的美国对外政策与民主党拜登担任总统时期的对外政策存在很多根本性的差别。与此同时，处在政治极化过程中的美国两党对于很多具有重要意义的对外政策议题，如气候变化、同盟建构等方面均存在不同认知，这些偏好上的差别并非完全是由美国国家利益变化导致，反而很多是由国内政治结构变化导致的。

第一节　国内政治结构对俄罗斯气候政策的影响

一、问题的提出与俄罗斯气候政策的历史

随着世界进入百年未有之大变局，国际治理进程也愈发复杂多变。其中气候变化议题无疑已经成为大国开展多边合作和互动的重要平台。随着中国宣布2060年前实现碳中和、美国拜登政府重返《巴黎协定》以及2021年4月领导人气候峰会的召开，全球气候变化治理的制度建设以及多边合作又进入到了一个新的加速阶段。气候政策日渐成为世界各大国的施政重点以及重要的对外合作渠道。

俄罗斯作为当今国际体系中的重要大国以及《巴黎协定》的参与国，其气候政策一直是全球气候变化治理的重要组成部分。更为重要的是，作为国际能源供给体系中的支柱性力量，俄罗斯的化石能源开采与出口是影响全球气候变化进程的关键性因素之一。今天的俄罗斯作为世界第四大温室气体排放国，其排放总额超过欧洲所有主要国家的排放总和，人均温室气体排放量则居世界第三位。体系大国与排放大国双重身份的叠加使得俄罗斯成为了应对全球气候变化的重要相关责任方。

事实上，俄罗斯早在20世纪90年代就已经开始参与全球气候变化治理的进程。1994年俄罗斯签署了《联合国气候变化框架公约》。2004年11月俄罗斯又批准了《京都议定书》，并于之后开始参与《京都议定书》第一阶段的执行。在梅德韦杰夫担任俄罗斯总统期间，

第四章 政治结构与俄罗斯和美国的对外政策

俄罗斯对于应对气候变化问题一度表现出积极态度。2009年梅德韦杰夫签署了《俄罗斯联邦气候变化基本原则》，强调俄罗斯需要积极应对气候变化带来的挑战，突出气候政策的明确性与公开性，全面思考气候变化带来的损失与收益并为此制定预防性措施。①

但与此同时，多年来俄罗斯联邦政府在气候政策制定与实施上又往往体现出了一种矛盾乃至消极的态度。虽然俄罗斯于2004年签署了《京都议定书》，但主导俄罗斯联邦政府决策的大批官员一直对于气候变化问题持有怀疑态度。② 在2012年普京第三次担任俄罗斯总统后，俄罗斯联邦政府最终宣布退出《京都议定书》。在2015年《巴黎协定》产生之后，俄罗斯联邦政府也迟迟未参与其中。③

然而自2019年以来，俄罗斯的气候政策却开始出现了极为明显的转向态势。采取积极的气候政策成为俄罗斯联邦政府的重要战略选项。2019年9月俄罗斯联邦政府批准加入《巴黎协定》，2020年11月普京总统签署碳减排法令，要求俄罗斯联邦政府努力实现《巴黎协定》的目标，使俄罗斯2030年的温室气体排放量比1990年减少30%。在2021年的年度国情咨文中，普京面对俄罗斯两院议员又首次突出强调了气候变化给俄罗斯带来的影响，提出要使俄罗斯国内12个最大的工业中心碳排放减少20%，在未来30年内使俄罗斯累计温室气体排放量小于欧盟。俄罗斯负责能源事务的副总理诺瓦克在出席2021年盖达尔论坛时表示，俄罗斯联邦政府将在2021年批准气候变化战略，并在各经济领域实施节能规划。

2022年俄乌冲突爆发后，俄罗斯对欧洲的能源出口受到极大影

---

① "Климатическая доктрина Российской Федерации," МИД России, 17.12.2009, https://www.mid.ru/ru/foreign_policy/official_documents/1672298/.

② Georgy Safonov, "Back to the Future? Russia's Climate Policy Evolution, Center for Strategic & Interntional Studies," March 1, 2021, https://www.researchgate.net/publication/353665655_Back_to_the_Future_Russia's_Climate_Policy_Evolution.

③ "Выступление на саммите по вопросам климата," Кремль, 22.04.2021, http://www.kremlin.ru/events/president/news/65425.

响，世界能源价格居高不下，世界能源格局进入加速转型阶段。面对这一问题，俄罗斯力图通过改善能源出口结构和开拓新能源来加以应对。而俄罗斯的气候变化政策将对未来俄罗斯能源发展以及世界能源市场构成重大影响。

对于俄罗斯气候政策演进与改变的原因，既往研究给予的解释可大体分为两种路径：一种是理性主义，另一种是人格主义。理性主义强调俄罗斯在制定气候政策时与世界其他主要国家一样，遵循的是核算成本—收益的理性行为模式。其中一种观点指出，由于传统的化石能源产业在俄罗斯经济发展和国家财政预算中所扮演的重要作用，俄罗斯常常无意推进更加积极的气候政策。因为严格的减排限制往往意味着会损害以能源生产出口为主要动力的俄罗斯经济。同时，也有另一种观点指出，随着气候变暖加速带来的北极融冰以及冻土地带自然资源开采难度降低，俄罗斯的消极气候政策的目的在于成为全球气候变化的受益者。这两种理性主义的视角都指出俄罗斯消极对待气候问题是符合理性主义的政策选择。

而人格主义则认为俄罗斯的气候政策变化极度依靠俄罗斯最高领导人的人格特质。由于俄罗斯总统在俄罗斯对外政策中所拥有的独一无二的权力，因此俄罗斯的气候变化政策与俄罗斯总统的人格特质息息相关。梅德韦杰夫时期，俄罗斯对于气候变化问题的积极态度主要源自梅德韦杰夫本人对于这一问题的高度重视。而普京作为持有保守主义立场的俄罗斯政治家则对气候变化议题兴趣不大。两者的差别是影响俄罗斯气候政策的根本原因。

与之前的研究观点不同，此处将提供解释俄罗斯气候政策转向的第三种逻辑——国内政治。研究表明，俄罗斯总统、政治精英集团以及能源工业集团是塑造俄罗斯气候政策的三个关键国内政治要素，这三个要素分别通过观念、制度和收益三种路径影响了俄罗斯的气候政策决策，最终造成了俄罗斯气候政策的转向。

二、俄罗斯气候政策形成的解释

作为全球治理的关键性议题，气候变化合作是 21 世纪大国多边

第四章　政治结构与俄罗斯和美国的对外政策

互动的重要平台。然而由于气候和环境所具有的公共产品属性以及国际关系中的无政府状态，气候变化合作的基础和动力来源则主要是各国所实施的，以主权国家为依托，由政府主导制定的气候政策。因此，21世纪的气候政策一方面是国际关系中各国互动的平台和工具，是对外政策的重要组成，但另一方面其又具备极其强烈的国内政治属性，其施动者主要是主权国家的国内政府，因此其政策变化的关键推动者也必然是国内政治的主要行为体。

国际气候变化合作的发展进程也充分体现了气候政策的这一独特性质。国际气候变化合作的起点和基础框架是1992年签署的《联合国气候变化框架公约》。该公约的核心条款一方面规定各国均有义务限制温室气体排放，使其"浓度稳定在防止气候系统受到危险的人为干扰的水平上"，但同时也突出强调"共同但有区别的责任"原则、公平原则、各自能力原则和可持续发展原则，承认"发展中国家有消除贫困、发展经济的优先需要"，而发达国家需要向发展中国家提供资金和技术支持。① 这表明国际气候变化合作在一开始就突出了气候变化的国内政治特点，而各缔约国也极为重视气候政策对本国社会经济发展的影响。

在之后的《京都议定书》和《巴黎协定》中，这一特点被进一步突出体现出来。《京都议定书》继续强调"普遍但有所区分的责任"，强调发达国家是温室气体的主要排放国，而发展中国家的排放控制应当与其发展水平相适应。中国和印度等发展中国家虽然签署了《京都议定书》，但均不受该议定书所规定的温室气体排放限制。② 《巴黎协定》虽然将中国等发展中国家包含了进来，但其运行则主要依赖以"国家自主贡献"为核心的"自下而上"模式，形成了"自主承诺促进全面参与、以进展透明促进互信互鉴、以定期盘点促进渐

---

① 《联合国气候变化框架公约》，联合国，1992年1月1日，https://unfccc.int/sites/default/files/convchin.pdf。

② United Nations Climate Change, "Text of Tokyo Protocol," March 17, 2020, https://unfccc.int/resource/docs/convkp/kpeng.pdf.

进渐强的全球气候治理体系"。①

俄罗斯作为《联合国气候变化框架公约》《京都议定书》和《巴黎协定》的缔约国，是全球气候变化合作的重要参与方。在分析俄罗斯气候政策的演变逻辑方面，既有研究却更多地将其决策过程视为黑箱模式，而主要从理性主义和人格主义的视角出发，强调客观因素和个人因素对于俄罗斯气候政策的形成的影响。

理性主义是最为普遍的分析俄罗斯气候政策的理论范式。其分析的出发点在于承认俄罗斯与所有国家一样，都是国际关系中的理性行为体。其气候变化政策也和其他对外政策一样，是俄罗斯联邦政府经过成本—收益核算的产物。莫斯科高等经济大学的著名学者谢尔盖·卡拉甘诺夫和气候政策专家伊戈尔·马卡洛夫认为，俄罗斯长期处于气候变化治理的边缘地位源于其在世界经济格局中的位置以及自身对于传统能源行业的依赖。21世纪以来，尤其是近年来，俄罗斯对于气候问题愈发重视则源于俄罗斯联邦政府认识到了自身所具有的参与气候变化问题的巨大潜力，并将其视为提高俄罗斯国际地位的重要手段。②俄罗斯财政部财政研究院的雅科夫列夫等学者则认为俄罗斯的气候政策变化主要是受到外部环境的影响，俄罗斯一直在根据外部世界的变化适时地调整其气候政策，并已经成为了全球气候治理的重要参与者。俄罗斯未来气候的政策应当更加重视与社会经济发展计划和全球环境治理趋势相适应。③

与俄罗斯学者相比，更多的西方学者试图通过人格特质的视角分析俄罗斯政治体制中的人格因素对于俄罗斯气候变化政策的影响。芬

---

① 李慧明：《全球气候治理的"行动转向"与中国的战略选择》，《国际观察》2020年第3期，第67页。

② Сергей Караганов, Игорь Макаров, "Поворот к природе: новая экологическая политика России в условиях зелной трансформации мировой экономики и политики," Москва: Международные отношения, 2021, стр. 15.

③ Игорь Яковлев, Людмила Кабир, Светлана Никулина, "Климатическая политика Российской Федерации: международное сотрудничество и национальный подход," Финансовый журнал, 2020, No. 4, стр. 26.

兰学者威利·廷屈宁在考察普京总统第三任期内的俄罗斯气候政策时认为，2012—2018年俄罗斯气候政策走向停滞甚至趋于保守的主要原因在于国内治理方面的威权主义上升以及俄罗斯政治领导人对于俄能源大国地位的关注；尤其是化石能源工业对当代俄罗斯大国地位的支撑作用。① 而美国学者安娜·科尔伯则利用否决者理论分析了俄罗斯签署、批准和退出《京都议定书》的决策过程，并认为俄罗斯总统是对俄气候政策有着极重要影响的唯一"否决者"，其他政治机构和个人在这一过程中则发挥着极为次要的作用。② 此外，也有学者认为随着俄罗斯战略决策过程的日趋人格化，能够影响俄罗斯气候政策的政权外行为体越来越少。尤其是非政府组织和公众讨论参与的弱化使得俄罗斯联邦政府的气候政策更容易受到大型国有能源公司的影响，从而加剧了当前俄罗斯气候政策的保守化。③

基于对相关问题以往的学术研究文献的梳理可以看出，当前国内外学界对于俄罗斯气候政策转向的研究或完全忽视俄罗斯的国内政治，将俄罗斯国内层次中影响气候政策的各个关键要素视为利益完全一致、行为逻辑基本相似的理性行为体；或在国内政治中突出强调俄罗斯联邦政府最高领导人的个人作用，边缘化其他决策参与主体。

实际上，俄罗斯气候政策的内部决策同样存在着明显的博弈过程。根据海伦·米尔纳对于国内政治与国际合作的关系研究，影响国内政治行为体对于合作需求的最重要因素是偏好差异。④ 因此，本节

---

① Veli-Pekka Tynkkynen, Nina Tynkkynen, "Climate Denial Revisited: (Re)contextualizing Russian Public Discourse on Climate Change during Putin 2.0," Europe-Asia Studies, Vol. 70, No. 7, 2018, pp. 1103–1120.

② Anna Korppoo, "Who is Driving Russian Climate Policy? Applying and Adjusting Veto Players Theory to a Non-Democracy," International Environmental Agreements, 2016, p. 649.

③ Nina Tynkkynen, "A Great Ecological Power in Global Climate Policy? Framing Climate Change as a Policy Problem in Russian Public Discussion," Environmental Politics, Vol. 19, No. 2, 2010, p. 180.

④ Helen Milner, "Interests, Institutions and Information: Domestic Politics and International Relations," Cambridge: Princeton University Press, 1997, p. 35.

将试图构建一种能够对俄罗斯气候政策转向提供有力解释的国内政治分析框架，从而阐述气候变化议题如何通过影响国内政治行为体的不同偏好进而塑造气候政策，使得俄罗斯自2019年以来转而采取积极的气候政策参与到国际气候合作中来。

三、国内政治结构对俄罗斯气候政策的影响路径

在今天的国际关系研究中，国内政治更多作为一种干预变量存在。其核心作用在于接收体系刺激，并将体系刺激通过国内政治要素进行过滤而最终形成具体的对外政策。[①]

气候变化作为国际关系研究中的一个较新的议题，现有的研究一般认为对于一国气候政策有着关键影响的国内政治要素由以下五个构成：领导人个人、政治精英集团、政党政治、能源工业集团、公共舆论。但由于各国政体与政治制度的不同，国内政治变量的作用也会在不同国家的气候政策上有所差别。例如，美国所具有的总统制加两党制的政治结构，使得总统的个人因素和政党偏好在美国气候政策的制定过程中起着关键作用。拜登个人对于气候问题的重视以及民主党在气候变化问题上的积极态度使得拜登政府将应对气候变化视为美国最迫切的任务和优先政策方向。与此相比，特朗普对气候变化议题的消极态度乃至共和党对气候变化的怀疑态度使得特朗普政府治下的美国对参与气候治理的态度相当负面。而从政党政治的层面来看，政治极化，即美国国内民主、共和两党对于气候变化议题的巨大差别则已经成为影响美国参与全球气候治理的重要变量。

与美国相比，政党政治对于俄罗斯气候政策的影响比较微弱。这主要是由于俄罗斯国内政治体系所具有的"超级总统制"以及"政权党"特征使得政党难以在如气候变化等新兴议题领域占据关键主导地位。无论是组成中右翼力量的统一俄罗斯党和自由民主党，还是组成中左翼力量的俄罗斯共产党和公正俄罗斯党，均未在其党章和竞选

[①] Eliaz Gotz, "Neoclassical Realist Theories, Intervening Variables, and Paradigmatic Boundaries," Foreign Policy Analysis, Vol. 15, No. 1, 2021, p. 3.

纲领中提出鲜明的气候政策主张。而曾提出过关注气候议题的亲西方政党"亚博卢"和地区性政党"俄罗斯绿色联盟"则长期处于国家杜马体系之外,这也使得气候问题在俄罗斯政党政治的讨论中一直处于边缘地带。

公共舆论在俄罗斯气候政策中的角色则比较矛盾。从俄罗斯的民意调查结果来看,只有不到一半的民众认为气候变化是对俄罗斯的"主要威胁",而认为气候变化对俄罗斯只有"很小威胁"或"没有威胁"的比例则高达51%。[1] 此外,根据全俄舆论中心的调查,虽然部分俄罗斯民众承认气候变化正在某种程度上影响他们的生活,但是认为气候变化与人类活动无关的人数比例则在近年来不断攀升,认为气候变化对于俄罗斯是"战略机遇"的人数比例也从18%上升到了27%。[2] 因此,与西方国家不同,公共舆论在推动俄罗斯出台更积极的气候政策的过程中所起到的作用也是比较有限的。

与政党政治和公共舆论相比,领导人个人、政治精英集团以及能源工业集团则是影响俄罗斯气候政策的关键要素,在俄罗斯气候政策的制定与实施过程中起到了不可替代的作用。

俄罗斯国内政治所具有的"超级总统制"的特征,使得总统成为俄罗斯内外政策决策的核心人物。也因此,俄罗斯总统的个人政策偏好与战略观念会在极大程度上影响俄罗斯对外政策的走向。而在涉及气候变化问题上,俄罗斯总统的这一独特地位则主要体现在以下两个方面。首先,最为重要的是,总统的个人观念决定了俄罗斯对于气候问题的基本态度。由于俄罗斯对外政策决策基本上是一个自上而下的过程,因此俄罗斯总统往往是很多关键政策倡议的发起者和提出者。其次,俄罗斯总统对于政治议程的强大掌控能力能够加快推进俄罗斯气候政策立法的进程。以统一俄罗斯党为代表的俄罗斯"政权党"是

---

[1] Pew Research Center, "How People Worldwide View Climate Change," April 18, 2019, https://www.pewresearch.org/fact-tank/2019/04/18/a-look-at-how-people-around-the-world-view-climate-change/.

[2] Russian Public Opinion Research Center, "Representative Opinion Poll," June 12, 2016, https://wciom.com/index.php?id=61&uid=1433.

俄罗斯总统推行国内立法和国内治理的重要手段。统一俄罗斯党在俄国家杜马和联邦委员会中长期占据多数席位，使得总统的个人意志能够在立法实践中得到快速执行。

政治精英集团也是影响俄罗斯气候政策的重要国内政治行为体。俄罗斯的政治精英集团主要由身处国家中央官僚机构的中央政治精英和身处各联邦主体领导岗位的地方政治精英组成。这一政治行为体对于俄罗斯气候政策的主要影响途径是通过其传导功能将最高领导人的政治意志转变为专业性政策文件并加以实施。① 一般来说，中央和地方政治精英的有效协作能够使得俄罗斯内外政策的施行更有效率，提升俄罗斯国内的治理水平。而这也是普京政府近年来的重要政治改革目标，即提高联邦政府与地方政府的有效互动，改善俄罗斯国内治理中的"脱节"现象。

另一个影响俄罗斯气候政策的关键国内政治行为体是以俄罗斯天然气工业公司和俄罗斯石油公司为主体的俄罗斯能源工业集团。作为俄罗斯国内政治中最有影响力的利益集团，俄罗斯能源工业集团对于俄气候政策的制定具有极为强大的话语权。造成这一特点的原因主要有三个方面。一是俄罗斯能源工业集团是俄罗斯经济发展的支柱。迄今为止，当前俄罗斯国家预算的46%是由能源产业创造的。能源产业的发展对于俄罗斯的经济稳定具有至关重要的作用。二是俄罗斯能源工业集团是受气候政策影响最为明显的生产部门，对于俄罗斯气候政策的变化也最为敏感。② 因此，俄罗斯联邦政府在制定气候政策时十分注重对能源领域的保护。在2019年出台的《2035年前俄罗斯的能源战略》中，气候问题的加剧以及新能源的发展被列为俄罗斯能源产业发展的"重大挑战"。三是俄罗斯能源工业集团的能源开采作业以及能源利用率长期处于低位是造成俄罗斯国内温室气体排放居高不下

---

① 徐博、威廉·瑞辛格：《国际关系角色理论视角下俄罗斯对中国能源外交决策探析》，《东北亚论坛》2019年第4期，第103页。

② Bobo Lo, "The Adaptation Game – Russia and Climate Change," IFRI Russia/Nis Center, 2021 – 2023, p. 15.

的重要原因。相关统计表明，俄罗斯温室气体排放总额的79%产自于能源行业。因此，俄罗斯联邦政府的气候政策施行最关键步骤之一就是要提高俄罗斯能源工业集团的能源开采与使用效率。而这对于俄罗斯联邦政府和国有能源企业来说都需要巨大的资源以及技术投入。

当前俄罗斯能源工业集团影响俄罗斯气候政策制定的途径主要有两种。一是通过自身独特的国内政治影响力来影响俄罗斯的气候政策偏好。近年来，俄罗斯的一些能源企业开始逐步出台应对气候变化的发展战略。2019年鞑靼石油公司成为俄罗斯国内第一家宣布到2050年实现碳中和的能源企业。此后俄罗斯的其他能源企业相继出台战略规划应对气候议题。俄罗斯能源企业的这一系列规划为俄罗斯气候政策转向奠定了基础。但俄罗斯能源工业集团为维护自身利益也在利用强大的游说能力说服政府不要过快推行积极的气候政策，尤其是新能源政策。2019年俄罗斯联邦政府本应推行的排放配额和碳定价法案正是由于俄罗斯能源工业集团的强大游说而未能全面实施。二是通过国际能源合作来强化俄罗斯的气候政策国际对接。作为世界能源体系中的最重要能源供给国，对外能源产品出口是俄罗斯企业和政府创汇的最主要手段。俄罗斯出口收入的65%由能源产品创造。因此，世界各国的能源政策与气候政策的变化也会通过影响俄罗斯能源行业的出口进而影响俄罗斯政府的气候政策规划与实施。其中欧洲作为俄罗斯能源出口的最大市场，其近年来不断推广的清洁能源使用和愈发严格的气候政策已经造成了俄罗斯对欧能源出口的停滞。而东北亚国家作为俄罗斯能源出口的新兴市场，也随着各国对于环境问题的日益重视而面临更多的气候政策挑战。因此在《2035年前俄罗斯的能源战略》中，俄罗斯联邦政府在应对气候变化问题时提出要积极参与制定国际环境和气候相关立法，并使俄罗斯的气候立法与国际环境问题的发展相一致。

总体而言，在当前俄罗斯国内政治结构中，政党政治与公共舆论对气候政策的影响处于弱势的地位。而领导人个人、政治精英集团和俄罗斯能源工业集团则具有更为强大和持续的影响力。然而这三者影响俄罗斯气候政策的方式却并不相同：领导人个人主要通过其领导力以及执政理念等观念路径；政治精英集团主要通过政策规划与制定等制度路径；作为俄罗斯国内政治中最重要的利益集团，俄罗斯能源工业集团则主要通过自身的工业和商业活动。这三者在影响路径上的不同决定了其在俄罗斯气候政策转向中所扮演的角色也并不相同。而三者的共同作用是最终塑造俄罗斯联邦政府气候政策转向的重要基础。

四、国内政治结构对俄罗斯气候政策转向的影响

近年来，俄罗斯在气候变化合作领域变得日益积极和活跃。以2019年批准《巴黎协定》为起点，俄罗斯联邦政府在2020年和2021年密集出台包括《国家适应气候变化第一阶段行动计划》和《俄罗斯联邦关于减少温室气体排放的总统令》等一系列相关国内法规法令，2021年普京更是在国情咨文中首次谈到气候变化给俄罗斯带来的系统性风险。此次俄罗斯气候政策的转向一方面是受到了体系刺激，即全球治理过程中各国对于气候问题日渐升温的影响。但更为重要的是，体系刺激分别通过观念、制度和收益三个路径影响了领导人个人、政治精英集团以及俄罗斯能源工业集团三个关键的国内政治变量，从而加速了俄罗斯气候政策的转向过程。

（一）俄罗斯总统

无论是在俄罗斯宪法还是俄罗斯政治的实际运行中，俄罗斯总统在俄罗斯外交政策制定过程中的地位都是独一无二的。而气候政策作为俄罗斯对外政策的一部分，其最重要的推动力量无疑也来自俄罗斯总统。而正如新古典现实主义强调的那样，领导人意象，即观念无疑是影响俄罗斯总统决策的关键要素。

2012年第三次担任俄罗斯国家总统以来，普京在国际和国内领域的施政理念被称之为"普京主义"。俄罗斯联邦政府核心智囊苏尔科夫在2019年发表的《长久的普京之国》一文中明确提出"普京主义"代表着百年俄罗斯生存和发展的模式，是现今俄罗斯参与国内和国际治理的根本性观念。[①] 而构成"普京主义"逻辑内核的关键要

---

① Владислав Сурков, "Долгое государство Путина," Независимая, 11.02.2019, https://www.ng.ru/ideas/2019-02-11/5_7503_surkov.html.

素，一是"保守主义"，二是"强国主义"。① 这两者构成了普京总统实施内外政策的最基本观念框架。而气候变化议题也是通过这两者的影响塑造了普京总统的气候政策观念。

首先，保守主义是普京实施国内治理的主要思想根源。普京的"保守主义"天然地带有一定的"反西方"特征，即不承认西方思想和发展道路的"普世性"。也因此，面对西方国家，尤其是西欧和美国不断加强的气候立法与政策，俄罗斯领导人将其视为具有"歧视性"特征的对外政策，意在扩大西方的经济优势并限制新兴市场国家的发展。② 面对这一趋势，出于维护俄罗斯发展环境和地位的考虑，普京总统认为必须加强俄罗斯在气候变化领域的行动。这成为普京总统对气候问题愈发关注的最重要原因。③

其次，"强国主义"所提出的建立"强大的俄罗斯"的观念也促使普京总统近年来不断加强对气候政策的考量。"强国主义"认为历史进程和地缘政治决定了俄罗斯必须成为国际体系中的核心大国，在国际关系中发挥独一无二的作用。而气候变化带来的问题正成为俄罗斯建立强大国家的阻碍。根据俄罗斯官方的统计，21世纪以来，俄罗斯平均每10年气温上升0.47摄氏度，是世界平均气温上升值的2.5倍。根据经济学家的估计，俄罗斯每年因气候变化造成的经济损失可达23亿美元。而到2030年，这一损失甚至可以到达俄罗斯GDP的1%—2%。④ 这一严峻的形势迫使普京总统必须将解决气候问题作为推动俄罗斯发展的重要目标。2020年7月普京签署的《2030年

---

① Michael McFaul, "Putin, Putinism, and the Domestic Determinants of Russian Foreign Policy," International Security, Vol. 45, No. 2, pp. 95 – 96.

② Сергей Караганов, Игорь Макаров, "Поворот к природе: новая экологическая политика России в условиях зеленой трансформации мировой экономики и политики," Москва: Международные отношения, 2021, стр. 8.

③ Игорь Яковлев, Людмила Кабир, Светлана Никулина, "Климатическая политика Российской Федерации: международное сотрудничество и национальный подход," Финансовый журнал, 2020, №. 4, стр. 26.

④ "Второе заседание саммита 《Группы двадцатки》," Президент России, http://www.kremlin.ru/events/president/news/67044.

前俄罗斯国家发展目标》中首次将应对国内气候和环境变化列为俄罗斯联邦政府最为重要的方向之一，正是俄罗斯领导人这种治理观念的反映。

因此，可以发现，气候变化正是通过观念路径，在其传播的过程中与当今俄罗斯总统最为重要的治理理念——保守主义和强国主义相结合，最终在领导人意象层面实现了体系刺激对国内政治的影响，推动了俄罗斯总统对气候问题的关注以及俄罗斯本土气候政策的出台。

（二）俄罗斯政治精英集团

俄罗斯政治精英集团作为影响俄罗斯气候政策制定与具体实施的重要传导力量，其推动俄罗斯气候政策的转向更多地是通过制度路径加以实现的。就中央政治精英集团而言，这一制度路径主要是通过精英换代来实现的。而就地方政治精英集团而言，这一制度路径则主要是通过议题转化来实现的。

中央政治精英的推陈出新是普京总统连任以来最为关注的问题。因为这将涉及俄国内治理理念，政治团结乃至未来可能的总统接班人等一系列关键性的问题。2016年以来，为了进一步贯彻"普京主义"的治理理念，同时也为加强俄罗斯政治制度的活力，21世纪初期与普京一起走上政治舞台的执政精英开始逐渐被更年轻的官员所取代。俄罗斯专家普遍认同此次俄罗斯中央政治精英的变化并非是单纯的人事变动，而更接近于一种"代际更替"。[①] 而此次代际更替的最突出特点就是技术型官僚比重的增加。这一集团的出现和扩大是普京政府争取社会支持、调节社会矛盾的重要手段。

以技术官僚为主体的新一代的俄罗斯政治精英更加重视气候变化等新兴议题。俄罗斯第一副总理别洛乌索夫曾提出俄罗斯应该在3到4年内改变经济增长模式，采取应对气候变化等措施克服俄罗斯经济增长中的结构性缺陷，寻找新的经济增长点。2021年6月2日，俄罗

---

① 庞大鹏：《俄罗斯的发展道路：国内政治与国际社会》，社会科学文献出版社2021年版，第106页。

斯副总理阿布拉姆琴科明确提出俄罗斯远东地区最大的油气生产基地——萨哈林岛将在2025年实现碳中和，这将是俄罗斯第一个实现碳中和的联邦主体。之后俄罗斯联邦政府还计划在加里宁格勒州等其他地区逐渐实现碳中和。① 在俄罗斯国内1/3以上的成年人和近半数的城市居民进入中产阶级范畴的背景下，新一代技术官僚在环境以及气候变化问题上的积极态度实际上也符合普京政府力图增加政治活力，形成有效纠错机制，避免可能的社会动荡的制度设计初衷。

与中央政治精英不同，地方政治精英对于气候政策态度的转变则主要源于地方治理中的议题转化。随着俄罗斯中产阶级登上政治舞台和公民意识的觉醒，气候和环境问题正日益成为影响俄罗斯地方政治运行的重要因素。近年来，俄罗斯地方一级的气候—环境示威活动不断涌现，诸如森林火灾等影响地方经济发展的气候问题也层出不穷。仅2019年一年就在俄罗斯的阿尔汉格尔斯克以及叶卡捷琳堡等多个城市爆发了大规模针对环境问题的民众抗议活动。② 2020年的诺里尔斯克柴油泄漏事故更是迫使普京总统宣布俄罗斯进入紧急状态。尤其值得注意的是，气候问题在俄罗斯具有较大影响的地区一般都是远离莫斯科的偏远边疆区域。受此影响，这些地区所具有"离心性"，往往可以使地方政治精英通过批评中央的环境政策而在议会选举时获得民众的支持。这一点已经在2018年俄罗斯地区选举中获得了验证，一批对中央治理方式持批评态度的地方政治精英通过选举上台。地区环境与气候问题的突出改变了地方政治精英的政策偏好，使得气候和环境问题已经开始成为俄罗斯各级地方政府与议会中的热点议题。③

---

① "Абрамченко: Сахалин стал пилотным регионом проекта по торговле углеродными единицами," TASS, 12.01.2021, https://tass.ru/ekonomika/10438877.

② Center for Strategic and International Studies, "Climate Change Will Reshape Russia," March 2, 2019, https://www.csis.org/analysis/climate-change-will-reshape-russia.

③ Сергей Караганов, Игорь Макаров, "Поворот к природе: новая экологическая политика России в условиях зеленой трансформации мировой экономики и политики," Москва: Международные отношения, 2021, стр. 41.

而议题的变化则促使地方政治精英对气候政策的敏感度快速升高。

(三) 俄罗斯能源工业集团

与俄罗斯总统和政治精英集团不同，推动俄罗斯能源工业集团影响俄罗斯气候政策转向的关键路径在于收益，即传统意义上的理性选择。其基本的逻辑在于：随着世界各主要能源消费地区纷纷出台应对气候变化和使用绿色能源的发展战略与规划，俄罗斯能源工业的传统巨头，即以俄罗斯石油公司和俄罗斯天然气工业公司为代表的大型国有能源公司正面临着越来越严峻的能源出口成本上升与能源市场加速转型问题。

首先，俄罗斯能源出口的传统重点地区——欧洲市场。欧盟作为应对气候变化最积极的行动者之一，于2019年正式出台了《欧洲绿色倡议》，提出到2050年实现温室气体零排放，并宣布未来要投入1万亿欧元来发展可再生能源、电力运输、绿色建筑等领域。该倡议还提出欧盟将在2021年建立碳边界调整机制，并设立碳关税。这将全面提高俄罗斯的能源出口成本。随着2022年俄乌冲突的爆发，俄罗斯在欧洲的能源出口市场急剧萎缩，对于能源转型的需求也日益紧迫，这促使俄罗斯的能源企业开始积极寻求能源转型和新能源开发。石化企业西布尔公司第一个宣布将实施可持续发展战略，采取措施减少二氧化碳排放，并对化工厂进行改造。俄罗斯石油公司也采取措施削减自身开采作业造成的温室气体排放，提高伴生气的利用率并减少原料燃烧量。

其次，亚太地区国家作为俄罗斯化石能源的新兴市场，也在加快气候政策的制定与实施。作为俄罗斯在亚洲地区的最重要能源出口市场，中国宣布将在2060年实现碳中和。这将进一步加剧俄罗斯能源工业集团在出口方面的压力。此外，日本和韩国也提出了应对气候变化的发展目标。为了应对新兴市场的变化，俄罗斯能源企业正在通过加快氢能和核能的研发与出口来应对亚太国家对于清洁能源日益增长的需求。2021年5月在田湾核电站和徐大堡核电站的开工仪式上，普京总统就强调俄罗斯与中国的能源合作将助力应对全球气候变化，实现碳中和。

正是由于世界主要能源市场越来越严格的能源政策造成的俄罗斯能源企业商业运行成本上升收益下降才最终推动俄罗斯能源工业集团逐渐改变了面对气候问题的消极态度，并通过其强大的游说能力推动俄罗斯联邦政府出台积极的气候政策，一方面维护俄罗斯能源企业的收入，另一方面保护俄罗斯在全球能源市场的优势地位。

由此可见，不同于之前对俄罗斯气候政策研究简单将俄罗斯联邦政府视为一个利益完全一致的单一行为体，或完全将俄罗斯气候政策变化归因于政治领导的研究路径，本书认为近年来的俄罗斯气候政策变化是多个变量共同作用的结果。其中国际气候变化议题重要性的不断上升是自变量，而真正塑造俄罗斯气候政策转向与实施的则是作为中介变量的俄罗斯国内政治。而在这其中，俄罗斯总统、政治精英集团以及俄罗斯能源工业集团则是最重要的影响要素。随着俄乌冲突的不断发展，俄罗斯国内政治的演变将加速，这在未来也将对俄罗斯的气候政策产生深远影响。

第二节　国内政治极化对美国对外政策的影响

政治极化是 21 世纪以来美国国内政治的重要特点，同时也是影响美国政党关系的主要因素之一。政治极化作为当今美国国内最显著的政治现象，其对国内政策的影响体现在诸多方面，如医疗改革等。随着政治极化程度的不断加深，其影响范围也在不断扩大，影响了美国的双边、多边等外交关系和外交决策。本节将以政治极化为出发点，探讨政治极化如何影响美国对外政策走向。

早期的美国政治极化现象主要体现在两党之间。两党为维护各自党派的利益而对立，但因当时两党中的温和派居多，所以政治极化现象并不十分明显。但随着两党温和派人数的不断减少，两党的极化现象变得越发明显，逐渐出现就某一议题的提案两党分歧显著且僵持不下的局面。随着极化现象的不断加剧，两党的对立出现了不是为各自所在党派的利益，而是单纯"为了反对对方党派而反对"的局面。随着影响政治极化现象的因素不断增多,政治极化影响的范围也在不断扩大,本节认为政治极化不仅体现在两党之间,还体现在精英、民众、政党内部等多个方面。

本节主要从历史成因、形成解释、影响路径三个层面分析政治极化与美国对外政策之间的关系。重点探讨政治极化的概念,梳理美国政治极化的历史发展,分析美国政治极化产生的历史原因并且探讨当代美国政治极化的发展状况。此外,从政党政治的僵化、选民结构和政治议题的变化、贫富分化的加剧、国际地位的变化这四个层面对美国政治极化产生的原因进行分析。从政党政治、总统—国会关系、精英—民众关系三个层面来分析政治极化对美国对外政策的影响路径。最后,对政治极化在美国外交决策中的影响进行分析,重点分析美国国内在外交层面的变化。

一、问题的提出与美国政治极化的历史

"政治极化"一词最早出现在19世纪60年代,是美国国内政治特有的一种政治现象。近些年,受国内、国际等综合因素的影响,美国国内政治极化现象越发严重,"政治极化"一词也越来越频繁地出现在人们的视野中。政治极化虽是一种政治现象,但何种现象可以称之为极化?政治极化的具体概念界定是什么?学界对此有多种看法,我们对现有的政治极化概念进行整合,更加详细、精确地定义了何为政治极化,同时对美国政治极化的历史发展历程进行系统的回顾。

政治极化是美国国内特有的一种政治现象,对美国国内的多个领域都产生了巨大的影响,是美国国内政治最显著的特征之一。政治极化现象虽存在已久,但目前对于政治极化的具体概念各界学者并没有明确、统一的定义。

通俗意义上讲,政治极化是指美国国内存在的一种政治现象,即两党制使得美国两大党派——民主党和共和党——利益关系对立,各党派为了维护自身党派的利益而愈发的对立,两党的异质化使得两党就某一提案进行表决时,时常会出现为了"反对对方党派而反对"的对立局面。与此同时,共同的利益目标使得各党派内部人士的观点越

发一致，共识性也越来越强，党派内部越来越同质化。党派内部的同质化侧面说明了两党温和派的减少，极化现象越发明显。总的来说，把两党的异质化、两党内部的同质化以及中间温和派的减少这种政治现象称为政治极化，这种政治极化主要强调的是政党的极化以及两党就某一观点的极化。

政治极化概念界定的另一层含义是指政治精英和普通民众的极化。就精英的极化而言，两党利益关系的对立使得两党政治精英利益立场相对立，如在国会进行投票表决时，两党的政治精英为了各自所在党派的利益而反对对方党派的提案。这样的情况不断、反复出现，导致两党政治精英间的极化现象越发明显。因此，政治精英间存在政治极化现象。但对于普通民众之间是否存在极化现象，仍存有异议。政治精英的极化会间接影响民众的极化。政治精英通过多种形式将其意识形态、观点传递给选民，如在美国换届选举期间，两党政治精英通过公开演讲等方式向选民传递党派观点，吸引选民投票。选民由于其利益诉求不同，支持的党派也不同，这样的情况使得选民间也出现了极化现象。而红、蓝选区的划分使得支持共和党或民主党的选民越来越集中，选民间也出现了对立的情况，这对选举结果产生了一定的影响作用，但选民对立的情况是否达到极化的程度，大家观点不一。

综上，政治极化的定义可做如下表述：在一国的政治体制中，中间温和派的不断减少，使得意识形态等各方面相对立的两党的人数不断增多，两极分化的情况越发明显，这种情况被称为政治极化，主要表现为两党的极化、两党就某一观点的极化、政治精英的极化等。

19世纪60年代，美国两党之间第一次出现极化现象。这一时期美国"南方种植园经济与北方现代工业经济的极大矛盾、南方的蓄奴制与北方的废奴运动的相抵触，使得两党在经济问题和奴隶问题上产生了巨大分歧"。[①] 在经济方面，代表北方资产阶级利益的共和党认为，解决经济问题的关键在于保护国内原料和市场，扩大工业品的出

---

① 张立平：《美国政党与选举政治》，中国社会科学出版社2002年版，第24页。

口、提高关税、限制工业品的进口。而代表南方种植园主利益的民主党则认为：应把原料大批销往英国，同时从英国大量进口工业品，反对提高关税、限制工业品进口。对于奴隶制问题，共和党认为应废除奴隶制，增加市场的自由劳动力。民主党则认为应增加奴隶的数量并在西部扩展奴隶制。两党在经济问题和奴隶问题上的分歧为美国第一次政治极化埋下伏笔。《堪萨斯-内布拉斯加法案》的通过是第一次政治极化的导火索。选民对于这一法案的通过出现了巨大的争论：一部分选民主张维护奴隶制，另一部分选民则支持废奴派。两大阵营相对立，选民的投票热情空前高涨。主张废除奴隶制的共和党得到了北方选民的支持，在一年时间内由一个刚成立的小党迅速壮大成为国会的大党并在1860年大选中获胜。南方选民同样反应强烈，导致南部诸州从联邦分裂，内战爆发。此次政治极化"是美国历史上唯一的一个现存制度无法调和两党间极化分裂的时期"[1]，其带来的影响在美国国内持续了相当长的一段时间。

相较于第一次政治极化而言，19世纪末20世纪初的政治极化涉及的领域更为广泛，规模也更为宏大，是美国政治史上两党政治最为"极化"的时期。这一时期是美国由农业经济向工业经济转型的重要时期，两党围绕政府在工业化和城市化进程中的作用展开了激烈斗争。共和党主张维护工商业大资产阶级的利益，赞成发展工业，保护关税，维护城市利益；民主党则主张维护农场主和小城镇的利益，降低关税，保护农业。共和党的主张得到人口众多的东北部和中西部的支持，而南部和西部则支持民主党。[2] 这一时期美国两党内部的同质化被称为政党内聚力极强的政治极化，也有美国学者称此次极化为"进步运动"。此次极强的政党内部凝聚力主要体现在第55届国会投票表决中，此次投票表决参议院党派的投票率约为3/4，众议院的投

---

[1] 张业亮：《"极化"的美国政治：神话还是现实？》，《美国研究》2008年第3期，第9页。

[2] Nolan McCarty, Keith T. Poole and Howard Rosenthal, "Polarized America: The Dance of Ideology and Unequal Riches," Cambridge: MIT Press, 2006, p. 22.

票率约为 4/5。

美国历史上第三次政治极化出现在富兰克林·罗斯福时期。1929年资本主义经济危机的再次爆发对世界经济及政治制度都产生了巨大的影响。在此次经济危机中,共和党被人们视为富人和企业家的代表,民主党被视为穷人和工人阶级的代表,贫富的对立表明了两党利益的对立,利益对立的两党围绕如何缓解经济危机带来的消极影响以及政府在市场经济中应发挥什么作用等问题产生巨大分歧。共和党领导人胡佛主张采取减少政府开支、保持预算平衡等方式,然而这一系列主张非但没有缓解经济危机带来的影响,反而加重了这一局面,使得经济衰退转为经济萧条,选民对执政多年的共和党十分失望。在这样的形式下,民主党代表罗斯福成为了新一任美国总统。罗斯福上台后进行了大规模的改革,如整顿金融体系、复兴工业、给人民发放救济金等,保证了中低层民众的基本生活。罗斯福的行为虽遭到了共和党和民主党中保守派人士的反对,但却收获了在此次经济危机中落魄的城市居民、穷人和天主教徒等选民的支持,良好的选民基础使得罗斯福在1936年的总统换届选举中得以连任。罗斯福新政时期,两党利益分化、意识形态差距明显,同时也反映出选民的极化情况以及选民极化对于总统换届选举等重大事项的重要影响作用。

进入21世纪以来,美国政治极化出现了新的变化。主要体现在以下两个方面。

一是政党结构的变化。政治极化现象最突出的表现是政党的极化,政党的极化是政治极化最初的表现。随着时间的推移、国内国际环境的不断变化,政党极化的具体表现及其产生的影响也发生了变化。首先,在政党极化的当代发展变化中,两党内部越来越同质化。2018年10月6日,美国众议院投票表决通过布雷特·卡瓦诺为新一任的联邦最高法院大法官。在投票表决过程中,共和党参议员除一人弃权、一人缺席外全部投赞成票,民主党参议员除一人外全部投反对票。[1] 投票

---

[1] 金灿荣、汤祯滢:《从"参议院综合症"透视美国政党极化的成因》,《美国研究》2019年第2期,第147页。

结果呈明显的两极对立，两党内部越发同质化。无独有偶，2021年3月，国会就涉及控枪问题的《跨党派背景调查法》进行投票，该法案就无照售枪、网络售枪和私人枪支转让的背景调查做出规定，但对亲友间作为礼品馈赠的枪支转让等少数情形予以豁免，最终该法案以227票赞成、203票反对的微弱优势获得通过，投票过程中党派分野极其明显。① 其次，两党之间意识形态分歧不断加大，随着两党内部同质化的不断加强，两党之间的异质化程度也在不断加深。如关于是否应该加大科研经费投入，两党的意识形态分歧随着时间的推移出现了明显的变化。2001年有41%的民主党人和38%的共和党人支持增加联邦科学研究支出，党派意识差距为3%；而截至2019年，有62%的民主党人和40%的共和党人支持增加联邦科学研究支出，党派意识差距为22%。最后，两党温和派的减少。从布雷特·卡瓦诺当选联邦最高法院大法官的投票表决结果我们可以看出，两党内部的观点高度一致，两党温和派人数的不断减少，党派内部越发同质化。

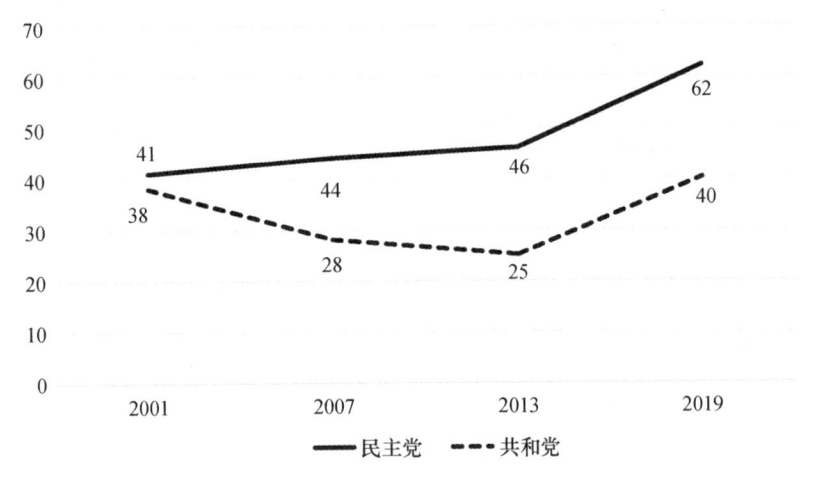

图4-1 民主党和共和党关于加大联邦科研经费投入分歧对比（单位：%）

数据来源：Cary Funk, "Democrats More Supportive than Republicans of Federal Spending for Scientific Research," Fact Tank, September 4, 2019, https：//pewrsr.ch/2HMME78。

---

① 《美国会众议院通过加强购枪背景调查法案》，新华网，2021年3月12日，http：//www.xinhuanet.com/world/2021-03/12/c_1127202518.htm。

第四章 政治结构与俄罗斯和美国的对外政策

综上，当代美国政治极化中政党政治的极化程度有所加深，主要原因是两党内部的同质化、两党间的异质化以及中间温和派人数的减少，三者之间相互推动加剧了政党极化。政治极化与政党极化之间相互作用，最终使得当代政治极化中政党间的矛盾越发激化。

二是政治议题的变化。随着当代政治极化程度的不断加强，其影响范围也在不断扩大，影响了美国国内多个领域，如政治、经济、文化等。在政治议题上，与政治极化相关联的议题越来越多样化，如医疗改革、枪支管理等，"政治极化"一词越来越频繁地出现在新闻媒体报道中，新闻媒介也成为了推动政治极化加剧的新的推手，以及推动着政治极化成为议题发展走向的重要影响要素。

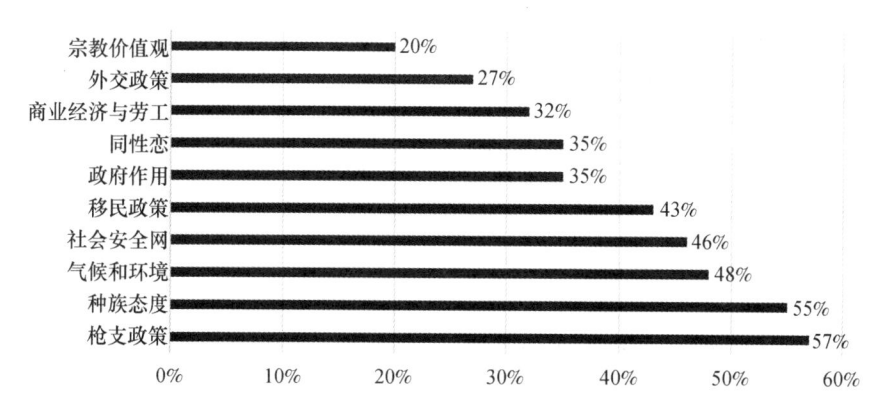

议题	占比
宗教价值观	20%
外交政策	27%
商业经济与劳工	32%
同性恋	35%
政府作用	35%
移民政策	43%
社会安全网	46%
气候和环境	48%
种族态度	55%
枪支政策	57%

图 4-2 民主党和共和党在国内和国际治理问题上的观点差异占比

数据来源：Pew Research Center, "Wide Partisan Gaps on Political Values across a Number of Areas, But the Largest Differences are on Guns and Race," December 17, 2019, https://www.pewresearch.org/politics/2019/12/17/in-a-politically-polarized-era-sharp-divides-in-both-partisan-coalitions/。

由图 4-2 可以看出，民主党和共和党在诸多议题上存有分歧，如种族态度、移民政策、外交政策等，两党间分歧差距平均下来约为 40%。其中，两党意识形态分歧最大的两个议题分别为枪支政策和种族态度。据统计，民主党和共和党存在意识形态分歧的议题有 30 余个，相比于以前，这种议题的多样性是前所未有的。由此可见，政治极化发展到现在，其议题选择也变得越发多样化。

就外交决策方面而言。政治极化虽是国内政治现象，但作为世界超级大国的美国，其国内政治的变动势必会对国际政治产生重要的影响。如共和党代表特朗普和民主党代表拜登在对外政策的选择、偏好上存在差异，因此拜登执政后推翻了特朗普时期的多项外交决策，如重返国际多边组织与机制、加强国际合作、重视盟友的作用、对待移民态度宽容等，这使得 2021 年拜登总统正式执政后，美国对外政策出现了显著的摇摆性特点，这不仅使美国对外政策具有极大的不稳定性，同时也对国际体系的发展造成了显著影响。

综上，美国政治极化的当代发展主要体现在议题方面，即国内政党议题的多样性和外交议题的多样性。在未来，受更多国际、国内等综合因素的影响，与政治极化相关的议题会持续增多。

二、美国政治极化形成的解释

随着政治极化影响范围的不断扩大，政治极化产生的原因也越来越多样化。通过对现阶段美国政治极化产生的原因进行整理和归纳，我们发现政党关系的僵化、选民结构的变化、贫富差距等因素导致了政治极化不断激化的局面。此外，随着国际环境的变化，一些新兴因素也推动着政治极化的产生。

政党政治是影响美国政治极化产生的最主要原因，该因素不仅影响程度深且作用时间久远。政党极化作为政治极化最集中的表现，与政治极化之间紧密联系、相互推动：政党关系的僵化导致了政治极化现象，政治极化现象随着政党关系的僵化程度而不断变化，即政党关系越僵化，政治极化现象越明显；而政治极化现象越明显，表明政党关系越僵化。因此，政治极化与政党极化之间既紧密联系又相互推动彼此发展。

政党政治的僵化主要表现为以下几点。首先，在国会立法中，绝大部分的民主党和绝大部分的共和党彼此相互反对，这一彼此反对的投票表决局面是美国政治极化最显著的表现，也是美国学者衡量美国国内政治是否出现极化现象以及政治极化程度的标准。如 19 世纪末 20 世纪初，在经历了资本主义经济危机后，美国进入罗斯福新政时期，国会两党的内聚力虽有所提高，但党派投票率并没有达到 19 世纪的水平。二战后至20世纪70年代，党派投票率日益下降。20世纪50年代至60年代中期，众议院党派投票率不到一半，20世纪60年代末至70年代初党派投票率又进一步下降。[①]

其次，表现在两党对各类议题的意识形态分歧中。根据皮尤研究中心调查结果显示，民主党与共和党在大多数重大议题上存在明显的意识形态分歧，党派观点对立明显。通过观察民主党和共和党在气候变化、种族主义、医疗负担能力等多项议题的支持情况可以发现：两党在多个议题中都存有较大分歧，其中气候变化、经济不平等和种族主义三个议题的分歧情况最为严重。就非法移民这一问题，23%的民主党人认为非法移民并不是一件十分严重的事情，但66%的共和党人认为非法移民事关重大，应给予高度重视。两党意见的不统一使得非法移民问题不能得到及时、妥善的处理，此类情况不断、反复发生，两党意识形态分歧越发严重，最终政党政治的僵化加剧了政治极化现象。

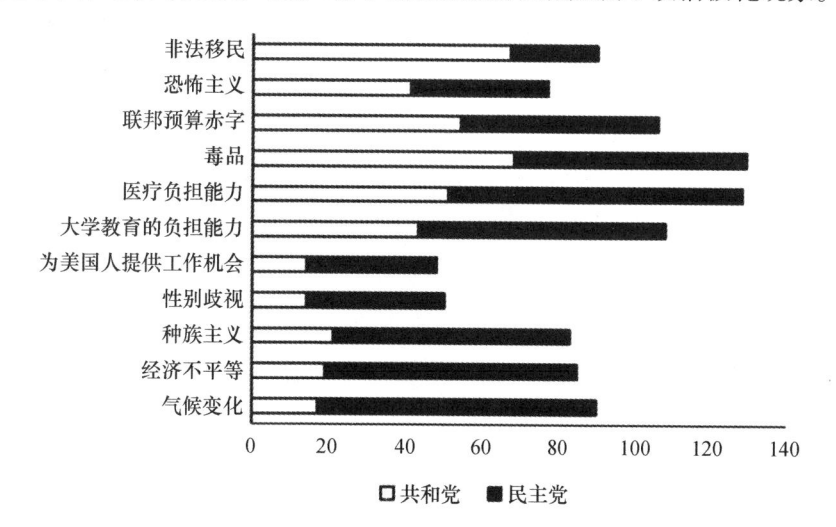

图4－3 民主党和共和党在重大议题上的分歧对比（单位:%）

数据来源：Pew Research Center, "Views of the Major Problems Facing the Country," December 17, 2019, https://www.people-press.org/2019/12/17/views-of-the-major-problems-facing-the-country/。

[①] 张业亮：《"极化"的美国政治：神话还是现实?》，《美国研究》2008 第3期，第9页。

最后，表现在两党内部意识形态同质化的增强。两党内部意识形态的增强代表着两党之间政治意识形态的分歧和对立越发严重。因此，政党内部同质化、政党之间异质化，最终导致政党僵化的局面，而政党的僵化也使得各党派内部观点越发一致，党派对立明显，最终加剧了政治极化现象。

选民结构的变化是美国政治极化产生的主要原因。美国作为一个多种族、多移民的国家，选民的流动对选举结果有着重要的影响作用。在总统换届选举中，两党为赢得选民支持而针锋相对，间接加剧了政治极化现象。因此，选民结构的变化对政治极化现象也起到了重要的推动作用。选民结构发生变化的原因主要有以下几点。

首先，美国国内产业结构的变化。在 20 世纪六七十年代，美国经历了从农业向工业转变这一过程，而此次转变的不只是美国的产业结构，从业人员的工作也发生了变化，一部分公民从农民变成了工人，这部分工人为配合工作需要，从农业生产的田间搬到了建有大厂房的工厂区域，大规模的人员流动使得各选区的选民成分发生了巨大的变化。经济重心的转移、选民职业的变化，使得原本稳定的红、蓝选区发生了改变，即各选区的选民结构发生了变化。红、蓝选区的范围需重新界定，选举结果也受到了影响。由此可见，产业结构的变化对选民结构的变化起到了重要的影响作用。

其次，由于南部的白人不满民主党的民权政策，因此转为支持共和党。到 20 世纪 90 年代，南部已成为共和党的选举基地。而新政联盟的几个主要选民团体对民主党的选举支持情况也发生了变化。第一个变化是民主党失去了劳工阶级的支持。由于工会会员数量整体上有所减少，又因克林顿时期民主党为了与共和党争夺选民，在有关社会福利和对外贸易等关键问题上采取与共和党相近的政策立场，导致民主党失去了劳工阶级的支持。[①] 第二个变化是天主教徒对民主党的支持明显下降。1960 年肯尼迪因获得天主教徒 3/4 选票支持而成功当选

---

① 张业亮：《"关键性选举"与美国选举政治的变化》，《美国研究》2004 年第 3 期，第 18 页。

新一任美国总统,开创了新的历史局面。但这种情况并没有持续多久,天主教徒对民主党的支持率开始呈下降趋势。

最后,移民的出现使得选民结构发生了变化。美国是移民大国,随着外来人口的增多,这部分选民在选举中的占比不断增加,外来移民通过支持不同的政党来维护自身利益,而移民的出现使得选民结构不断发生变化,这对政治极化产生了一定的影响作用。因此,选民结构重组使两党的选民基础发生变化,两党内选民意识形态的多样性减少,外部差别增大,从而导致两党内部凝聚力增强,两党之间冲突增加,直接推动了两党的极化。[①] 同时,选民地域分布的集中,导致选民的政治意识也呈现极化状态。此外,外来移民等人口的增多使得选民结构发生了变化,从而对政治极化也产生一定的影响作用。

因此,当选民结构发生变化,各选区选民的政治态度也有所变化。两党为了赢得选民的支持,在议题表决等方面做出不一样的决策,以便选民可以更好地选择符合自己利益诉求的政党,而这一过程往往会加剧政治极化现象。

贫富分化的加剧间接地推动了政治极化现象的进一步加深。"贫富"二字在意义上相对立,代表着两个不同的利益阶级。而代表不同利益阶级的民主党与共和党为迎合选民意愿,获得选民支持,在政策选择上从不同利益出发点进行考量,使得两党在价值观念和政治偏好上存有差异。选民贫富差距的对立也由此上升为两党关系的对立,政治极化现象越发明显。

首先,经济不平等使社会各阶层追求的经济利益不同,对经济政策的喜爱程度不一。随着贫富差距的不断增大,选民在经济政策上的政策偏好也越发明显。在2020年总统大选中,两位不同身份背景、不同党派意识的总统候选人在竞选时发表的观点及对国家未来发展的定位存在较大的差异,以两位总统候选人在税收上的态度差异为例,

---

① 张业亮:《"极化"的美国政治:神话还是现实?》,《美国研究》2008年第3期,第21页。

共和党候选人特朗普主张减税以提高工资,民主党候选人拜登则提议增加高收入人群的税收以支付公共服务的投资,提高联邦最低工资。由此可见,贫富分化使得代表不同阶级的两党无法兼顾各个阶级选民的诉求。

其次,中产阶级选民的减少,加剧了贫富分化。"选民间巨大的收入差距对政治冲突有重要的影响作用。随着两党逐渐确定代表的选民基础,选民的收入差距会促使两党追求不同的经济政策。"[1] 同时,随着美国产业结构的变迁,中产阶级失业率的升高使得美国中产阶级的经济状况有所恶化。美国中产阶级规模变小,持中间立场的选民减少,选民结构呈明显的贫富两极分化。中间派候选人在选举中不再占优势,相反持极端立场的候选人因其支持者的增多在选民中占据主导地位。两党为赢得选民的支持,不断调整各自党派政策主张,向选民意愿靠拢,两党间相互妥协与可调和的空间逐渐变小。

通过上述分析可以发现,贫富分化是政治极化现象产生和形成的经济基础,贫富分化的加剧会导致两党间意识形态分化明显,而两党价值观念、政治立场的不同则会加剧政治极化现象。

进入 21 世纪以来,国际格局发生了新的变化,全球化、恐怖主义、核威胁等因素使得美国在面对一些国际问题时无法独自解决,需联合他国力量共同应对。美国在国际上的绝对领导力和影响力相比以前有所下降。对于这一现状,民主党和共和党态度一致:美国急需恢复原本国际地位,巩固大国形象。但对于如何恢复美国原本国际地位,以及何为恢复美国原本国际地位亟需解决的首要问题,两党意见不一。国际地位变化导致的两党矛盾激化主要表现在以下几个方面。

第一,美国经济的相对衰落。2008 年金融危机冲击了美国经济,根据世界银行数据,2008—2022 年,美国经济整体维持在较低的增长水平,其中,2009 年与 2020 年,在金融危机、全球性流行病等事件

---

[1] Nolan McCarty, Keith T. Poole and Howard Rosenthal, "Polarized America: The Dance of Ideology and Unequal Riches," Cambridge: MIT Press, p. 75.

的影响下,美国经济出现了两次明显的负增长。2010—2019年十年间,美国经济增长率尽管稳定,但经济增长速度较低,GDP增长率维持在1.5%—3%。美国国内经济的衰落使得其在国际上的形象有所变化,两党就如何恢复美国国内经济与如何维持美国在国际上的地位意见不一、争论不断,政治极化现象也由此显现。

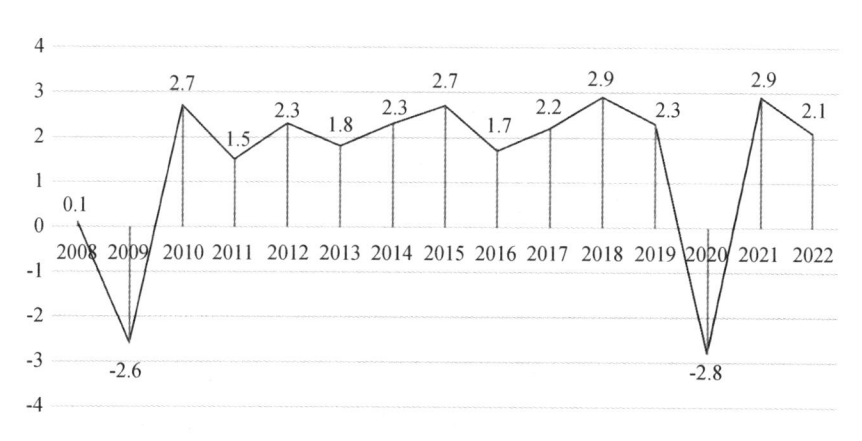

图4-4 2008—2022年美国GDP增长情况(单位:%)

数据来源:World Bank,"GDP - United States," https://data.worldbank.org.cn/indicator/NY.GDP.MKTP.CD?locations=US。

第二,美国军事开支的缩减。强大的军事力量是美国保持世界大国地位的重要原因之一。美国在世界150多个国家都有驻军,驻军人数高达30多万。此外,美国还在多个国家设有海外军事基地,这使得军费支出在美国经济中占据了较大比重。

根据世界银行发布的数据可以发现,2012—2022年美国军事支出总体呈下降趋势,这一现象一方面说明美国在海外驻军数量的减少,另一方面说明美国国内经济的衰弱。两党就美国军事实力的相对下降意见不一,例如特朗普上台后,美国希望日本可以在美日同盟关系中承担更多的责任,特别是在驻日美军开支方面。然而日本并不愿意承担更多的军事开支,但为了美日同盟关系的友好发展,日本最终表示在未来10年内日本向美国基建领域投资1500亿美元,并在美国创造70万个就业岗位和一个市值规模达4500亿美元的基建市场。而拜登

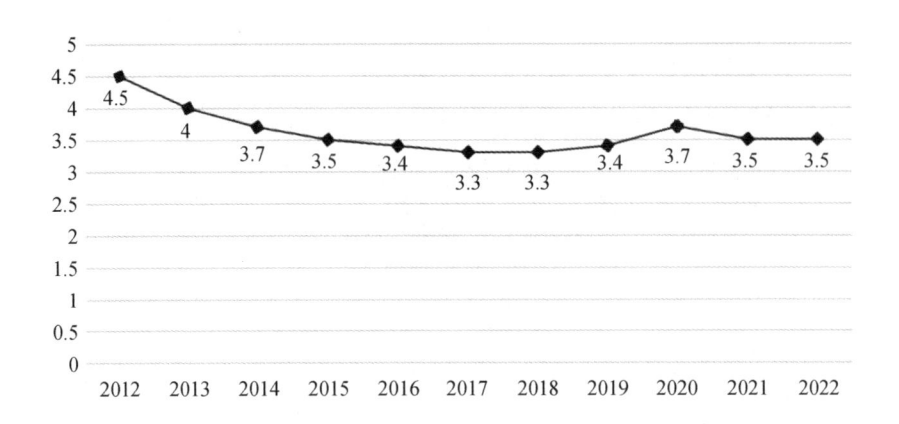

图 4－5　2012—2022 年美国军费支出占 CDP 比例（单位：%）

数据来源：World Bank，https：//data.worldbank.org.cn/indicator/MS.MIL.XPND.GD.ZS？end＝2022&locations＝US&start＝2008。

执政后，首访欧洲国家，积极筹建参与北约峰会、美国—欧盟峰会，重视借助同盟关系恢复美国的国家影响力。美国国际地位的相对下降，是美国亟需解决的问题，民主党和共和党就这一问题在宏观上达成共识，但对于具体解决方案两党存在较大分歧。

总体而言，美国政治极化产生的原因多种多样，但就目前来看，政党政治的僵化、选民结构的变化、贫富分化的加剧和国际地位的变化这四点为主要原因。此外。美国政治极化产生的原因也受到媒体、选区的划分、移民等其他因素的影响。

三、政治极化对美国对外政策的影响路径

政治极化作为美国国内一种重要的政治现象，对经济、政治、军事等多个方面有着重要的作用。同时，美国在国际上的重要地位及巨大的影响力，使其国内政治对国际政治也产生了一定的影响。因此，当代美国的对外政策也深受国内政治极化的影响，其影响路径主要包括三种。

第一种影响路径是政党政治。就政党政治而言，政党的极化是政治极化最集中、最突出的表现形式，也是政治极化最初的表现形式。

由此可见，政党关系对政治极化而言意义重大。外交是内政的延续，也是美国两党产生分歧的源头之一。

首先，政党意识形态存在分歧，对外政策选择不同。美国的两党制使得两党之间存在一种竞争关系，两党为更好地吸引选民，在政策选择、执政特点等多个方面大不相同。无论是民主党还是共和党，其外交手段的最终目的都是维护美国利益。因此，两党在诸如外交目标等宏观问题上的态度相一致，但对于应采取何种对外政策、对现有对外政策应如何进行调整等具体政策问题，两党意识形态存在分歧且争论不断，使得美国对外政策不仅难以推进且具有不稳定性。如特朗普执政时期，奉行单边主义外交，在其影响下，美国接连退出《巴黎协定》、联合国教科文组织、伊核协议等重要国际条约与机制。而2021年拜登政府执政后，在民主党多边主义执政风格的影响下，美国强调在国际组织中发挥领导作用。2021年1月20日，拜登签署行政令，宣布美国重返《巴黎协定》。由此可见，共和党与民主党意识形态的差异导致了对外政策出现明显的差异性，而两党交替执政时期的美国对外政策变化最为明显。

其次，两党温和派人数的减少。政治极化现象一方面说明了两党意识形态的对立，另一方面也说明两党温和派人数的减少。两党间温和派人数的减少，对美国对外政策的稳定性也有一定的影响。在党派交替执政过程中，两党受政治极化的影响在政策偏好、手段选择等方面存在差异，且随着两党间温和派的不断减少，两党在对外政策上的意识形态分歧越发严重，导致美国在两党交替执政过程中，其国内外政策具有极大的不稳定性。特朗普上台后对奥巴马政府的对外政策进行了大幅度的调整，如推行单边主义政策，退出《跨太平洋伙伴关系协定》等。而在拜登政府上台后，其对特朗普政府的政策又进行了重大调整。在国内，拜登执政之初便提出新移民法案，包括让1100万非法进入美国的无证移民有机会入籍、扩大难民安置计划；在对外政策上重视盟友的作用，奉行多边主义外交，与特朗普政府的单边主义外交形成了强烈的对比。

第二种影响路径是总统—国会关系。这是政治极化背景下，美国国内政治对对外政策最直接的影响路径。

首先,就总统而言,总统作为美国国家元首,其政治偏好对对外政策有着直接的影响作用,总统个人的政治风格无论是在国际事件处理中还是在国家元首交往中的作用都不可忽视。如拜登和特朗普两位总统的人格特质存在着明显的差异、拜登个性温和,对外政策更为稳定,更具预测性;特朗普个性突出,且具有明显的商人特质,更加强调实质利益对外政策中的不可预测性更强。总统的外交经验和政治敏感度等对对外政策也会产生影响。拜登总统属于民主党建制派精英,从政经验丰富,对外政策中自由主义色彩突出,重视多边主义外交;特朗普总统则代表了民粹主义力量,对外政策更加随意,强调美国的实际利益。由此可见,总统的个人因素对美国对外政策乃至国际格局都会产生重要的影响作用。

其次,就国会而言,受政治极化的影响,国会两党之间意识形态也存有分歧且分歧不断扩大,最显著的表现就是两党关于立法展开的激烈争论。由于国会两党分别代表了自由和保守,因此在国会立法过程中两党就采取保守的政策还是自由的政策而争论不断。而由于两党间温和派人士的减少,国会两党在立法过程中的观点越发对立,国会两党议员之间的矛盾不断升级,甚至出现公开指责的局面。此外,国会对美国对外政策的作用也不容小觑。美国的国会与总统享有同等重要的作用,二者相互监督、相互制约。美国国会掌握着重要的财政大权,在外交行动拨款特别是在对外援助政策上,总统须得到国会的支持,而国会两党对立的局面使得拨款提案很难顺利通过,执政党经常会遭到另一党派的反对,两党就提案问题僵持不下,美国对外政策便会受到影响,难以顺利推进。

最后,总统—国会对对外政策的影响路径。正如前文所言,国会掌握着重要的财政大权,总统的提案须得到国会的支持才能顺利运行。但由于美国国内政治极化现象愈发严峻,总统与国会的关系十分僵化,相互制衡的两个团体很难达成一致,而政府停摆就是总统与国会关系僵化的最显著的表现。如在边境安全议题上,修筑边境墙一直是两党争论的焦点。特朗普上任后一直提议修筑美墨边境墙,民主党和共和党对此产生了巨大意识形态分歧。根据皮尤研究中心的数据显示，对于修筑边境墙一事，82%的共和党人持支持的态度，93%的民主党人持反对的态度，两党政治观点的对立导致了美国联邦政府停摆长达35天，是美国联邦政府停摆时间最长的一次。拜登执政后，国会中两党在诸多重大问题上合作空间依旧有限。由此可见，总统—国会的影响路径对美国的对外政策的影响意义重大。

第三种影响路径是精英—民众关系。精英—民众关系是美国政治极化产生的主要推动力之一，也是推动美国对外政策发生变化的重要因素之一。在美国，选民的政治意识或政治偏好对两党的政策选择至关重要，两党为了赢得更多选民的支持，会对上一任政府的国内外政策进行调整，以维护其所在阶级的利益。由此可见，民众对对外政策也有着不可忽视的作用。而政治精英，由于受政治极化的影响，两党意识形态的分歧使他们为了维护各自所在党派的利益而越发的对立，政治精英的意识形态对总统以及国家主要官员的对外政策抉择产生不可忽视的影响。

首先，政治精英极化的影响路径。政党的极化是政治极化最集中的表现，两党意识形态的对立使得两大利益集团之间相互对立，政治精英们为了自身的利益、集团的利益以及党派的利益彼此之间相互对立。在国会中，时常会出现两党的政治精英们为了反对另一党派而反对的局面，这使得政党的极化不断加剧。政治精英的极化推动着政党极化的加深，同时政治精英的极化也会对总统、国会等的政策抉择产生一定的影响。

其次，民众极化的影响路径。民众作为美国国家构成的重要要素，对国家走向、对外政策走向都有着重要的导向作用。民众的极化对美国对外政策的影响路径主要有以下三点。其一，精英的极化影响民众的极化。民众对政治的了解多源于媒体、政治精英的演讲、总统候选人竞选演说等方面，而由于总统候选人来源于两大党派，政治精英受政治极化的影响处于极化的状态，同时网络、媒体等媒介由两大党派掌控，由此导致选民间也出现了极化现象。其二，选民的政策认同感在上升。随着贫富差距的不断拉大，选民越来越关注自己的利益是否得到保障，越来越关注总统换届选举。两党为了赢得选举胜利，根据选民意愿调整党派的政策选择。其三，选民的政策偏好。选民的政策偏好受其支持的党派的影响，而两党受政治极化的影响导致政党的极化，政党的极化又影响了选民的极化，使得选民在政策偏好上也呈极化的现象。

最后，精英—民众关系的影响路径。其一，民众的极化是精英极化的基础。选举制使得选民通过投票选举的方式选出符合自己利益诉求的政党，而美国的国内外政策也以选民的政策偏好为基础进行调整和制定。政治精英们将民众的政治观点进行汇总、整合，两党根据选民意愿制定相应的政策并进行提案。同时政治精英们将汇集的结果反馈给总统，总统根据选民的意愿决定可行的对外政策。其二，精英的极化加剧了民众的极化。两党为了在总统换届选举中赢得选民的支持，政治精英们在不同的选区进行讲演，将自己的政治观点传递给选民，选民受政治精英观点的影响，加之经济、选区、文化等综合因素的影响，选民间也出现极化现象。其三，无论是精英关系还是民众关系，抑或是精英和民众关系相结合，其中的极化现象都会对美国对外政策产生重要的影响。

四、政治极化对美国外交决策的影响

美国政治极化的影响范围涉及了国内多个领域。就外交决策层面而言，与之关系最密切、影响最直接的是总统和国会。受政治极化的影响，总统与国会之间的关系越发恶化，国会两党的意识形态分歧越发严重，导致外交决策过程困难重重。

首先是政治极化使总统与国会之间的矛盾越发尖锐。总统作为国家元首、政府首脑以及陆海空三军总司令，拥有极高的地位和巨大的权力。在外交决策过程中，总统是外交决策的最直接决定者和执行者。在外交事务中，国会与总统享有共同的外交事务权力且可与总统相互制衡。但总统享有国会没有的特殊外交权，如签署缔结条约、签署行政命令等。

随着政治极化现象的不断加剧，总统与国会之间为争夺政治权力矛盾不断升级。总统的特殊外交权使得国会对于总统的一些决策或提案不能直接否决，只能间接阻碍实施。如总统无需国会同意可直接签署行政命令，国会虽不能阻止总统签署行政命令，但可以通过拒绝财政拨款等手段来阻止该行政命令的实施。三权分立使得总统和国会的关系彼此制衡，而政治极化现象的出现，使得总统和国会既相互对立又相互制衡，二者陷入僵化的局面。如在修筑美墨边境墙事件中，特朗普提议修筑边境墙，但国会拒绝拨款，总统和国会僵持不下，最终导致美国政府长达35天的停摆。此外，2023年4月底和5月初美国参众两院分别投票通过了终止东南亚四国太阳能关税豁免法案，但拜登以"美国承担不起由此为太阳能行业的美国企业和工人所带来的新的不确定性"为由，行使了总统否决权，继续对东南亚地区进行关税豁免。①

其次是政治极化加剧了国会两党议员的意识形态分歧。政治极化现象的加剧使得美国国会两党议员的意识形态分歧加剧。在国会立法、提案投票表决过程中，民主党和共和党相互反对对方，导致国会两党出现对立、僵持的局面，国会也成为了政治极化的产物。同时，受政治极化的影响，国会内部的中间派议员不断减少，两党极化的现象越发明显，国会党派内部的意识形态越发一致。在国会的众多权力中，财政大权是国会最重要、分歧最多的一项权力。国会的财政大权主要涉及对外援助事项，参议院和众议院决定是否应该提供对外援助、援助资金多少等问题。参议院和众议院原本应相辅相成，但受政治极化的影响，两党将国会一分为二，参议院和众议院在移民、医疗、对外援助等问题上矛盾重重，提案迟迟不能通过，美国的国内政治和国际政治都受到了巨大的影响。

政治极化在美国外交决策中的又一主要影响表现为目标的改变。进入21世纪以来，美国国际地位相对衰落，特别是2008年经济危机后，美国经济受到巨大冲击，国内就业、社会福利等问题亟需解决；

---

① 《拜登否决国会，继续给东南亚四国太阳能产品关税豁免，中国专家解读》，环球网，https：//world.huanqiu.com/acticle/3CvcTolygCH。

在国际层面，反恐、核威胁等国际问题美国无法独自解决，需联合他国力量共同应对，这使得美国在国际社会中的绝对大国形象有所下滑。面对当前国内、国际环境，美国不断调整政策，其国内外政策目标也随之发生了变化。受政治极化的影响，民主党和共和党在外交层面的意识形态难以达成共识，美国对外政策一直左右摇摆。拜登上台后，美国的对外政策目标又发生了新的变化，主要表现为以下两点。

首先是政治极化推动了美国政府的"美国优先"和"中产阶级外交"政策理念的出台。随着政治极化现象的不断加剧，两党意识形态存在巨大分歧，党派之争愈演愈烈。而受两党制、总统选举制以及政治极化等因素的影响，在政党交替执政时期，美国对外政策的目标往往会发生更大的变化。从长远目标来看，无论是哪一党执政，其对外政策的终极目标都是为了维护美国利益；从阶段性目标来看，每四年一次的总统换届选举使得来自不同党派的执政党在政策选择上不同，制定的阶段性外交目标也不同。

特朗普在竞选初期提倡推行"美国优先"的对外政策成功吸引了广大中下层选民的支持，当选为新一任总统。而拜登政府上台后，其在对外政策中也突出强调了美国中产阶级的观点，如需要通过对外经济政策改善国内的分配不均，打破国内外政策藩篱，为实现中产阶级利益而管控中美战略竞争等都反映出拜登政府试图通过外交政策改善国内政治极化的目的。

其次是加速了美国外交服务于美国国内利益的目标转变。从奥巴马政府到特朗普政府再到拜登政府，美国执政党不断更替，而受政治极化因素的影响，执政党的不断更替使得美国的阶段性对外政策目标也不断变化。拜登执政后对特朗普时期的对外政策做出了调整：一方面，拜登政府宣布美国将重返多个多边组织与多边协定，恢复美国的国际领导力；另一方面，拜登政府提倡巩固盟友关系，试图借助盟国的力量帮助美国重回大国地位。总体而言，相较于特朗普政府，拜登政府追求的是如何重建"美好未来"，外交如何更好地为美国中产阶级服务。

最后是与特朗普的商人身份不同，拜登是典型的民主党政客。因此，面对美国国内贫富分化、政治极化的现状，在其任职后，拜登对特朗普时期的对外政策进行了调整：去孤立主义、去单边主义，试图将美国的外交政策重新调整回多边主义。如美国宣布将重返《巴黎协定》等多个有利于美国中产阶级发展的多边组织与协定。同时，强化同盟关系，利用盟友力量一方面巩固美国的国际领导力，另一方面帮助复兴国内中产阶级。

纵观历史，美国从两党制开始实施起，两党之间就存有分歧，两党制推动着对外政策不断变化，而政治极化现象的出现加剧了对外政策变化的幅度。其中总统、政治精英等因素对对外政策的转变起到了巨大的推动作用。促使政策实践偏好发生转变的原因主要有以下三点。

第一，总统的外交偏好。首先，总统作为国家元首，其言行举止代表着国家行为。总统是外交政策的主要执行者，掌握着重要的外交权，因此总统如何行使外交权、其外交政策偏好等对国家对外政策的选择有着重要的影响作用。此外，美国总统可通过签署行政命令等举措绕过国会直接做决定，例如拜登执政第一个月内，签署行政令多达52条，绕过国会，高效推行气候政策和移民政策。其次，总统个人的行事风格、性格特征等因素在首脑外交中也具有重要的影响。如在国际事务中，奥巴马政府推行较温和的手段，特朗普政府则推行较激进的手段，而拜登上台后美国又重新采取较温和的手段。由此可见，党派交替执政时，美国对外政策具有极大的不稳定性。最后，政治环境对总统对外政策偏好的影响因素。环境对人的影响潜移默化、深远持久，因此分析总统所处的政治环境对于推测其对外政策偏好、分析外交决定具有重要的指导意义。例如拜登长期的从政经验使其对外政策更具稳定性，体现出民主党建制派色彩。

第二，政治精英的对外政策偏好。政治精英们作为总统的"智囊团"，其对外政策的偏好会对总统的决策带来最直接的影响。一方面，政治精英的党派意识不断加强。受政治极化的影响，两党之间也存在极化现象且随着两党间温和派人数的减少，两党意识形态分歧越来越大，两党异质化现象严重。同时，两党内部就某一事件的看法越来越一致，党派内部的同质化不断加强。在对外政策上，来自不同党派的政治精英们提出偏保守主义或自由主义的对外政策，党派政治精英们的观点对总统的对外政策产生一定的影响。另一方面，受政治精英个人因素的影响。除去政治精英智囊团的影响外，国家核心部门负责人的个人因素也对政策实践偏好有着重要的影响。例如拜登政府时期布林肯等人作为决策核心人员，对拜登在对外政策上的选择具有重要影响。

第三，政党政治的对外政策偏好。两党为了维护各自党派的利益使得政党内部矛盾激化，最明显的表现就是特朗普上台后，美国政府的多次停摆，无论是在国内枪支管理、医疗改革等问题上，还是在外交层面诸如伊核协议、气候协议等问题上，两党政治观点几乎无法达成一致。其中，导致美国政府停摆时间最长的美墨修筑边境墙一事，就是政党政治偏好对外交实践偏好的转变的典型案例之一。

从19世纪60年代至今，美国政治极化经历了三个主要时期，即19世纪60年代、19世纪末20世纪初、20世纪30年代。这三个政治极化严峻的时期都与美国的经济发展紧密联系，可以说经济的发展对美国政治极化的产生起到了巨大的推动作用。以经济分歧为导火索，民众、精英、政党为了各自利益而矛盾不断、分歧不断，最终形成政治极化现象，而这种政治现象又反过来推动民众、精英、政党的极化，如此反复作用的局面形成了今天美国国内政治极化日益严重的现象。

从历史上看，美国两党并非一直处于极化状态，两党观点一致的案例也屡见不鲜，如二战中两党对法西斯的态度、"9·11"事件中对反恐的认知等。但随着国内、国际环境的不断变化，美国政治极化产生的原因也越来越多样化。除根本原因外，选民结构的变化也增添了新的因素，如随着移民人口的不断增多，其在选举中的作用也越来越重要，因此在分析政治极化的选民因素时也应对新出现的影响因素进行分析。贫富分化作为美国政治极化产生的主要原因，无论是过去、现在还是未来都会一直影响着美国政治极化。除此之外，随着美国国际地位的相对衰落，两党就如何恢复原有大国地位也分歧不断，这导致新一任政党执政后会对上一任政党的对外政策进行调整。而美国对外政策的不稳定性对国际环境有着巨大的影响，因此分析美国国内政治极化现象，对分析其外交决策的走向具有重要意义。

政治极化作为美国国内重要的政治现象，对美国的国内政治及对外政策都有着重要的影响。就国内政治而言，政治极化导致政党政治极化，两党在政策制定过程中，就具体实施方法常常产生严重的意识形态分歧，从而导致两党僵持的局面，同时又拖延了政策的实施，对政府的公信力有所影响。从历史上看，美国对外政策一直在不断地调整、变化，而在此过程中政治极化的影响因素越来越重要。未来，政治极化会继续对美国对外政策产生影响，但其影响力度是加强还是减弱，还有待观察与探讨。

第五章　国内政治与俄罗斯和美国的区域战略

区域战略是大国对外政策的重要组成部分，与针对某一国家的双边关系不同，区域战略能够更加准确地反映一段历史时期内大国对外政策的整体偏好。与此同时，由于区域战略往往具备更加复杂的国内政治背景，因此影响其形成的国内政治因素也能够更好地反映一段时期内大国国内政治发展的总体特点。这也是本章将俄罗斯和美国的区域战略，而非独立的国内政治要素作为分析重点的原因。

俄罗斯和美国所处的不同地缘政治环境以及其在国际体系中扮演的不同角色决定了两国拥有着不同的区域战略。俄罗斯是一个横跨欧亚大陆的大国，随着2014年乌克兰危机后俄罗斯与西方关系的迅速恶化，"东转战略"成为了俄罗斯在欧亚大陆最为重要的区域战略，而这一战略的形成与发展也受到了其国内政治各种不同要素的影响。美国作为国际体系内唯一的超级大国，其维护霸权地位的"大国竞争战略"则是其在欧亚区域战略的核心。对于这一区域战略的分析将有助于我们更好地理解美国国内政治的各种要素是如何影响美国区域战略演变过程的。而这两个国家在欧亚大陆的区域战略也将对我国的周边环境产生深远影响，对于这一问题的研究也将有助于我们在百年未有之大变局下构建有利的发展环境。

与此同时，在思考大国区域战略的国内政治基础时，本章的研究发现俄罗斯和美国在这一问题上具有相似性。一是对于区域战略的形成原因，俄罗斯和美国次国家层次的地方政府和社会联盟都极大影响了两国区域战略的演变，这表明针对俄罗斯和美国"大战略"的形成研究应当将视角更多地集中于次国家层次的分析。二是国际体系的演变经过俄罗斯和美国国内政治要素的"过滤"最终塑造了两国的区域战略。这表明已有的如结构现实主义以及新自由制度主义等宏观理论范式在国别问题研究中存在着解释力不足的问题，对于大国对外政策的研究，学者们需要更多关注国内政治以及次国家要素，以此构建对于俄罗斯以及美国对外政策的准确解释，助力新的历史时期我国所推行的中国特色大国外交。

第一节 俄罗斯"东转战略"的国内政治影响要素

一、问题的提出

"东转战略"是2014年乌克兰危机发生之后俄罗斯加快实施的重要国家战略。其直接战略目标存在于两个层面。一是在国际层面，通过加强与亚太地区国家的高水平政治、安全合作来应对西方，尤其是美国的战略挤压。二是在国内层面，通过加快远东地区的开发来提高俄罗斯国家的经济社会发展水平。在此基础之上，其最终战略目标是通过实施"东转战略"来强化俄罗斯的全方位外交战略，提高俄罗斯的经济发展水平，巩固俄罗斯在当今国际体系内的大国地位。

当前俄罗斯所实施的"东转战略"是一个包含了政治、经济、外交多层次内容的综合性战略。这一战略源于俄罗斯联邦政府自21世纪初以来对于亚太地区事务关注的不断增加。早在2010年俄罗斯总统梅德韦杰夫就批准通过了《2025年前俄罗斯联邦远东及贝加尔地区发展战略》，提出要以能源开发为基础，通过吸引投资和国际合作来提高俄罗斯远东及贝加尔地区的经济社会发展水平。[①] 而在2012年普京总统再次执政之后，开发和加强与亚太国家合作更是成为了俄罗

---

① "Стратегия социально - экономического развития дальнего востока и Байкальского района на период до 2009 года," Правительство Российской Федерации, 28.12.2025, http://government.ru/docs/all/71171/.

斯联邦政府的"优先方向"。普京在其竞选宣言《俄罗斯与变化中的世界》中就表示,俄罗斯将加强亚太经合组织的作用,深化与中国和印度的双边合作,使俄罗斯以更高水平参与"新亚洲"的融合过程。① 此后,俄罗斯正式成立远东发展部以推进远东地区的开发进程。

乌克兰危机的爆发是俄罗斯加快实施其"东转战略"的重要转折。随着与西方关系的急剧恶化以及结构性矛盾的长期化,俄罗斯将"东转战略"视为维护大国地位的关键性手段。在2016年版的《俄罗斯联邦外交政策构想》中,普京政府认为西方国家在国际政治和经济中的统治性地位正在不断消退,国际政治—经济的中心正在持续向亚太地区转移,而俄罗斯则应当使面向亚太国家的合作和面向欧洲方向的合作互为补充。② 2015年普京政府在远东地区设立首批"跨越式发展区",2016年又批准设立"东方经济论坛"来推动亚太地区国家在俄罗斯远东地区的投资。近年来,俄罗斯不断在联邦政府层面出台法律和法令,希望在巩固现有"东转战略"成果的基础上实现远东地区的快速发展。

从乌克兰危机发生以来俄罗斯加速实施"东转战略"的效果上看,俄罗斯与中国、印度、日本等诸多亚洲国家的合作得到了加强,取得了一系列十分显著的外交成果。诸如中俄之间达成了一系列能源合作的协议,俄罗斯与日本持续开展有关签订和平条约的对话与磋商,俄罗斯与印度、越南等国家的双边关系也得到了巩固。可以说,俄罗斯在很大程度上达成了"东转战略"在国际关系层面设定的战略目标。然而,在国内发展层面,即通过加大远东地区的开发力度来提高俄罗斯经济社会发展的战略目标则进展明显不如预期。③ 俄罗斯的

---

① Владимир Путин:"Россия и меняющийся мир," RGRU, 26. 02. 2012, https://rg.ru/2012/02/27/putin-politika.html.

② "Концепция внешней политики Российской Федерации," МИД Российской Федерации, 30. 11. 20116, http://government.ru/docs/all/109255/.

③ Хельге Блаккисруд, Роман Вакульчук, Элана Уилсон Рове, "Российский Дальний Восток во времена геополитических потрясений," Россия в глобальной политике, 2018, No. 5, стр. 14 – 18.

远东开发战略虽然增加了这一地区获得的内外投资，创造了一定的就业岗位，但其既没有阻止远东地区的人口外流趋势，也没有被打造成俄罗斯经济发展的新引擎。[1] 这成为制约俄罗斯"东转战略"最终战略目标达成的关键性障碍。

当前有关俄罗斯"东转战略"的研究更多的是以外部影响因素分析为主，分析俄罗斯"东转战略"中政治—外交领域的构想与实施，缺乏从国内政治角度探讨俄罗斯"东转战略"制定与实施过程的分析。尤其缺乏从政策比较的视角分析"东转战略"内外政策表现的不同。在下文中，笔者试图以新古典现实主义国际关系理论范式为基础，通过考察这一范式下影响俄罗斯外交政策的三个最重要国内政治要素，即战略文化、央地关系以及政治结构，分析为何"东转战略"在国际和国内层次的政策实践会取得不同的结果。以比较政策的分析方法来探讨为何这一战略在国际层面的实践要比在国内层面的实践更为成功。

二、现有研究及其不足

当前有关俄罗斯"东转战略"的研究很多，但绝大多数研究集中关注国际关系要素对于这一战略制定与实施的影响，对于国内政治要素的影响关注极少。综合而言，当前学者们对于影响"东转战略"关键性要素的思考可以归结为以下四个方面。

（一）俄罗斯—西方关系恶化的影响

这一种观点认为影响俄罗斯"东转战略"实施的主要因素是俄罗斯与西方关系的变化。俄罗斯在乌克兰危机之后加快实施"东转战略"意在突破外交孤立，弥补西方制裁带来的损失。[2] 由于俄罗斯具有横跨欧亚两大洲的地缘政治优势，因此其在欧洲方向受到孤立之后

---

[1] Игорь Макаров, "Куда идет Дальний восток?" Россия в глобальой политике, 2018, №.5, стр.1 - 5.
[2] 陈宇：《俄罗斯外交"转向东方"评析》，《现代国际关系》2016年第10期，第15页。

会自然而然地将对外战略的重点转向亚太地区。同时,西方制裁造成了俄罗斯关键性企业融资困难,技术出口受到限制,资金外流严重。在这种情况下,俄罗斯需要加强与亚太地区国家的合作。① 俄罗斯"瓦尔代俱乐部"项目主任巴尔达乔夫认为,正是乌克兰危机和西方制裁导致了"东转战略"的加速推进。② 在这种逻辑的基础上,英国查塔姆研究所俄罗斯问题专家波波·罗认为,俄罗斯的"东转战略"并非是真的希望将其外交战略的重点转向亚洲,而更多的是一种策略性举动,其意在通过加强与亚太地区的联系,向西方展现其不可动摇的大国地位,从而为未来和西方的博弈与谈判获得筹码。③ 在莫斯科国际关系学院研究员伊戈尔·杰尼索夫看来,有来自莫斯科国际关系学院、卡内基莫斯科中心等智库的学者持与波波·罗类似的观点,即认为一旦西方与俄罗斯的关系回到乌克兰危机前的状态,莫斯科的政治精英将不会进一步推进"东转战略"的实施。④

(二)俄罗斯—中国关系加强的影响

这种观点认为俄罗斯"东转战略"的加速实施并不是仅仅因为俄罗斯在西方世界遭遇孤立与制裁。更为重要的原因在于近年来俄罗斯与中国关系的快速发展使得普京政府将更多的战略关注转移到了中国身上。随着中国经济的快速发展,俄罗斯看到了其远东地区通过加强与中国的经济合作来提高经济发展水平的希望。尤其是全球政治经济

---

① Вячеслав Холодков, "Санкции США и Евросоюза против России и российско‐китайское экономическое сотрудничество," Российский Институт Стратегических Исследований, 19.10.2014, https://riss.ru/analitica/sanktsii‐ssha‐i‐yevrosoyuza‐protiv‐rossii‐i‐rossiyskoy‐kitayskoye‐‐ekonomicheskoye‐sotrudnichestvo/.

② Тимофей Бордачев, "Поворот на Восток и новая геополитика мира," Валдай, 02.09.2019, http://ru.valdaiclub.com/a/highlights/povorot‐na‐vostok‐i‐novaya‐geopolitika‐mira/.

③ Lo Bobo, "Russia and the New World Disorder," London: Royal Institute of International Affairs, 2015, p.179.

④ [俄]伊戈尔·杰尼索夫等:《新政治周期下的中俄关系——俄罗斯专家的视角》,《中国国际战略评论》2018年第1期,第76页。

的变局为两国带来了合作的新契机。① 而中国推动的共建"一带一路"倡议以及振兴东北老工业基地的计划给中俄两国在远东地区的合作奠定了良好的基础和先决条件。② 有俄罗斯学者指出，随着中国综合国力的增强，亚太地区正在面临着新的地缘政治变局，俄罗斯为了适应这一即将到来的地缘政治变局，需要推进远东开发并加强与中国的关系，从而为保障自身在21世纪的大国地位奠定可靠基础。③ 冯绍雷教授认为，在俄罗斯遭遇乌克兰危机和自身经济危机双重困难的局面下，中俄经济合作取得了一系列重大突破性进展，这预示着俄罗斯"东转战略"所蕴含的巨大契机。④ 而莫斯科国际关系学院教授托洛拉亚则认为俄罗斯应当在解决与西方间问题的同时，积极构建与亚太地区，尤其是中国的伙伴关系。⑤ 除此之外，俄罗斯外交与国防政策委员会主席卢基扬诺夫也积极主张俄罗斯应当加强远东地区的发展，与来自亚太地区的新兴力量一起推动欧亚一体化的形成与发展。⑥

（三）全球权力转移的影响

持这种观点的学者认为俄罗斯当前所推行的"东转战略"具有很强的历史性和现实性，并非是维护短期地缘政治利益的一时之举。俄罗斯学者拉林认为，21世纪国际政治面临的最重要变化就是全球权力

---

① 石泽：《俄罗斯东部开发：中俄合作的视角》，《国际问题研究》2017年第1期，第24页。

② 刘清才、齐欣：《"一带一路"框架下中国东北地区与俄罗斯远东地区发展战略对接与合作》，《东北亚论坛》2018年第2期，第38页。

③ Хельге Блаккисруд, Роман Вакульчук, Элана Уилсон Рове, "Российский Дальний Восток во времена геополитических потрясений," Россия в глобальной политике, 2018, №5, стр. 14 – 18.

④ 冯绍雷：《大历史中的新定位——俄罗斯在叙事—话语建构领域的进展与问题》，《俄罗斯研究》2017年第4期，第3—32页。

⑤ Андрей Мозжухин, "Русская ДНК Почему Россия никак не может сделать выбор между Западом и Востоком," Lenta. RU, 20. 06. 2016. https：//lenta. ru/articles/2016/06/20/russian_dna/.

⑥ Хельге Блаккисруд, Роман Вакульчук, Элана Уилсон Рове, "Российский Дальний Восток во времена геополитических потрясений," Россия в глобальной политике, 2018, №5, стр. 14 – 18.

体系正在由以西方为中心向以亚太地区为中心变迁。① 俄罗斯学者季塔连科也提出，俄罗斯如果不重视亚太地区的崛起趋势，将不可能在21世纪成为真正的全球性力量。② 在这些学者看来，俄罗斯"东转战略"的推行并非是单纯由于与西方关系的恶化或是与中国关系的加强，在更大程度上是俄罗斯根据国际体系力量分布的变化做出的理性选择。中国学者赵华胜也认为"东转战略"并非是俄罗斯外交的新思想，这一战略在梅德韦杰夫担任总理时期就已经酝酿，并在普京2012年重新担任俄罗斯总统之后得到了加强。③ 莫斯科高等经济大学著名学者卡拉甘诺夫则提出冷战后西方国家所主导的"单极秩序"正在走向终结，中美两极趋势正在形成。中国的崛起、欧美国家自身面临的危机都是推动这一终结过程加速的重要因素。在这种情况下俄罗斯应当积极推动所谓的"大欧亚伙伴关系"并在这一关系中扮演领导者的角色。④ 在这些学者看来，远东地区是俄罗斯的关键利益所在，如果俄罗斯不主动去提高这一地区的经济发展水平，将面临着失去这些地方的风险⑤，而俄罗斯的"东转战略"正是为了应对这一潜在风险而施行的。

（四）俄罗斯决策机制的影响

这一方面的研究主要关注于俄罗斯战略决策机制是如何影响其"东转战略"施行的。福特斯库认为俄罗斯"东转战略"制定与实施的最大影响因素是俄罗斯内部政治精英之间的博弈，尤其是有关远东

---

① Виктор Ларин, "Новая геополитика для Восточной Евразии," Россия в глобальной политике, 2018, №5, стр. 20 – 25.

② ［俄］米·列·季塔连科著，李延龄、李蔷薇首席翻译，李蔷薇、刘聪颖、李芳、李蓉等译：《俄罗斯的亚洲战略》，中国社会科学出版社2014年版，第1页。

③ 赵华胜：《评俄罗斯转向东方》，《俄罗斯东欧中亚研究》2016年第4期，第6页。

④ Сергей Караганов, "От поворота на Восток к Большой Евразии," Международная жизнь, 2017, №. 5, стр. 6 – 18.

⑤ Lee, Rensselaer and Artyom Lukin, "Russia's Far East: New Dynamics in Asia Pacific and Beyond," Boulder Colorado: Lynne Rienner Publishes, 2016, p. 25.

地区发展模式的博弈。具有代表性的是远东发展部前部长伊沙耶夫与特鲁特涅夫在有关远东发展模式上的争议。伊沙耶夫更加注重以能源工业为基础提高远东地区的经济发展水平,而特鲁特涅夫则强调通过吸引外来投资拉动远东地区的经济增长。而普京总统最终决定支持"特鲁特涅夫模式",这塑造了远东开发的主要政策特点。① 俄罗斯学者阿尔焦姆·卢金认为这一模式的主要特点是通过建立一揽子联邦法律来加快改善俄罗斯远东地区的营商环境,从而吸引投资。他指出,2014年以来,俄罗斯已经出台了39项联邦法律和167项政府法令来改善远东地区的经济环境,包括建立跨越式发展区、贸易自由港和提高土地私有化来吸引更多外部投资来发展远东地区。当然,他同时也承认当前俄罗斯联邦政府有关远东发展模式的决策并没能从根本上改善远东地区的经济社会发展状况,远东地区的生活质量仍远低于俄罗斯的欧洲地区。② 与此不同的是,马博认为虽然俄罗斯国内在远东发展模式上存在争议,但是由于现实条件的限制,远东地区最终的发展模式仍然是以能源经济为主。③ 而俄罗斯学者帕诺娃则认为当前的既有决策范式和政治结构限制了俄罗斯的政策选择,俄罗斯如果想进一步推动"东转战略"的落地与实施,需要针对远东地区的经济潜力和发展水平制定全面的内部政策框架,从而加强远东经济的竞争性。④

总体而言,在以往有关影响俄罗斯"东转战略"实施的因素分析中,学界往往更加注重国际政治要素对于俄罗斯"东转战略"的影响,探讨俄罗斯与西方国家间的关系演变、亚太地区经济发展等外部

---

① Fortescue, S., "Russia's 'Turn to the East': A Study in Policy Making," Post–Soviet Affairs, Vol. 32, No. 5, 2016, pp. 423–454.

② Артем Лукин, "Азиатский разворот России пока не принес процветания Дальнему востоку," Валдай, 04.09.2019, http://ru.valdaiclub.com/a/highlights/aziatskiy-razvorot-rossii-ne-prines-protsvetaniya/.

③ 马博:《俄罗斯"转向东方"战略评析——动机、愿景与挑战》,《俄罗斯研究》2017年第3期,第49—73页。

④ Виктория Панова, "Есть ли жизнь на Дальнем Востоке," Валдай, 03.09.2019, http://ru.valdaiclub.com/a/highlights/est-li-zhizn-na-dalnem-vostoke/.

因素对于俄罗斯亚太政策以及远东开发的推动性作用。笔者认为，外部因素的影响（体系刺激）仍然非常重要。但决定俄罗斯"东转战略"实施的另一个关键性要素是其国内政治特点。在这一问题上，现有分析仍然是不充分的。在国际关系理论的新晋范式中，尤其是新古典现实主义的视角下，一个国家政策的制定与实施一方面源于外部要素的体系刺激，另一方面也受制于国家自身的认知与决策等国内政治要素。① 作为俄罗斯21世纪最为重要的战略之一，"东转战略"也是体系刺激与国内政治共同作用的结果，这些国内政治要素对于"东转战略"的制定和实施有着极为重要的影响。笔者将在下面的论述中对这一问题进行详细分析。

三、国内政治影响俄罗斯"东转战略"的解释框架

在新古典现实主义的视角下，诸如战略文化、国内制度等要素是作为干预变量存在于范式之中的。就俄罗斯而言，其政策制定也是在体系刺激与国内政治两个变量的影响下进行的，其中国内政治是政策制定与实施的干预变量。它主要内容包括三个方面：俄罗斯固有的战略文化、俄罗斯的央地关系以及影响俄罗斯决策的政治结构。其政策所产生的体系反应与国际结果是因变量。同时因变量也会在某种程度上促进体系刺激以及国内政治的变化。

影响俄罗斯对外战略的自变量是国际体系的刺激。就俄罗斯自2014年以来所加快实施的"东转战略"而言，这一国际体系的刺激来自两个方面：一是乌克兰危机爆发以来，俄罗斯与西方关系的急剧恶化；二是俄罗斯与中国关系的不断加强。乌克兰危机的爆发从根本上来讲是冷战结束后的国际秩序在东欧后苏联地缘政治空间运转失灵的结果，其直接原因在于体系内的霸主美国与这一地区的支柱性力量俄罗斯的地缘政治博弈走向失控。美俄矛盾在东欧地区的集中爆发体现在双方对于北约东扩和后苏联国家的"颜色革命"的不同态度。俄

---

① Ripsman, N. M., Jeffery, T. W. and Lobell, S. E., "Neoclassical Realist Theory of International Politics," London: Oxford University Press, 2016, p.35.

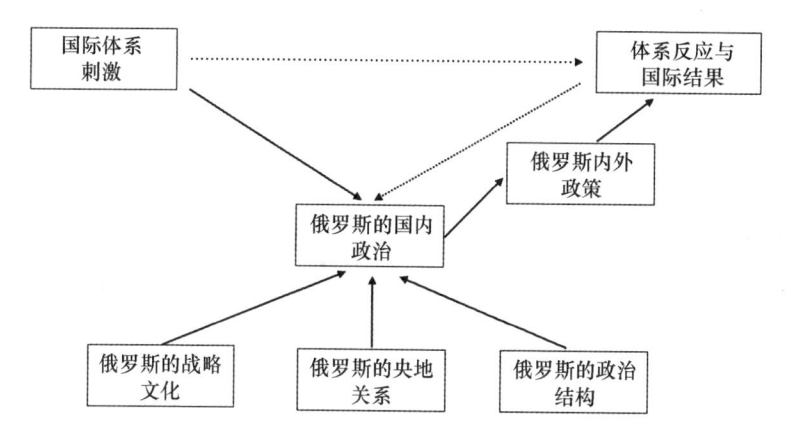

第五章 国内政治与俄罗斯和美国的区域战略

图 5-1 俄罗斯战略决策的新古典现实主义解释

笔者根据相关内容自制。

罗斯认为两者都是对于俄罗斯战略空间的挤压，而美国则认为这是保障欧洲安全的必要步骤。与此相对应的是，中俄关系在21世纪之初取得了稳定的发展，中俄全面战略协作伙伴关系的发展更为迅速。这其中既有双方合作基础稳固的原因，也有着领导人个人意愿的影响。[1]

在体系刺激之下，俄罗斯联邦政府通过其国内政治实现了对于这一刺激的感知与反应。而这一过程的实现则主要通过三个重要的干预变量：战略文化、央地关系与政治结构。

在新古典现实主义的理论中，战略文化会影响短期的外交政策以及长期的战略规划。作为战略文化的一部分，国家的价值观以及文化偏好都会对决策产生重要影响。因为这事关国家感知、适应体系刺激和物质实力的结构性转变方式。[2] 在俄罗斯的战略文化中，长期存在着以欧洲为中心的西方主义派，以东正教和俄罗斯古典文化传统为中心的民族主义派，以及以俄罗斯地缘文化构成历史为基础的欧亚主义派三种力量。这三种战略文化的博弈在很大程度上决定了俄罗斯对于

---

[1] Gabuev, A., "Russia's Policy towards China: Key Players and the Decision-Making Process," Political Science, 2016, pp.59-73.

[2] Ripsman, N. M., Jeffery, T. W. and Lobell, S. E., "Neoclassical Realist Theory of International Politics," London: Oxford University Press, 2016, p.63.

体系刺激的感知。从苏联解体后俄罗斯的对外政策演变历史来看，西方主义所占据的主导地位已经很大程度上让位给了民族主义和欧亚主义。其表现为俄罗斯在对外政策中奉行的"强国战略"和"实用主义"。乌克兰危机的产生一方面是美俄矛盾在前苏联地缘政治空间的集中爆发，另一方面也是俄罗斯国内民族主义和欧亚主义影响上升的结果。卡拉甘诺夫将这种思想总结为保守现实主义。① 然而在国内政治层面，俄罗斯的政治精英则更多奉行一种保守自由主义的战略文化，即力图寻找一种以本国文化传统为基础，综合利用东西方力量的中间主义路线。而在保守自由主义的战略文化视域下，西方主义的思想烙印在国内政策的施行中仍然具有举足轻重的地位。

新古典现实主义认为国家—社会关系的性质会对国家战略行为产生重要影响。然而细化到俄罗斯"东转战略"的研究方面，笔者认为俄罗斯的央地关系对于俄罗斯这一战略的影响无疑更加明显。这主要有两个原因。一是俄罗斯历史上所形成的外交传统使得外交决策的权力大量集中于政治精英阶层。俄罗斯社会对于对外政策的影响十分有限。二是俄罗斯所建立的政治结构使得地方政府在参与国家决策时扮演着比较特殊的角色。其对于决策的影响力明显高于社会力量。在俄罗斯的"东转战略"中，由于该战略不但涉及俄罗斯的对外关系，也涉及俄罗斯国内经济社会的发展规划，因而在这一过程中地方政府扮演的角色就更为重要。正如新古典现实主义认为的那样，一个国家的对外政策和大战略需要大量的人力、物力和财力，这就使得俄罗斯在实施"东转战略"时需要加强与地方政府的协作。这也进一步加强了地方政府的作用。

政治结构也是影响俄罗斯联邦政府对于体系刺激的感知与反应的重要中介变量。有些学者将其归纳为国内制度，包括行政—立法关系、政党制度、投票规则等。他们认为这些制度会塑造国家政策偏好

---

① Sergei Karaganov, "A Victory of Conservative Realism," Russia in Global Affairs, February 13, 2017, https://eng.globalaffairs.ru/articles/2016-a-victory-of-conservative-realism/.

和决策过程的不同,从而改变国家对外政策的制定与实施。而就俄罗斯的"东转战略"来说,其政治结构的核心影响要素在于俄罗斯政治结构中人格主义与制度主义的博弈。众所周知,俄罗斯政治结构的突出特点在于"超级总统制"这一权力架构给予了俄罗斯总统在内外政策方面独一无二的影响力。但同时,俄罗斯国内决策过程中也存在着制度主义因素的强大影响,这包括联邦政府以及众多政府职能部门在决策中所扮演的角色。而俄罗斯政治结构中存在的人格主义与制度主义的互动决定了其在国内—国际政治层面对于体系刺激的反应方式。

在经过国内政治的过滤与感知之后,体系刺激对于俄罗斯的影响才能演化成俄罗斯所制定和实施的内外政策。这一逻辑可以在很大程度上从比较政策分析的角度解释为什么俄罗斯在不同历史时期遇到相似体系刺激的时候会采取不同的政策:正是战略文化、央地关系和政治结构这些中介变量的差异,才使得俄罗斯采取不同的对外政策。这些对外政策会在国际体系层面造成体系反应和国际结果。这些结果又反过来在某种程度上塑造着俄罗斯体系刺激和国内政治的变化,从而形成了俄罗斯战略决策的逻辑循环。

四、"东转战略"中的战略文化要素

在俄罗斯的战略文化历史当中,影响最为深远的是三种根源性思潮:西方主义派、民族主义派(斯拉夫派)和欧亚主义派。这三种思潮形成于19—20世纪,对于俄罗斯对外战略的调整有着指导性的作用。笔者认为,俄罗斯的"东转战略"在国际政治和国内政治两个层次上体现出了不同的战略文化特点。在国际政治即对外关系层面,主导俄罗斯政治精英的是以民族主义思想为基础,融合了欧亚主义思想的保守现实主义。而在国内政治层面,其主导性战略文化则是以民族主义思想为基础,同时深受西方主义影响的保守自由主义。

西方主义派思想发轫于俄罗斯19世纪思想家恰达耶夫的著作《哲学书简》,在19世纪下半叶达到高峰。西方主义派主张俄罗斯与西方世界的全面融合,从而将俄罗斯塑造为西方世界的一员。民族主义派思想的产生稍晚于西方主义派,主张俄罗斯依靠自身历史和宗教独特性实现对斯拉夫世界的引领,从而与西欧文化分庭抗礼。这种思想在丹尼列夫斯基等民族主义思想家的推动下于 19 世纪晚期达到高峰,并形成了与西方主义派思想的论战。欧亚主义派则在 20 世纪初才出现,其主张俄罗斯应当依靠自己独特的地缘政治优势通过在欧亚大陆与非西方国家建立联盟从而对抗来自西方世界的地缘政治、地缘文化挤压。尽管欧亚主义出现较晚,但在古米廖夫等思想家的推动下,欧亚主义派在 20 世纪取得了不亚于西方主义派和民族主义派的影响力。

在苏联解体之后,随着共产主义意识形态的消散,三种思潮的影响力进一步在俄罗斯对外政策中凸显。20 世纪 90 年代初俄罗斯所奉行的全面"亲西方"政策就是在盖达尔、科济列夫等西方主义派决策者的主导下制定的。而随着这一政策在现实中遭遇挫折,民族主义与欧亚主义思想逐渐成为了俄罗斯对外政策制定的指导原则。而当今俄罗斯的保守现实主义在本质上就是民族主义思想与欧亚主义思想的相互结合。

普京在 2012 年重新成为俄罗斯总统之后,这种兼具民族主义特点和欧亚主义思想的保守现实主义方针继续影响着俄罗斯的内外政策。其在对外政策方面的直接表现就是将维护俄罗斯在国际体系内的地位与威望视为其基本目标。在俄罗斯外交部 2013 年、2016 年出台的两版《俄罗斯外交政策构想》中,这一目标都被列为了其对外政策的"基本条款",指出俄罗斯在当前国际体系内的中心任务是"提高俄罗斯在国际社会的威望,将俄罗斯打造为当代世界一个有影响力和竞争力的力量中心"。①

乌克兰危机发生之后,俄罗斯政治精英在外交领域的民族主义思想与欧亚主义思想愈发明显。在 2016 年版的《俄罗斯外交政策构想》中,普京政府明确将乌克兰危机的爆发归咎于美国及其盟友实施的遏制俄罗斯并施加政治、经济、科技等压力的方针,以及由此造成的对

---

① "Концепция внешней политики Российской Федерации," Кремль, 15. 07. 2008, http://www.kremlin.ru/acts/news/785.

地区和全球稳定的破坏。不承认美国在国际法律框架之外行使司法管辖权，保留对其不友好行为采取强硬回击的权利。[1] 同时，俄罗斯正在努力构建起作为亚太地区国家一员的角色定位，从而加强与亚太地区国家间的合作。2016年俄罗斯更是明确了其作为亚太国家的身份，提出俄罗斯强化在亚太地区地位的根本原因在于俄罗斯本身"就属于这一发展迅速的地缘政治区域"。在与西方关系恶化的背景下，俄罗斯加强其亚太国家角色地位的构建既是其应对外部安全挑战的重要手段，也是其拓展外交空间的必然选择。这也成为俄罗斯施行"东转战略"的基石。

然而，与其在对外政策中所体现出的民族主义和欧亚主义思想不同，俄罗斯在国内政治层面的战略文化则更多表现出"保守自由主义"的特征。与保守现实主义不同，保守自由主义具有对于西方文化和社会模式的更高认同。这种"保守自由主义"战略文化在"东转战略"实施中的直接体现就是西方主义思想所表现出的强大影响力以及某些俄罗斯政治精英对于中国力量的警惕。这也成为其"东转战略"在国际、国内层面取得不同效果的原因。

以远东地区开发中的外来投资为例，尽管俄罗斯近年来在远东地区实施了一系列开发措施，包括在符拉迪沃斯托克（海参崴）实施"自由港"制度，在远东地区设立超前发展区以及实施远东地区的土地私有化项目，但是目前针对远东地区的投资仍然是俄罗斯国内力量占据主流。远东发展部前部长加卢什卡曾经指出，在俄罗斯远东地区投资总额中，俄罗斯本国投资占80%，来自亚太国家的投资仅占20%。[2] 虽然普京政府多次强调与中国合作是加快远东地区和俄罗斯经济发展的重要途径，但中国在远东地区的投资仅占远东地区投资总额的6%。中国的经济影响力并未在远东地区得到充分的释放。

---

[1] "Концепция внешней политики Российской Федерации," МИД Российской Федерации, 30.11.2016, http://government.ru/docs/all/109255/.
[2] Виктор Ларин, "Новая геополитика для Восточной Евразии," Россия в глобальной политике, 2018, №5, стр. 25-28.

俄罗斯"东转战略"中国内政治与国际政治层面战略文化的不同是影响其目标达成程度不同的重要原因。从地缘政治的角度来看，俄罗斯"东转战略"中的战略文化是以民族主义思想为基础，以欧亚主义思想为主导的。然而在其远东开发过程中，保守自由主义的战略文化使得西方主义的思想深刻影响着俄罗斯的"东转战略"政策实践，导致其未能全面利用中国经济发展的潜力来提高远东地区的经济发展水平。

五、"东转战略"中的央地关系要素

俄罗斯作为一个联邦制国家，其国家内部中央与地方的关系以及地方治理问题一直是政治精英关注的焦点之一。在苏联解体之后，俄罗斯联邦内部中央与地方关系几经博弈变化，时至今日，远东地区形成了一种"强中央—弱地方"基本权力格局，同时兼具较强地区排他性倾向的"二律背反"式的央地关系。这一央地关系模式既为普京政府治下俄罗斯的政治、经济转型提供了保障性条件，也为地方经济发展动力不足埋下了隐患。

从总体上看，当前的俄罗斯虽然拥有联邦宪政体制的基本要素，但是其在实际操作层面则更多倾向于一种"国家能力维护型联邦主义"[1]，即更多寻求的是联邦政府对于地方政府的控制而非让地方政府拥有更多平等的权力。

当前，俄罗斯"强中央—弱地方"的央地关系权力格局主要体现在以下几个层面。

首先，在对外关系上，联邦政府拥有政策制定与实施的绝对权威，并且能够集中地方的资源用以加强对外政治、经济联系。而地方政府在对外战略决策上的参与度十分有限，更多扮演的是一种政策实践者的角色。其次，在对经济发展最为重要的能源权力上，联邦政府通过控制重点能源资产、限制地方油气出口能力和实施管道配额政策

---

[1] 宋博：《试论俄罗斯央地关系治理的非常规工具选择——能源治理》，《俄罗斯研究》2016年第5期，第165—168页。

等能源手段来限制地方政府的自治能力,从而确保其政策不会违背政治精英制定的基本方向。最后,在财税体制上,大量的民生政策预算与社会性支出由联邦主体和地方政府承担,使得地方政府财政负担过重,从而不得不在诸多经济领域依靠联邦政府的财政补贴,导致其对联邦政府的依赖性大大增加。

与完全意义上的"强中央—弱地方"的央地关系稍有不同的是,俄罗斯的央地关系在远东地区往往还会表现出相当程度的地区排他性倾向。这主要体现在以下两个层面。

首先,从政党权力格局上看,作为政权党的统一俄罗斯党在远东地区并没有获得绝对的统治地位。2018年9月举行的俄罗斯地方行政长官选举中,其推举的候选人在哈巴罗夫斯克边疆区和滨海边疆区两个重要的联邦主体都没有能够当选,而在所有远东联邦主体的地方议会选举中,联邦政府支持的该党的地方议会席位都出现了明显下降。[1] 其次,地方政治精英仍然在远东地区的具体行政事务上具有很强的影响力。以滨海边疆区新任行政长官科日米亚科为代表的地方官僚,从地区保护主义出发公开质疑联邦政府的地区发展政策与管理的有效性,这一行动不仅使其在选举中获得了当地选民的支持,战胜了来自联邦政府的技术官僚,赢得了地方选举,而且鉴于地方行政长官所拥有的管理权力,这些地方政治精英也能在很大程度上削弱联邦政府众多具体政策的执行力度。[2]

从俄罗斯"东转战略"的实施效果来看,俄罗斯国内当前所具有的央地关系特点一方面使得普京政府能够利用很多国内资源来贯彻其加强与亚太地区国家合作的总方针,另一方面也使得其远东开发进程在具体政策实施方面受到了很多不利影响。

首先,联邦政府普遍意义上的强大权威使得普京的"东转战略"

---

[1] Александр Шторм, Олег Артюков, "Итоги 9 сентября: Кремль проиграл региональные выборы," Правда, 09.09.2018, https://www.pravda.ru/politics/1392916-9_sentjabrja_2018/.

[2] 吴德堃:《垂直权力体系下的俄罗斯地方治理——以2018地方选举为视角》,《俄罗斯东欧中亚研究》2019年第4期,第92—110页。

在外交层面得到了迅速开展。"强中央—弱地方"的关系使得联邦政府能够在国内推行其"进口替代政策",通过加大由联邦政府主导的国内经济变革来缓解西方国家制裁给予俄罗斯的政治、经济压力。此外,俄罗斯联邦政府通过其所控制的能源手段加强与亚太地区国家的合作。2014年5月,普京在访问中国期间达成了中俄东线天然气管道的协议。通过与亚洲国家进行能源合作,俄罗斯联邦政府向西方国家表明了其"独立的,不会受到制裁胁迫并拥有强大朋友"的立场①。

其次,联邦政府通过其所拥有的强大权力从总体上以统合协调的方式来推进远东地区与亚太地区国家,尤其是与中国的合作。亚太地区是世界上最大的资本市场,俄罗斯希望利用其资金实施俄罗斯远东和东西伯利亚地区大型开发项目。远东和东西伯利亚地区由于人口稀疏以及自然条件恶劣,对于外国直接投资的吸引力十分有限,为了避免投资集中于能源领域从而形成新的"能源依赖",俄罗斯通过中央统筹的方式,以超前经济发展区、自由港等项目为基础吸引外国投资分散到远东开发的不同领域,从而扩大远东开发的积极效应。②

然而,在"强中央—弱地方"兼具地区排他性倾向的"二律背反"式的政治模式下,俄罗斯地方政府在参与远东开发时仍然面临着诸多阻碍性因素。

首先是随着克里姆林宫领导的垂直权力体系不断加强,俄罗斯地方政府对于资源控制能力一直在下降。有俄罗斯学者认为,缺少参与能源决策的渠道导致远东和西伯利亚地方政府无法影响能源收入分配的合理化进程。③ 这与俄罗斯联邦政府制定的以能源为手段,促进远

---

① Lo Bobo, "Russia and the New World Disorder," London: Royal Institute of International Affairs, 2015, p. 179.

② Bo X., William M. R., "Russia's Energy Diplomacy with China: Personalism and Institutionalism in Its Policymaking Process," The Pacific Review, Vol. 32, No. 1, 2019, pp. 1 – 19.

③ Габуев, А., "Поворот в никуда: итоги азиатской политики России в 2015 году," ХВИЛЯ, 03. 01. 2016, https: //hvylya. net/analytics/geopolitics/povorot – v – nikuda – itogi – aziatskoy – politiki – rossii – v – 2015 – godu. html.

东和东西伯利亚地区开发和经济发展的战略是相矛盾的。即使是联邦政府批准的项目，地方政府和官员因为对其缺乏了解和参与而难以对其进行有效管理。此前《2013年前远东和贝加尔地区经济和社会发展规划纲要》涉及项目完成程度不佳很大程度上就是由于地方政府缺乏有效管理。[1] 而此次远东开发中地方政府也由于财政问题难以与周边国家和地区自主开展大规模的合作项目。

其次是地区排他性倾向使得地方政治精英由于缺乏对联邦政府决策的参与而对联邦政府施行的远东开发政策持观望态度。这使得联邦政府的很多具体开发开放政策在落实时遇到诸多困难。虽然俄罗斯加速开发远东的政策自乌克兰危机至今已实行多年，但是俄罗斯远东地区的很多政治和知识精英仍然对远东地区的发展前景表示怀疑，担心这一政策最终会被俄罗斯的"大欧亚"战略所吞噬，甚至很多地方政治精英通过批评俄罗斯当前的远东发展政策而获得了地方民众的政治支持。联邦政府支持的技术官僚没能在2018年的地方选举中赢得哈巴罗夫斯克边疆区和滨海边疆区的行政长官职位就是这一问题的直接体现。此外，随着远东开发的推进，与远东地区毗邻的西伯利亚联邦区政治精英也在一定程度上表现出了对被排除在发展计划之外的担忧，[2] 这源于普京政府在2018年11月将原属西伯利亚地区的布里亚特共和国和后贝加尔联邦区并入远东联邦区的决策。

总体上看，俄罗斯国内当前的央地关系特点决定了其"东转战略"的国际政治目标比国内政治目标更容易实现。虽然俄罗斯联邦政府也在试图改变央地关系的不利因素，在不放松联邦政府控制性权力的同时将给予地方政府更多灵活性，但在联邦政府拥有全国90%税收并掌握绝对财政优势的基础上，其微小的调整并不足以缓和地方政府

---

[1] Shadrina, E., Bradshaw, M., "Russia's Energy Governance: Transitions and Implications for Enhanced Cooperation with China, Japan, and South Korea," Post-Soviet Affairs, Vol. 29, No. 6, 2013, pp. 461–499.

[2] Игорь Макаров, "Куда идет Дальний восток?" Россия в глобальной политике, 2018, No. 5. стр. 1–5.

对于联邦政府的财政依赖。而如何修正远东联邦主体的地区排他性倾向是未来俄罗斯远东开发必须要解决的问题。

六、"东转战略"中的政治结构要素

众所周知,"超级总统制"是当前俄罗斯政治结构的突出特点。在这种权力体系中,俄罗斯总统的权力置于立法、司法、行政三权之上,对于国内政治议程以及对外政策具有无可比拟的影响力。这一权力架构也使得俄罗斯总统的个人特质成为影响俄罗斯内外政策的重要因素。因此,很多俄罗斯学者认为强烈的人格主义色彩是普京治下的俄罗斯政治的突出特点。① 但同时,俄罗斯的国内政治结构中也存在着很强的制度主义要素。尤其在涉及重要国内政治议程时,国内政治决策中的制度要素成为不可忽视的变量,而这两个要素的互动也成为影响俄罗斯"东转战略"的关键。

从当前俄罗斯国内政治结构中人格主义与制度主义的影响来看,人格主义即普京的人格特质对于俄罗斯对外政策的影响尤为巨大,这主要体现在以下两个方面。

一方面,普京对于外部世界的看法极大影响了俄罗斯的对外政策选择。自2004年以来,俄罗斯与西方关系总体上处于下行通道。普京对于西方世界,尤其是美国表现出越来越强烈的不信任感。尽管普京承认俄美关系的重要性以及美国在现行国际体系内的霸主地位,但对于美国支持独联体地区"颜色革命"和北约东扩表示出了强烈的反感。普京认为美国的行为意在压缩俄罗斯的战略空间,与俄罗斯维持全球战略影响力的意图相抵触。与此相对应的是,随着中俄战略协作伙伴关系的不断深入,以及普京与中国领导人建立的良好个人关系,

---

① Guliyev, F., "Personal Rule, Neopatrimonialism, and Regime Typologies: Integrating Dahlian and Weberian Approaches to Regime Studies," Democratization, Vol. 18, No. 3, 2011, pp. 575 – 601; Haggard, S., Kaufman, R., "Democratization During the Third Wave," Annual Review of Political Science, Vol. 19, No. 1, 2016, pp. 125 – 144.

普京对于中国的信任感却在相对加强。① 在乌克兰危机的推动之下,普京的这种世界观使得"东转战略"成为了俄罗斯联邦政府的重要战略选择。

另一方面,普京强大的个人影响力有利于俄罗斯总体外交战略的转向。普京的主要政治盟友与伙伴对于当今俄罗斯的政治议程有着极强的控制力。这使得普京的外交思想与政策能够得到有力的贯彻和执行。虽然"西方中心主义"在俄罗斯政坛仍然有着广泛的影响力,但普京对于中国以及亚太国家的重视使得俄罗斯的政治精英对于"东转战略"方向的关注也在不断提升。这一特点突出体现在普京在2012年重新成为总统之前所发表的《俄罗斯与变化中的世界》一文与之后俄罗斯联邦政府颁布的两版《俄罗斯联邦外交政策构想》的紧密联系上。

普京对于俄罗斯外交议程的强大影响力,以及俄罗斯宪法所赋予总统在外交领域的强大权力使得普京政府制定的"东转战略"的对外政策能够得到有效完成。而与此相对应的是,由于复杂制度主义因素的存在,普京政府的"东转战略"在国内政治的实践则遇到了一定的问题。

这种制度因素的复杂性首先体现在中央官僚结构的权责划分上。与对外政策相比,"东转战略"在国内政治层面的决策过程更为复杂,其参与决策的角色也更多。而根据决策过程分析中的"小集团理论",随着参与者数目的增加以及小集团利益的存在,其决策效率也会更加低下。② 例如,在有关远东开发过程中地区对外开放程度上,俄罗斯经济发展部与工业贸易部和农业部就有着巨大的分歧。经济发展部主张实施积极的对外开放政策,而工业贸易部和农业部则认为过快的开放会严重损害俄罗斯的国内产业,因而一直反对经济发展部的开放主

---

① Bo X., Reisinger W. M., "Russia's Energy Diplomacy with China: Personalism and Institutionalism in Its Policy – Making Process," The Pacific Review, Vol. 32, No. 1, 2019, pp. 1 – 19.

② Hudson Valerie M., "Foreign Policy Analysis," Lanham: Rowman & Littlefield., 2014, p. 19.

张。这一分歧在实际上限制了远东开发开放的步伐。① 同时,俄罗斯有关远东开发开放政策的制度设计也十分复杂。虽然远东发展部担负着远东开发总体设计与实施的职责,但地方政府的主要管理权掌握在副总理特鲁特涅夫手中,远东地区能源开发权集中在副总理德沃尔科维奇手中。这种复杂的职责划分也使得远东开发决策难以像外交决策一样迅速而有效。②

这种制度因素的复杂性还体现在俄罗斯联邦政府如何对多边制度进行协调上。远东地区的经济发展水平在很大程度上取决于能否与中国、韩国、日本等亚太地区的主要经济体建立起发达的贸易联系。而对于俄罗斯联邦政府来说,俄罗斯远东的发展不仅仅是"东转战略"的一部分,更是其"大欧亚计划"的重要基础。为此,俄罗斯联邦政府需要将与亚太地区的贸易关系和其欧亚经济联盟伙伴关系相协调。虽然欧亚经济联盟内部已经达成了贸易自由化的协议,但如何实现欧亚经济联盟与其他贸易伙伴的对接则是更为复杂的多边制度协调问题。目前,欧亚经济联盟只与越南达成了自由贸易协定。而如何实现欧亚经济联盟贸易政策与远东开发过程中贸易政策的对接是俄罗斯联邦政府面临的又一复杂制度问题。

因此,从政治结构的角度来看,俄罗斯"东转战略"在国际和国内政治层面的不同表现说明了俄罗斯的对外政策更多体现出了人格主义的特点,即普京的个人影响力在俄罗斯的对外政策中起到了至关重要的作用。而在国内政治层面,制度主义则有着不可忽视的影响。虽然普京自2012年重新担任总统之初就重视远东发展问题,但俄罗斯国内存在的复杂机制要素却在一定程度上限制了这一目标的迅速实现。

自乌克兰危机爆发以来,俄罗斯加快了其"东转战略"的步伐。

---

① Игорь Макаров, "Куда идет Дальний восток?" Россия в глобальной политике, 2018, No. 5. стр. 1 - 5.
② Gabuev, A., "Russia's Policy Towards China: Key Players and The Decision-Making Process," The Asian Forum, April 16, 2015, pp. 65 - 70.

普京政府一方面加强与亚太地区国家的政治经济联系以缓解来自西方的战略挤压,另一方面则力图通过推进远东发展来为俄罗斯经济发展打造新引擎。从其政策实践来看,"东转战略"在国际政治层面的目标基本得到了顺利实现,而其国内政治目标的实现则仍然有很长的路要走。而为何其国际、国内政治目标在实践中会出现差异是笔者分析的主要方面。

根据新古典现实主义国际关系理论,在已有国际体系刺激给定的情况下,国家战略制定与实施的差异取决于其国内政治中介变量的作用。笔者将这些中介变量归纳为三个方面:战略文化、央地关系以及政治结构。

在战略文化方面,俄罗斯国内长期存在着西方主义、民族主义以及欧亚主义的战略文化导向差异。在"东转战略"这一问题上,民族主义和欧亚主义的思想主导了俄罗斯政治精英在对外政策方面的实践,形成了卡拉甘诺夫所说的保守现实主义思想,因而加快了俄罗斯与亚太地区国家,尤其是与中国发展双边关系的进程。而在国内政治层面,主导俄罗斯政治精英的保守自由主义仍然深受西方主义派思想的影响,其在实践层面突出表现为对于中国作用的负面认知,这种差异成为影响俄罗斯"东转战略"国内目标达成的重要阻碍。

在央地关系方面,俄罗斯在21世纪初形成了以"强中央—弱地方"为基本权力格局并兼具较强地区排他性倾向的"二律背反"式的央地关系。这种模式的央地关系一方面在国际政治层面有利于俄罗斯联邦政府综合运用联邦主体的力量来实现其对外战略的目标,但在另一方面则限制了其实现国内政治目标的能动性。这集中体现在地方政府参与决策和能源收入分配合理化能力的不足以及地方政治精英对于远东开发政策的观望态度。

在政治结构方面,俄罗斯如同很多国家一样,在决策过程中存在着人格主义与制度主义并存博弈的现象。其政治结构中的人格主义,即普京总统及其政治盟友的强大影响力有利于俄罗斯实现总体外交战略转向并影响着俄罗斯的对外政策选择,但其在国内政治层面则受到制度主义的限制与影响。中央官僚结构权责划分与多边制度协调的复杂性以制度主义的形式限制了俄罗斯政治精英远东发展目标的迅速实现。

需要指出的是，自"东转战略"实施以来，俄罗斯远东地区的经济社会发展出现了很多积极的态势，其经济增长水平也一直高于俄罗斯国内的平均水平。但其在民生改善和社会保障方面的进展则明显不如预期。① 这也成为人口外流趋势持续发展的原因。而通过国内政治的视角来考察"东转战略"在内外政策实施上的差异有利于我们进一步思考俄罗斯决策过程的发展与演变，从而为探究"东转战略"的未来走向奠定坚实的基础。

第二节 美国"大国竞争战略"的国内政治影响要素

一、问题的提出

大国战略竞争时代的到来，使各国国际关系学界对大国战略竞争这一学术命题的关注度在近年来持续攀升，成为国际关系领域的研究热点。② 这里所说的大国战略竞争指的是在世界主要大国——尤其是

---

① Леонид Бляхер，"Фронтир будущего，" Россия в глобальой политике，No. 5，2018，стр. 29 – 35.

② 近年来，中美两国学界产生的代表性理论研究成果可参见：阎学通：《世界权力的转移：政治领导与战略竞争》，北京大学出版社 2015 年版；李巍：《制度之战：战略竞争时代的中美关系》，社会科学文献出版社 2017 年版；杨原：《大国无战争时代的大国权力竞争：行为原理与互动机制》，中国社会科学出版社 2016 年版；吴心伯：《论中美战略竞争》，《世界经济与政治》2020 年第 5 期，第 96—130 页；刘丰：《中美战略竞争的限度与管理》，《现代国际关系》2019 年第 10 期，第 21—27 页；Aaron L. Friedberg, "Competing with China," Survival, Vol. 60, No. 3, 2018, pp. 7 – 64; Kurt M. Campbell, Ely Ratner, "The China Reckoning: How Beijing Defied American Expectations," Foreign Affairs, Vol. 97, No. 2, 2018, pp. 60 – 70.

霸权国和崛起国——之间展开的国家间竞争。① 这种竞争是全球性、全方位和长期性的，它不仅是利益与力量之争，还是国际地位和国际影响力之争；它不仅停留在国家安全、经济和外交等硬实力领域，还存在于意识形态、政治制度和发展模式等软实力层面；它不仅涉及竞争双方的互动和博弈，而且关系到国际格局的走向、国际秩序的调整甚至整个国际体系的结构和性质。基于大国战略竞争的上述重要影响，结合世界面临百年未有之大变局及中美步入战略竞争时代的新背景，从历史与理论维度对大国战略竞争进行思考具有显著的学术价值和政策意义。

自 19 世纪末崛起为世界大国并进行海外扩张以来，美国便成为大国战略竞争的重要参与者，尤其在二战结束建立全球霸权以后，更成为这种竞争的主角甚至主导者。其中，美国与苏联之间的战略竞争深刻影响了 20 世纪下半叶的世界政治，而中美关系的演化则将塑造 21 世纪的国际体系。因此，在"大国战略竞争"这一学术命题的总体框架下，将二战后美国"大国竞争战略"的生成及其变迁逻辑作为具体案例加以考察，不仅有助于我们深入理解大国战略竞争的历史与理论，而且可以为全面审视美国对华战略的现实和趋势提供学理支撑。

美国的"大国竞争战略"是其"大战略"的核心组成部分。大战略通常指一国为实现安全、权力、财富和价值观等国家利益而对军事、外交以及经济等手段的综合运用。② 按照利德尔·哈特等战略学家的传统观点，美国大战略的本质是利益与权力、目标与手段之间的

---

① 竞争是国家间关系的主要形态之一，其性质介于合作与敌对之间。竞争型关系的核心特征既包括合作型关系中的基本元素（如政治对话、经济往来与军事交流），也包括敌对型关系中的基本元素（如利益与影响力的争夺），因而是一种最为复杂、也最难应对的双边关系形态。参见：吴心伯：《论中美战略竞争》，《世界经济与政治》2020 年第 5 期，第 100—101 页。

② Robert Art, "A Grand Strategy for America," Ithaca: Cornell University Press, 2003.

平衡与统筹。① 由于大国战略竞争在外交实践中对美国的利益和地位构成了根本挑战，因此，"大国竞争战略"的有效性在很大程度上决定了美国大战略的成败。在成为全球性大国后的不同历史时期，尽管维护自身利益和地位的战略目标始终如一，但美国的"大国竞争战略"却随着内外环境的变化体现出鲜明的时代性、差异性和动态调整性，经历了一个分阶段的演化过程。

首先是美国对欧洲大国的战略竞争阶段。在此阶段，欧洲是整个国际体系的中心，世界政治正处于第二次工业革命后的全球殖民主义体系扩张狂潮中。② 英国、法国和德国等欧洲大国之间存在有关世界霸权和海外殖民地争夺的激烈较量，而作为崛起中的新兴大国，正在走向海外扩张的美国则与整个欧洲存在经济利益和殖民地瓜分的战略竞争。以现实主义为原则的经济保护主义、大规模扩建海军与势力范围扩张成为这一时期美国"大国竞争战略"的核心，这一战略选择一直持续到1941年底日本偷袭珍珠港和美国正式参与世界反法西斯战争。③

其次是美国对苏联的战略竞争阶段。二战后，随着两极格局的形成和美国主导的一系列国际机制与相应国际秩序的构建，以美苏为首的两大政治、军事阵营间的冷战成为世界政治的主题。与此前以地缘政治争夺为焦点的大国战略竞争不同，美苏间的战略竞争是

---

① Liddell Hart, "Strategy," New York: Praeger, 1954, p. 31; Walter Lippmann, "U. S. Foreign Policy: Shield of the Republic," New York: Little Brown, 1943; George Kennan, "American Diplomacy," Chicago: University of Chicago Press, 1985; Barry Posen, "The Sources of Military Doctrine," Ithaca: Cornell University Press, 1985, p. 13; Robert Art, "A Defensible Defense: America's Grand Strategy after the Cold War," Cambridge: The MIT Press, 1997, p. 79; Thomas Christensen, "Useful Adversaries: Grand Strategy, Domestic Mobilization, and Sino - American Conflict, 1947 - 1958," Princeton: Princeton University Press, 1996, p. 7.

② 时殷弘：《现当代国际关系史：从16世纪到20世纪末》，中国人民大学出版社2006年版。

③ Benjamin Franklin Cooling, Gray Steel and Blue Water Navy, "The Formative Years of America's Military - Industrial Complex, 1881 - 1917," Hamden: Archon Books, 1979, pp. 113 - 160.

第五章 国内政治与俄罗斯和美国的区域战略

地缘政治较量与意识形态博弈的结合。此外，核武器的"相互确保摧毁"效应推动国际关系进入了"大国无战争"时代。在上述背景下，以自由国际主义为原则的遏制成为这一时期美国"大国竞争战略"的核心。①

最后是美国对中国的战略竞争阶段。冷战后，经济全球化时代的到来使中国作为新兴大国的崛起与历史上美苏等大国崛起面临的外部环境及发展战略全然不同。伴随自身不断主动融入后冷战时代的国际体系，中国成功推进了"体系内崛起"的进程，即通过和平、合作与建设性方式与既有霸权国及其主导的国际体系实现共处甚至达到相互依赖。② 在这一背景下，中美两国构建起一种有别于此前霸权国与崛起国之间激烈竞争的既有关系形态，形成了竞争与合作并存的"体系内两强"关系。③ 2008 年金融危机爆发后，以 2010 年中国经济总量跃升为世界第二、同年美国开始将全球战略重心转移到亚太地区并推出所谓"亚太再平衡"战略为标志，在中美力量对比变化加速、战略竞争色彩日渐增强，以及相互依赖、国际制度、伙伴关系和全球治理等新要素成为世界政治主题的背景下，现实制度主义框架下的利益博弈成为美国"大国竞争战略"的核心。④

以上简要梳理清晰地表明，美国的"大国竞争战略"不仅呈现

---

① 按照美国著名学者约翰·伊肯伯里的研究，自由国际主义是指二战后国际秩序所体现出的一种带有自由主义色彩的等级秩序，其中，美国在提供规则和稳定方面发挥着领导作用，并且这一领导作用是由美国无与伦比的权力及其自由主义治理原则两方面构成的。参见：G. John Ikenberry, "Liberal Leviathan: The Origins, Crisis, and Transformation of the American World Order," Princeton: Princeton University Press, 2011, p. 7.

② 达巍：《美国对华战略逻辑的演进与"特朗普冲击"》，《世界经济与政治》2017 年第 5 期，第 21—37 页。

③ 吴心伯：《竞争导向的美国对华政策与中美关系转型》，《国际问题研究》2019 年第 3 期，第 7—20 页。

④ 现实制度主义是人国战略竞争新背景下对中美关系的理论思考，是在现实主义和自由国际主义基础上理解美国"大国竞争战略"演变的最新探索。参见：李巍：《制度之战：战略竞争时代的中美关系》，社会科学文献出版社 2017 年版。

一种持续演化的特征,而且在不同历史时期都对大国关系以至整个国际体系的发展演变产生了深刻影响。因此,深化和完善对美国"大国竞争战略"演化逻辑的理解,无论是在学术创新层面,还是在政策实践层面都具有重要意义。本节致力于构建一个二战后美国"大国竞争战略"变迁逻辑的分析框架,以更好地对历史和现实进行审视和诠释。

二、现有研究及其不足

在探索美国"大国竞争战略"演变逻辑的过程中,国内外学者的理论创新尝试体现出了鲜明的时代性,为对这一问题的理解勾勒出一幅宏观的理论进化图景。从现实主义到自由主义再到现实制度主义,美国"大国竞争战略"研究范式的演进本质上反映出国际体系、竞争对手和美国自身实力三方面在不同历史阶段的重要差异。

首先是国际体系的差异。按照现实主义和建构主义两大国际关系理论流派的观点,以二战的结束为转折点,国际体系分别经历了从进攻性现实主义世界到防御性现实主义世界、从霍布斯式无政府文化到洛克式无政府文化的转型。[1] 在上述体系转型的背景下,美国的"大国竞争战略"进行了相应调整,以更好地适应体系环境。其次是战略竞争对手的差异。从欧洲列强到苏联再到中国,美国设定的战略竞争对手无论在政治制度、对外战略还是与美国的综合国力对比方面都存在显著差异,因而需要制定有针对性的"大国竞争战略"。最后是美国自身实力(尤其是与他国相对实力对比)的差异。从19世纪末到二战结束再到2008年金融危机的爆发,美国的综合国力经历了一个由弱到强、再由盛转衰的过程。因此,美国拥有的战略资源和可利用的战略手段必然不同,这就导致其"大国竞争战略"的选择随国力消长而不断演变。

---

[1] Alexander Wendt, "Social Theory of International Politics," New York: Cambridge University Press, 1999, p. 6; Shiping Tang, "The Social Evolution of International Politics," Oxford: Oxford University Press, 2013, p. 4.

第五章 国内政治与俄罗斯和美国的区域战略

(一) 现实主义范式及其不足

现实主义是理解二战前美国"大国竞争战略"逻辑的主要切入点。① 这一国际关系的传统研究范式认为,国际体系的结构性特征决定了国家对外战略的走向,只有系统考察体系层面的变量尤其是国际权力结构,才能对国家的战略行为做出恰当分析。② 在此阶段,国际体系的基本特征是欧洲处于世界权力的中心,以英国、法国和德国为代表的欧洲列强在围绕世界霸权和海外扩张的竞争中形成了以权力政治为基本准则的大国关系形态。因而,尽管美国自立国时起便有着"例外论"的自由主义价值观,但由于当时自身的实力地位与国际影响力难以与老牌欧洲大国相抗衡,故而采取避其锋芒的现实主义对欧竞争战略是自身利益最大化的理性选择。③ 例如,在世界主要大国的海外扩张浪潮中,美国并未挑战欧洲大国的既得利益和地区秩序,只是尝试在拉美和东亚等边缘地带扩展市场,因此没有遭到欧洲列强的大规模干涉和挤压。④ 又如,按照现实主义的主流观点,对于作为新兴大国的美国而言,这一时期更具紧迫性和战略性的发展重点是建造一支强大的军队尤其是海军力量,以在未来围绕海外扩张的大国战略

---

① Thomas G. Peterson, J. Garry Clifford and Kenneth J. Hagan, "American Foreign Policy: A History, 3 rd edition," Boston D. C.: Heath&Company, 1988, pp. 153 – 213.

② Kenneth Waltz, "Theory of International Politics," Reading Mass: Addison – Wesley, 1979, p. 4.

③ 美国的"例外论"包括四个方面的核心内涵:美国优越论、美国榜样论、美国使命论和美国神佑论,即认为美国占据着全球道德的制高点,有责任去改变世界,并且其事业将永久得到上帝的保佑。参见: Stephen M. Walt, "The Myth of American Exceptionalism," Foreign Policy, November 10, 2011, http://foreign policy. com/2011/10/11/the – myth – of – american – exceptionalism/。

④ Jules Davids, "American Political and Economic Penetration of Mexico, 1877 – 1920," New York: Arno Press, 1976; Lester D. Langley, "Struggle for the American Mediterranean: United States – European Rivalry in the Gulf – Caribbean, 1776 – 1904," Athens: University of Georgia Press, 1976; Joseph Smith, "Illusions of Conflicts: Anglo – American Diplomacy toward Latin America, 1865 – 1896," Pittsburgh: University of Pittsburgh Press, 1979.

竞争中取得优势。①

现实主义的研究取向准确把握了二战前美国"大国竞争战略"的主要内容与核心特征,却存在一定程度的因果颠倒,无法充分阐释这一阶段美国"大国竞争战略"的关键案例及其背后的根本动因。现实主义将美国对欧竞争战略的前提假定为美国是处于国际体系边缘地带的弱势一方,因而其战略重点是在避免与欧洲主要大国产生尖锐冲突的同时,积极壮大自身实力并进行外围扩张。这一理论假设及其推论都有待商榷。一方面,美国早在1894年即超过英国成为当时世界工业总产值最高的国家,到一战结束时更是拥有按照自身理念和原则改造国际体系的实力和机遇,并且以时任总统伍德罗·威尔逊为代表的国内政治精英也的确开始致力于让美国通过国际联盟这样的制度化安排获得世界领导权。② 这些事实表明,美国在此期间已经走进国际权力结构的中心,而非处于边缘地带。因此,现实主义的前述理论假定并不成立,现实主义范式也无法有效解释美国为何在长达半个世纪的时间里始终推行现实主义的对欧竞争战略。同时,历史也已表明,威尔逊时期美国外交的自由主义探索最终走向失败的根源并非来自国际体系而是国内政治。另一方面,现实主义的理论假定也未能充分解释为何美国在此期间大力推行对欧贸易保护主义政策,甚至不惜通过主动挑起大规模关税战同欧洲大国展开激烈竞争,而非一味避其锋芒。③ 总之,美国的现实主义对欧竞争战略更多地是以利益为导向而非受制于欧洲大国,更多地体现出战略进取而非战略妥协的特征。

(二)自由主义范式及其不足

二战后,自由主义成为观察美国"大国竞争战略"的主流范式。

---

① Walter R. Herrick, Jr., "The American Naval Revolution," Baton Rouge: Louisiana State University Press, 1966, pp. 54 – 68.

② [苏]祖波克著,苏更生译:《美国史纲》,生活·读书·新知三联书店1972年版,第344页;黄安年:《美国社会经济史论》,山西教育出版社1993年版,第13—14页。

③ 关于这一时期美欧关税战的具体分析,参见:Tom E. Terrill, "The Tariff, Politics and American Foreign Policy, 1874 – 1901," Westport: Greenwood Press, 1973.

第五章 国内政治与俄罗斯和美国的区域战略

随着世界政治进入"大国无战争时代"、美苏两极格局在地缘政治和意识形态双重意义上的形成,以及美国主导的国际制度大量出现并在世界政治中发挥越来越重要的作用,单一的现实主义视角已无法适应国际体系的上述变化。① 自由主义视角认为,在新的时代背景下,自由国际主义——将美国自身权力的运用与多边主义、国际合作和国际制度结合起来,最大限度联合所谓"自由世界"以遏制苏联及其意识形态的全球扩张——成为美国同苏联竞争的战略选择。② 按照美国著名学者查尔斯·库普乾等的研究,美国的自由国际主义对苏战略包含有四个核心特征:一是安全问题的首要性;二是自由主义的贸易政策;三是对于多边主义、国际制度和同盟体系的强调;四是海外干涉与意识形态竞争。③

自由主义范式对二战后美国对苏竞争战略的新特点,尤其是其与此前对欧竞争战略的差异进行了较为全面的梳理和总结。这一范式创新对于理解二战后的美国对外战略以及世界政治和国际体系出现的新变化都大有裨益。然而,与现实主义所面临的理论困境类似,同样以体系层次变量为研究出发点的自由主义并未提出一个关于美国"大国竞争战略"演化逻辑的有说服力的理论框架。例如,在战略的宏观变迁层面,无论是自由主义强调的二战后国际体系以制度为导向的变化,还是美国自身在崛起过程中运用自由主义原则改造外部世界能力的提升,都无法解释为何二战后的美国迅速改变了保护主义政策,开

---

① 二战后世界政治的新变化催生出了自由制度主义这一新的国际关系理论流派,产生了一系列重要理论成果。参见:Robert Keohane, Joseph Nye, "Power and Interdependence: World Politics in Transition," Boston: Little, Brown&Company, 1977; Robert Keohane, "After Hegemony: Cooperation and Disorder in the World Political Economy," Princeton: Princeton University Press, 1984。

② Melvyn Leffler, "A Preponderance of Power: National Security, The Truman Administration, and the Cold War," Stanford: Stanford University Press, 1992, Introduction.

③ Charles A. Kupchan, Peter L. Trubowitz, "Dead Center: The Demise of Liberal Internationalism in the United States," International Security, Vol. 32, No. 2, Fall, 2007, pp. 7 - 44.

始进行大规模的经济扩张并构建起以全球自由贸易网络为基石的经济霸权，进而打造与苏联进行战略竞争的根本优势。概言之，自由主义是美国"大国竞争战略"演化的结果而非原因。又如，在战略的微观调适层面，自由主义范式也无法回答在体系结构和制度安排没有发生根本变化的条件下，为何美国的自由国际主义对苏竞争战略在20世纪70年代以后由盛转衰，无论是安全领域的战略收缩转向、贸易保护主义的卷土重来，还是意识形态层面的攻守易势，都表明这一时期推动美国对外战略调适的根本动因存在于国际体系和国际制度以外。[①]

（三）现实制度主义范式及其不足

冷战后，尤其是2008年金融危机爆发以来，随着中国的迅速崛起和美国权势的相对衰落，中美战略竞争趋势的强化使越来越多的学者开始探讨两国关系陷入历史上反复出现的崛起国与霸权国之间的所谓"修昔底德陷阱"的可能性及其影响，因为无论是美欧战略竞争还是美苏战略竞争，都曾给国际关系带来体系层面的巨大冲击。[②] 然而，近年来中美关系发展的实践表明，这种战略竞争既非冷战对峙的关系，也非战争敌对的关系，而是一种相互依赖状态下合作与竞争共存的新形态：一方面，中美是一对重要的合作伙伴，两国间的战略合作无论对双边关系、地区稳定还是全球治理都发挥了不可或缺的积极作用；另一方面，中美又存在广泛的战略竞争，并且这种竞争并非军备竞赛、结盟对抗和意识形态比拼，而是围绕对于国际制度的塑造、改革和领导等所展开的竞争。[③] 因此，现实制度主义在折衷主义的基础上对现实主义和自由主义进行了整合，提出了理解这一时期美国"大国竞争战略"的新范式。

从2008年金融危机爆发以来国际秩序和大国关系的新变局出发，

---

① Ole Holsti, James Rosenau, "American Leadership in World Affairs: Vietnam and the Breakdown of Consensus," Boston: Allen and Unwin, 1984.

② Graham Allison, "Destined for War: Can America and China Escape Thucydides's Trap?" London: Mariner Books, 2018.

③ 李巍:《制度之战：战略竞争时代的中美关系》，社会科学文献出版社2017年版，第2页。

现实制度主义提出，围绕国际制度的创建、维系和改革所开展的竞争已经成为大国战略竞争的核心，并以此为基础对大国战略竞争的新特点进行了全面细致的阐述。然而，这一范式在美国对华竞争战略生成的逻辑探索方面只是提供了一个总体框架，在具体案例和政策实践的分析领域存在模糊化的缺陷。例如，尽管从奥巴马政府执政时起，美国的对华战略竞争整体上一直呈现现实制度主义的特征，但在政策实践中，"现实"与"制度"依然是有着明确分野的两个战略重点而非统一概念。例如，民主党的奥巴马政府和拜登政府将制度性议题（包括规则、价值观及亚太地区秩序领导权等）视为对华战略竞争的重点，而共和党的特朗普政府却在对华战略竞争方面更多彰显了"现实"的一面而非"制度"的一面——无论是特朗普政府自身对于国际制度和多边主义的排斥，还是在对华战略上围绕传统的经济议题和安全议题大做文章，都表明我们对于美国对华竞争战略实践逻辑的分析，需要在现实制度主义的框架下加以进一步细化，这就同样需要超越体系层次的分析。

综上所述，现实主义、自由主义和现实制度主义等基本范式对美国"大国竞争战略"的研究进行了有益探索，从历史与理论多个维度为国际关系学界深入理解不同阶段美国相应战略的形成及其变迁奠定了坚实的学理基础。然而，由于这些既有研究普遍聚焦于体系层次的理论创新，忽视了美国"大国竞争战略"演化的底层逻辑，因此存在逻辑连贯性方面的不足，并且由于其无法充分阐释历史上及当下美国"大国竞争战略"演化过程中的一些关键案例，因而还存在经验解释力方面的欠缺。基于此，本节致力于超越体系层次，通过引入美国国内政治变量，将地缘政治与国内政治进行融合与统筹，构建一个分析二战后美国"大国竞争战略"变迁逻辑的内外互动框架，从而在理顺其线索的基础上更加深入有效地阐释历史与现实。

三、国内政治影响美国"大国竞争战略"的解释框架

19世纪末以来，伴随着全球性国际体系的形成，国际关系与世界经济的开放性与一体化程度与日俱增，并开始不断挑战传统的关于民

族国家统一性的理论假设。① 在美国，鉴于政治制度、经济结构以及以区域、产业和阶层等为代表的社会要素所具有的多元化特性，无论是国际政治环境的变化，还是国际商品、资本和技术的流动及更新，都经常导致一种"非均衡"的国内影响，从而使多元化的社会力量在外交政策领域产生相近或相冲突的利益诉求。② 例如，在特定的历史发展阶段，美国国内某些区域、产业和阶层可能因受惠于经济全球化而迅速崛起，另一些则可能因激烈的国际竞争而面临巨大的发展困境。近年来，备受学界关注的美国五大湖区制造业集中的"铁锈地带"在冷战后所遭遇的全球化冲击，就是一个典型案例。又如，大国战略竞争，尤其是美苏冷战，引发的政府军费开支的迅速上升，会在美国国内产生"转移支付"效应，即有利于军工产业或分布有这些产业的区域的发展，却不利于其他区域，因为后者交付给联邦政府的税收有很大一部分被转移支付给了前者。③ 总之，国内政治、社会利益在外交政策领域的差异与失衡总是不可避免地成为围绕美国对外战略（包括军费开支、贸易政策、多边合作和海外干预等）而引发的国内政治博弈的根源。

回顾历史，尽管上述现象并非仅仅发生在美国，但由于美国特殊的国家—社会关系，各类国内政治、社会行为体间的竞争与合作在其对外战略制定和变迁的过程中发挥着比其他国家更为显著的作用，因而这一点在作为美国对外战略核心的"大国竞争战略"方面体现得尤为明显。由于大国战略竞争在不同时期都会带来国际体系层面的重大

---

① 时殷弘：《现当代国际关系史：从16世纪到20世纪末》，中国人民大学出版社2006年版。

② Peter Trubowitz, "Defining the National Interest: Conflict and Change in American Foreign Policy," Chicago: University of Chicago Press, 1998, p. 5.

③ Kenneth Mayer, "The Political Economy of Defense Contracting," New Haven: Yale University Press, 1991; James Lindsay, "Parochialism, Policy, and Constituency Constraints: Congressional Voting on Strategic Weapons System," American Journal of Political Science, Vol. 34, No. 4, 1990, pp. 936 – 960; James Clotfelter, "Senate Voting and Constituency Stake in Defense Spending," Journal of Politics, Vol. 32, No. 4, 1970, pp. 979 – 983.

影响,因而其走向不仅直接涉及美国的国际经济政策和军费开支政策(这与国内行为体最为关切的经济利益诉求密切相关),而且会通过其对国际体系和战略环境的宏观影响,间接地作用于国内行为体包括文化—价值观认同等在内的各项对外战略偏好。

笔者认为,正是以大国战略竞争为核心的国际体系环境与美国国内经济结构及政治制度的共振,引发了其国内多元化的政治、社会行为体的差异化外交利益诉求,进而推动代表不同社会利益的国内政治联盟间的激烈博弈,并在此基础上通过以代议制民主为特征的制度化中介,形成了特定时期主导美国"大国竞争战略"制定的国内政治结构。随着国际体系环境与美国国内经济结构的发展演变,这一共振效应在不同历史时期往往表现为国内主要政治联盟间的分化与重组,从而在根本上决定了美国"大国竞争战略"的演化方向。这一分析框架挑战了现有国际关系理论的许多假设,尤其是将研究重点从国际体系层次转移到了国内政治、社会层次。通过回顾美国"大国竞争战略"的演化历史,该框架试图表明,美国在各个发展阶段的"大国竞争战略"都是国内政治、社会利益博弈的产物。在实践中,这种博弈背后的驱动力存在于如下三个相互关联的方面。

第一,美国政治植根于国内社会,因而社会力量的偏好从根本上决定了民选政治精英在对外战略方面的政策立场。例如,当我们分析美国总统的重要外交决策行为时,通常将其身份设定为负责美国对外事务的最高领导人或战略家,却忽视了其另一重或许更为重要的身份——美国国内特定政党和政治联盟的领袖。因此,美国总统在进行外交决策时不可避免地会同时受到国际政治因素和国内社会利益的双重影响,并且后者往往发挥着更为重要的作用。[1] 国内社会利益诉求的多元化是美国政治发展过程中的一种结构性现象。自立国时起,由于美国始终奉行以代议制民主为核心内容的政治制度,因此,包括总统和国会议员在内的政治精英从自身利益(包括赢得竞选连任和推动

---

[1] Peter Trubowitz, "Politics and Strategy: Partisan Ambition and American Statecraft," Princeton: Princeton University Press, 2010, pp. 145–150.

政策议程顺利实施等)出发,不得不在对外战略制定的过程中回应他们所代表的那部分社会利益的诉求,这就使得特定的社会利益对政治人物的行为起到了约束甚至是塑造的作用。[1] 例如,早在美国独立之初,分别代表东北部和南方不同社会利益的政治精英便在国会围绕如何同前宗主国英国发展外交关系展开了激烈斗争:一方面,东北部的工商业、金融集团及其利益代表联邦党人主要通过发展对外贸易获取经济利益和相应政治好处,并且该地区进口的货物绝大部分来自英国,故而主张保持英美合作;另一方面,代表南方农业利益的民主共和党人则从自身角度出发,反对英国商品大量涌入美国,主张对英采取更为强硬的政策,迫使其在贸易问题上让步以保护南方落后的产业。[2] 正是以上两大社会利益之间的矛盾和冲突才衍生出美国外交思想中的"杰斐逊主义"与"汉密尔顿主义"两种传统。因此,围绕对外战略制定而产生的政治合作或斗争本质上反映的是美国国内社会利益趋同或相冲突的现实。在这种背景下,多元化的社会利益传导到国内政治层面,便形成了府会层面多元化的对外政策立场,从而为针对美国外交尤其是"大国竞争战略"制定的博弈提供了舞台。不难看出,以上逻辑建立在政治学中的理性选择假设之上。依据该假设,政治人物可以被理解为在国内政治这一"市场"中寻求选票的各类"企业家",他们在外交上的立场取决于各自代表的那些以不同区域、产业和阶层为核心的社会利益的偏好。如果政客采取违背其代表的政治联盟利益的立场,必然会在选举中遭受惩罚,而这正是任何一个"理性人"都极力避免的结果。

第二,美国政治的制度设计及其游戏规则使得政治上多数或主导性联盟的构建成为必要,并且只有形成一种基于共同利益且相对稳定的政治联盟,美国的"大国竞争战略"才有可能较为持续有效地推行

---

[1] David Mayhew, "Congress: The Electoral Connection," New Haven: Yale University Press, 1974.

[2] Edward Chester, "Sectionalism, Politics, and American Diplomacy," Metuchen: Scarecrow Press, 1975, p.4;杨生茂主编,王玮、张宏毅副主编:《美国外交政策史(1775—1989)》,人民出版社1991年版,第82—96页。

下去。基于多数决定原则,社会力量为了使国家的对外战略选择符合自身利益,必然致力于构建以共同利益为基础的政治联盟,从而实现主导政策议程的目标。[1] 从这个意义上讲,围绕美国"大国竞争战略"制定而形成的国内政治联盟可以被理解为以共同对外战略利益为纽带,以国内不同区域、产业和阶层为代表的社会力量的联合体。例如,美国之所以能在二战后初期构建起国内的"冷战共识",并在此基础上成功地推行一种以遏制政策为核心的自由国际主义对苏竞争战略,原因在于当时美国国内出现了一个能够从该战略中获取巨大利益的、由东北部工商业力量和南方种植园经济—军工利益复合体组成的政治联盟,并占据了政治上的主导地位。按照美国学者彼得·特鲁波维兹的研究,由于美国国内存在三大政治—社会力量中心,即东北部、南方和西部,因此,只要三者中有两者能够结成稳定的对外战略联盟,便可以在政治上获得多数地位,从而使美国的"大国竞争战略"成为其意志的体现。[2]

第三,由于美国"大国竞争战略"演化的关键动力来源于国内政治联盟的分化重组,而后者又植根于不同的社会力量随国际体系结构和国内经济结构变化而不断调整的外交利益诉求,因此,美国的"大国竞争战略"具有鲜明的实用主义特点和显著的周期性特征。自19世纪末开始海外扩张进程以来,美国国内政治联盟格局经历过三次主要的分化重组,每一次都从根本上改变了美国"大国竞争战略"的方向。首先,19世纪末20世纪初国内政治联盟的重组,形成了共和党代表的东北部—西部政治联盟主导美国内政外交走向的国内政治结构,结果是该阶段美国的现实主义对欧竞争战略是这一政治联盟对外战略利益诉求的集中体现。其次,20世纪40年代美国国内政治联盟的重组,形成了跨越民主、共和两党的"新政联合体",即东北部—

---

[1] Miroslav Nincic, "Democracy and Foreign Policy," New York: Columbia University Press, 1992.

[2] Peter Trubowitz, "Defining the National Interest: Conflict and Change in American Foreign Policy," 1998, p.1.

南方政治联盟主导美国内政外交走向的国内政治结构,这一时期美国的自由国际主义对苏竞争战略同样是上述主导性国内政治联盟对外战略利益的集中反映。最后,冷战后,特别是2008年金融危机爆发以来,美国国内形成了民主、共和两党及其各自政治联盟势均力敌且高度极化的政治结构,因而,其现实制度主义的对华竞争战略(2010年至今)丧失了此前两个历史阶段"大国竞争战略"的连贯性和统合性。尽管对华战略竞争是美国国内两大政治联盟的对外战略共识,但如何界定这种竞争、如何确立竞争的优先事项和战略重点、如何对不同的竞争性议题进行合理排序并投入相应战略资源,在美国国内存在分别以"现实"(如共和党强调的经济、安全议题)和"制度"(如民主党强调的国际秩序和全球治理议题)为出发点和侧重点的鲜明的党派差异。由此,美国对华竞争战略的走向不可避免地会受到国内政治的影响。总之,对于国内政治联盟格局变迁的探究,可以帮助我们发现美国"大国竞争战略"演化背后的国内政治逻辑,从而丰富和完善学界对于美国外交的理解。

综上所述,美国"大国竞争战略"的选择归根到底是其国内多元化政治、社会利益博弈的产物。在这一过程中,国际体系和国内经济要素共同构成了塑造不同政治、社会行为体外交利益诉求的结构性力量,而这些行为体为使美国的对外战略选择最大限度地符合自身利益,总是倾向于构建基于共同利益并能在国内政治制度框架下占据多数或优势地位的政治联盟,从而最终决定美国"大国竞争战略"的走向。此外,由美国社会的高度开放性和多元化所决定,随着国际体系结构和国内经济结构的不断演变,美国国内政治、社会行为体在不同历史发展阶段往往会形成差异化的"大国竞争战略"偏好,进而引发政治联盟的分化与重组。这一点构成了美国"大国竞争战略"演化的关键动力。由是观之,美国"大国竞争战略"的生成及其演化所蕴含的底层逻辑实质上是一种建立在国际体系和国内政治内外互动机理上的政治学逻辑。

四、东北部—南方政治联盟、两党冷战共识体制与美国的自由国际主义"大国竞争战略"
(1945—1989 年)

二战结束后,国际体系出现的两极结构对于美国"大国竞争战略"演化的最重要影响在于,它与国内寻求全球性扩张并自罗斯福新政时起逐步形成且最终跃升至政治优势地位的东北部—南方政治联盟形成了共振,通过参与塑造这一新的主导性联盟的外交利益,使自由国际主义的对苏竞争战略在美国国内政治博弈中占据了上风。

二战期间,伴随着战时军事开支的不断扩大、国际贸易的持续发展以及工业化的突飞猛进,美国国内政治联盟经历了一轮深刻重组。东北部和南方围绕贸易政策和军费开支等问题一直存在尖锐矛盾,但在两次世界大战期间,美国高速发展的工业化使其成为世界上最发达的经济体,而东北部作为美国工业和经济的中心,随之逐渐转型为对外经济扩张的主要受益者。例如,一战对欧洲经济的重创使来自美国东北部的金融集团、银行家及先进工业企业得以趁势大规模对外输出资本和进行海外投资,从而获取了巨大经济利益。[1] 结果是美国取代欧洲成为世界经济和金融中心,同时,东北部日益稳固了其作为美国经济和金融中心的地位。经济结构变化所引发的对外战略利益变化,使美国东北部与一直以来就倾向于自由贸易的南方达成了战略共识,

---

[1] 一战后,英法等国家为国内重建不得不向美国大量借债,因此,在不到十年的时间里,美国便由一个外债超过 37 亿美元的债务国迅速变身为账户经常性顺差达 35 亿美元的债权国。此外,欧洲的衰落为美国向此前主要由欧洲资本主导的地区输出资本创造了绝佳机会。仅 1919—1929 年,美国的对外直接投资便由 39 亿美元猛增至 76 亿美元。参见:Cleona Lewis, "America's Stake in International Investment," Washington, D. C.: Brookings, 1938, p. 447; Frederick Adams, "Economic Diplomacy: The Export – Import Bank and American Foreign Policy, 1934 – 1939," Columbia: University of Missouri Press, 1976, p. 34; Jeffery Frieden, "Sectoral Conflict and U. S. Foreign Economic Policy, 1914 – 1940," International Organization, Vol. 42, No. 4, 1988, pp. 59 – 65。

这一点成为东北部—南方政治联盟得以稳固构建的首要原因。①

此外,在东北部的工商业和金融利益集团看来,为确保实现自身不断扩展的海外经贸和投资利益,美国就必须通过增加军费开支、加深盟友协调以及开展多边国际合作等方式,确保海外市场免于苏联及其社会主义盟国的安全威胁和意识形态冲击。与此同时,美国还需要通过发挥国际制度和自身价值观的影响力,增强全球霸权的制度及合法性基础,有效应对来自苏联的战略竞争。就南方而言,自由国际主义对苏竞争战略的支持除了基于贸易利益外,还在于这一区域在二战期间逐步转型为美国新兴的"兵工厂"。在此期间,随着不断扩大对英国、法国等国的军事援助,美国名副其实地成为罗斯福所称的"民主国家的兵工厂"。② 在这一背景下,巨额军事订单和扩建军事基地的需要使发展军事工业成为南方的一项重要战略,加之美国拥有的强大工业实力,南方的军工产业几乎在一夜之间便迅速崛起。③ 基于此,南方已不再是军事开支"转移支付"效应的受害者,而成为最大的获益方。在变化了的利益诉求的驱使下,南方也相应地转而支持美国增加军费开支、进行海外扩张。因此,随着冷战的开始,与东北部一样,南方同样成了自由国际主义对苏竞争战略和遏制政策的积极拥护者。

20世纪三四十年代的政治联盟重组深刻影响了冷战期间美国的国内政治结构与"大国竞争战略"的演化。在这轮由大萧条所加速推动的重组中,民主党的势力范围从美国南方迅速扩展到东北部,改变了共和党一党独大的模式,在美国的核心地带形成了"两党共

---

① Jeffery Frieden, "Sectoral Conflict and U. S. Foreign Economic Policy, 1914 – 1940," International Organization, Vol. 42, No. 1, 1988, pp. 59 – 90; Wayne Cole, "America First and the South, 1940 – 1941," The Journal of Southern History, Vol. 22, No. 2, 1956, pp. 36 – 47.

② [美] 罗斯福著,马飞、张爱民译:《罗斯福炉边谈话》,中国社会科学出版社2009年版,第178页。

③ Virginius Dabney, "The South Looks Abroad," Foreign Affairs, Vol. 19, No. 5, 1940, pp. 171 – 178.

治"的格局。① 在东北部—南方政治联盟开始居于主导地位的背景下，两党围绕美国的对苏竞争形成了自由国际主义的战略共识，即所谓的"冷战共识"，这一逻辑成为理解冷战期间美国对苏遏制政策的国内基础甚至先决条件。在实践中，自由国际主义对苏竞争战略的四根支柱：持续增长的军费开支与军事力量、自由化的贸易政策与国际化的金融政策、不断扩大的海外承诺与对外干涉，以及对国际制度与多边合作的积极态度，无一例外都是东北部—南方政治联盟对外战略利益尤其是经济诉求的反映。在美国全球利益扩展和霸权地位稳固的过程中，国内的东北部工商业和金融集团从国际贸易、海外投资和以布雷顿森林体系为核心的世界金融体系中赚得盆满钵满，而南方种植园经济和军工产业则通过贸易扩张和军费开支的大幅增长同样获取了巨大经济利益。由此，美国的自由国际主义对苏竞争战略与国内主导性政治联盟的利益关切实现了一种高度契合的内外联动，从而推动了这一战略的持续和有效运转。

当然，自由国际主义的对苏竞争战略在美国国内也存在一批反对者，他们是西部的孤立主义势力。② 一方面，20世纪三四十年代，美国西部的主要经济部门仍然是农业和原材料加工业，该区域仅从事农业生产的劳动力人口就超过1/3，从事制造业的人口比例相应地远低于当时全国的平均水平。③ 因此，西部依然倾向于贸易保护主义，担心市场的开放会使越来越多的外部农产品涌入美国。另一方面，在西部社会的认知中，美苏冷战是非常遥远的存在，尤其是冷战期间美苏

---

① Gerald Gamm, "The Making of New Deal Democrats: Voting Behavior and Realignment in Boston, 1920 – 1940," Chicago: University of Chicago Press, 1986.

② Ralph Smuckler, "The Region of Isolationism," American Political Science Review, Vol. 47, No. 2, 1953, pp. 386 – 401; Manfred Jonas, "Isolationism in America, 1935 – 1941," Ithaca: Cornell University Press, 1966, pp. 19 – 21.

③ Theodore Saloutos, John Hicks, "Agricultural Discontent in the Middle West, 1900 – 1939," Madison: University of Wisconsin Press, 1951, pp. 87 – 110; Richard White, "It's Your Misfortune and None of My Own: A History of the American West," Norman: University of Oklahoma Press, 1991, pp. 463 – 495.

战略竞争的主战场在欧洲,这就使得西部对于冷战持明显的消极态度。①加之西部地区是大萧条的重灾区,因而担心美国军费开支的迅速增加会牺牲政府对于国内资源的投入,并带来不利于自身的转移支付效应。②

总之,建立在东北部—南方政治联盟共同对外战略利益基础上的跨党派"冷战共识",是美国以自由国际主义为特征的对苏竞争战略之所以生成和持续推进的首要前提,这一变化了的国内政治结构也成为美国"大国竞争战略"演进的逻辑依托。20世纪70年代以后,尽管国际体系的两极结构并未出现根本松动,但美国国内经济结构的演变,尤其是去工业化进程的开启,缓慢地催生出了新一轮国内政治联盟重组的趋势,为东北部—南方政治联盟在冷战后的瓦解埋下了伏笔。正因如此,美国的自由国际主义对苏竞争战略连同"冷战共识"才在20世纪70年代以后出现了衰落的苗头。一方面,东北部尤其是五大湖区"铁锈地带"的去工业化进程逐步终结了其作为美国人口和经济中心的地位,国际竞争力的下降使这一地区从自由贸易的提倡者转变为保护主义的支持者,进而主张美国进行对外战略收缩、控制军费开支并以尽可能低成本的方式同苏联进行大国战略竞争。③另一方面,新兴产业不断崛起的南方和中西部地区则形成了全然相反的利益诉求,它们主张通过扩展自由贸易体系增强美国经济的活力,同时鼓吹维持美国强大的军事力量以保障不断扩展的海外利益。此外,南方和中西部社会力量还认为,当时的美国之所以在与苏联战略竞争的过程中处于被动,根源在于缺乏强大的国际领导力,而重振美国霸权要求摆脱国际制度和多边主义的束缚,加大对苏联的威慑。概言之,在

---

① Gerald Nash, "The American West in the Twentieth Century: A Short History of an Urban Oasis," Englewood Cliffs: Prentice – Hall, 1973, pp. 139 – 159.

② Gavin Wright, "The Political Economy of New Deal Spending: An Econometric Analysis," The Review of Economics and Statistics, Vol. 56, No. 2, 1974, pp. 30 – 38.

③ Lloyd Rodwin, Hidehiko Sazanami eds., "Deindustrialization and Regional Economic Transformation: The Experiences of the United States," Boston: Unwin Hyman, 1989, pp. 29 – 59.

冷战的后半期，自由国际主义对苏竞争战略与美国国内的"冷战共识"虽然仍能在实践中大体维持，但潜藏在共识表面下不同社会力量之间的利益分歧已逐步显现，并在冷战后推动美国国内政治联盟经历了又一轮深刻的重组，由此带来美国"大国竞争战略"逻辑的改变。

五、政治联盟均势、两党对等极化体制与美国的现实制度主义"大国竞争战略"（2010年至今）

冷战后，随着经济全球化进程的迅猛推进，美国的国内经济和社会结构经历了新的深刻调整与变化，成为新一轮国内政治联盟分化与重组的催化剂。事实上，与前文提到的联盟重组逻辑相关，按照美国历史学家小阿瑟·施莱辛格的历史周期理论，美国国内政治每40—50年就会经历一个变化周期，21世纪早期应该有一次政治重组发生。[1] 通过对美国总统及国会选举的观察，笔者发现，近年来美国国内有两大主要的联盟重组态势正在重塑着美国政治，并对其"大国竞争战略"的走向产生日益重要的影响。

（一）联盟重组、对等极化格局下的"全球主义"与"本土主义"之争

美国本轮国内政治联盟重组的第一个趋势是，2008年以来，位于西南部的落基山区——包括亚利桑那、内华达和新墨西哥等州在内——正在人口和产业结构变动以及城市化因素的推动下呈现日益显著的自由化倾向，成为民主党新的政治根据地。例如，在2018年的美国国会中期选举中，民主党便从共和党手中夺得了亚利桑那州和内华达州的两个参议院席位；而在州长选举中，新墨西哥州和内华达州的共和党人同样败于民主党人。[2] 在2020年的总统大选中，拜登更是成为数十年来第一位拿下亚利桑那州选举人票的民主党候选人。概言之，美国西南部的这一重组态势延续了20世纪70年代以来民主党政

---

[1] Arthur M. Schlesinger, Jr., "The Cycles of American History," Boston: Houghton Mifflin, 1986, p. 2.

[2] "Nation Results," CNN, http://www.cnn.com/election/2018/results/.

治联盟的演化趋势,即在日趋保守化、本土主义化的传统支持者白人蓝领阶层,与日趋激进和全球化的白领、年轻人与外来移民之间,民主党逐渐将其政治重心决定性地向后者倾斜,进而使该党的对外战略理念具有愈益浓厚的自由主义与全球主义色彩。就这两大选民群体的外交利益诉求而言,一方面,冷战后美国制造业的不断衰落与经济金融化趋势的持续发展使白人蓝领阶层——主要集中在五大湖区的"铁锈地带"——成为本土主义者,他们主张联邦政府将战略重点转移到应对国内的经济和社会问题而非全球治理;希望扭转全球化对美国制造业的冲击,创造更多制造业就业岗位,支持贸易保护主义。然而另一方面,东西海岸与西南部不断涌入的外来移民、受过高等教育的年轻人及白领阶层这一民主党更为倚重的群体,则作为全球化的受益者,更加认同自由主义与全球主义的对外战略取向。① 基于此,尽管奥巴马政府的外交政策致力于平衡与统筹上述两大选民群体在很大程度上相互冲突的外交利益诉求,但在国内政治联盟重组的背景下,这一目标的实现变得困难重重。最终,奥巴马与民主党精英基于政治利益的理性计算,开始将外交政策更多地建立在自由主义与全球主义理念的基础上。因此,无论是奥巴马政府还是拜登政府,都将国际秩序领导权与价值观等国家利益置于优先地位,致力于通过自由主义、多边主义和国际制度维护上述利益,进而确保美国全球霸权地位的稳固。

表5-1 "奥巴马—拜登政治联盟"的主要构成、外交诉求及其政策影响

"奥巴马—拜登政治联盟"的构成	外交诉求	政策影响
东西海岸少数族裔与外来移民	自由主义、全球主义	战略收缩、削减军费、低成本维持美国的全球领导地位
东西海岸及西南部落基山区年轻人与白领	自由主义、全球主义	依靠自由主义、多边主义与国际制度维持美国领导地位

笔者根据相关内容自制。

---

① Matt Grossmann, David A. Hopkins, "Asymmetric Politics: Ideological Republicans and Group Interest Democrats," New York: Oxford University Press, 2016.

第五章　国内政治与俄罗斯和美国的区域战略

美国本轮国内政治联盟重组的第二个主要趋势，是与第一个趋势紧密相关并在2016年大选中得到集中反映的五大湖区"铁锈地带"的由"蓝"变"红"。在这次选举中，民主党传统的东北部政治联盟出现了重大分裂。一直以来，这一联盟主要是由新英格兰、中大西洋与五大湖区"铁锈地带"三部分构成，但以白人蓝领群体为主体、以传统制造业为主导产业的"铁锈地带"各州在2016年的总统大选中在反全球化的利益诉求驱使下几乎全部倒向共和党并成为特朗普的坚定支持者。① 特朗普执政期间，这一政治联盟的利益诉求已成为特朗普政府外交政策制定的首要甚至决定性变量，国内政治对于美国对外政策的界定作用因此愈发显著。具体而言，在外交政策领域，以白人蓝领群体为核心的政治联盟的主要利益诉求在于，改变全球化给他们带来的不利冲击，包括贸易逆差不断扩大、制造业持续外流、制造业相关就业岗位减少以及收入增长落后于通货膨胀等，希望美国减少不必要的海外干预，降低对外战略成本，摆脱来自国际制度、多边主义和盟友体系的约束，在处理与外部世界的关系时，以美国的现实利益尤其是经济利益为优先考虑。基于此，特朗普政府执政后始终以经济民族主义为抓手，致力于扭转对美国"不公平"的贸易实践，减少美国的对外贸易逆差、推动制造业回流本土，同时力图扩大基础设施领域的投资、进行战略收缩、减少海外干预、与盟友分摊防务开支，以及通过退出多边性国际组织摆脱来自盟友体系以及国际制度和多边主义的约束。当然，特朗普政府对外战略中的单边主义取向也是共和党传统外交理念的体现，并且其强调大幅增加军费开支、在安全问题上采取更为积极和强硬的态度，同时将扩大美国的农产品和能源出口等作为施政重点的做法，也反映出共和党主流政治精英及其相应政治、社会力量的利益诉求和意识形态偏好。② 总的来看，与民主党人相反，

---

① 在2016年大选的"铁锈地带"各州中，俄亥俄州、密歇根州、宾夕法尼亚州、威斯康星州和印第安纳州等全部变成了共和党的票仓，只有伊利诺伊州支持民主党。

② Colin Dueck, Hard Line, "The Republican Party and U. S. Foreign Policy since World War II," Princeton: Princeton University Press, 2010.

特朗普政府将经济与安全议题置于价值观与国际秩序议题之前，认为现实主义式的对外政策是维护美国经济、安全利益进而维护全球霸权的最佳手段。

表5-2 "特朗普政治联盟"的主要构成、外交诉求及其政策影响

"特朗普政治联盟"的主要构成	外交诉求	政策影响
"铁锈地带"白人蓝领阶层	反全球化、再工业化	经济民族主义、美国优先、战略收缩、减少海外干预
大企业与中西部农业集团	全球主义、保守主义	扩大美国农产品和能源出口
南方保守派与军工产业	保守主义、单边主义	摆脱国际制度约束、增加军费

笔者根据相关内容自制。

以上分析表明，2008年金融危机爆发以来，美国对外战略的走向，从奥巴马政府到特朗普政府再到拜登政府时期，建立在全然不同的国内政治基础和联盟利益偏好之上，呈现显著的党派分野特征。这表明，美国最新一轮国内政治力量的重组趋势不仅使政党政治的极化程度进一步加剧，而且两党各自代表的政治联盟之间势均力敌的态势也更为明显，进而塑造出"对等极化"的国内政治格局。就对美国外交的影响而言，"奥巴马—拜登政治联盟"的自由主义—全球主义取向与"特朗普政治联盟"的保守主义—本土主义取向之间的激烈角力，将会不可避免地加深两党之间的观念鸿沟，进而加大美国对外战略走向的不确定性和摇摆性。

（二）国内政治与美国的现实制度主义"大国竞争战略"

在后金融危机时代国内政治对美国对外战略的影响日益显著、两党对等极化逐步加深，以及自由主义—全球主义与保守主义—本土主义两种对外战略观念剧烈碰撞的背景下，美国的"大国竞争战略"也不可避免地受到其国内政治的影响。与此前"大国竞争战略"的两个主要案例类似，当前美国的对华竞争战略同样是国际体系与国内政治共同作用的结果。

就国际体系因素的影响而言，美国国内在奥巴马政府时期经历了

第五章 国内政治与俄罗斯和美国的区域战略

一场持久的对华战略大辩论后,已经形成了以竞争为导向并且跨越民主、共和两党的对华战略共识,其标志是2017年的《国家安全战略报告》明确将中国定位为"首要战略竞争者"。[1] 这一战略共识逐步形成的主要原因在于,后金融危机时代以来,中美实力对比与各自战略选择都出现了显著变化:中国经济和军事实力的迅速崛起,特别是与美国经济和军事实力差距的不断缩减,使两国在国际体系层面出现了结构性矛盾。[2] 可以说,实力对比与战略选择同时变化引发的共振加剧了美国两党精英层的焦虑。[3]

然而,在国际体系因素推动美国国内近年来形成对华战略竞争共识的背景下,民主、共和两党却未能就对华竞争战略的具体选择达成如"冷战共识"那样的一致。究其原因在于前文提及的国际体系层面的差异,尤其是体系环境和双边关系性质的不同,但更具解释力的原因在于,在对等极化的国内政治结构下,两党各自代表的政治联盟在"如何应对中国崛起"这一问题上存在明显的差异,出现了共和党"特朗普政治联盟"将现实性议题如经济和安全等置于优先地位,而民主党"奥巴马—拜登政治联盟"更加重视制度性议题的党派分野。

---

[1] "National Security Strategy of the United States of America," The White House, December 18, 2017, https://trumpwhitehouse.archives.gov/wp-content/uploads/2017/12/NSS-Final-12-18-2017-0905.pdf.

[2] Graham Allison, "Destined for War: Can America and China Escape Thucydides's Trap," Boston: Houghton Mifflin Harcourt, 2019.

[3] Aaron L. Friedberg, "Competing with China," Princeton School of Public and International Affairs, Vol. 60, No. 3, 2018, pp. 7-64, https://collaborate.princeton.edu/en/publications/competing-with-china; Kurt Campbell, Ely Ratner, "The China Reckoning: How Beijing Defied American Expectations," Foreign Affairs, Vol. 97, No. 2, pp. 60-70; Charles Lane, "We Got China Wrong, Now What?" Washington Post, February 28, 2018, https://www.washingtonpost.com/opinions/we-got-china-wrong-now-what/2018/02/28/39e61c0e-1caa-11e8-ae5a-16e60e4605f3_story.html; Juan Pablo Cardenal, et al., "Sharp Power: Rising Authoritarian Influence," Washington, D.C.: National Endowment for Democracy, 2018; "Worldwide Threat Briefing: 5 Takeaways, from Russia to China," Wired Staff Security, February 13, 2018, https://www.wired.com/story/worldwide-threats--briefing-russia-election-china/.

基于这一国内政治逻辑，"现实制度主义"的提法并非对美国对华竞争战略的一种统合性与杂糅性描述，而是其随国内政治的党派更迭而在战略实践中分别将"现实"与"制度"两个维度加以突显的体现。

后金融危机时代的美国，面对自身战略优势的相对下降、大国战略竞争更趋复杂的外部挑战以及新的国内政治联盟的重组趋势，民主、共和两党政治精英从赢得竞选连任、强化政治基础及推进党派政治利益出发，在如何进行大国战略竞争和维护美国霸权地位等重要问题上存在明显分歧。在"奥巴马—拜登政治联盟"看来，金融危机后和新冠疫情冲击下的美国要想维护自身全球霸权地位、取得同中国竞争的主动权，就必须将主要精力用于国内建设，推进全球战略适度收缩，同时运用自由主义、多边主义、盟友体系与国际制度的力量，确保美国主导的国际秩序的稳定。[1] 例如，从奥巴马的"亚太再平衡"战略到拜登的全球战略构想，强化在制度、规则和价值观层面对中国的约束和打压，同时充分协调盟友和伙伴关系以防止中国增强影响力，是其对华竞争战略的重点。[2] 然而，在"特朗普政治联盟"看来，"让美国再次伟大"则意味着要改变经济全球化对美国相关产业带来的不利冲击，摆脱国际制度、多边主义和盟友体系的约束，在处理与外部世界的关系时，以美国的现实利益尤其是经济、安全利益为优先考虑。例如，特朗普执政时期，美国以单边主义方式发动的大规模对华贸易摩擦成为其对华竞争战略的核心。基于此，政治联盟重组背景下两党精英基于各自代表的国内社会利益的理性计算而形成的国家利益观及对外政策理念，是理解美国对华竞争战略逻辑的关键。

总之，正是由于近年来美国国内政治联盟存在各自利益偏好基础上的对外战略观念分歧，美国的现实制度主义对华竞争战略在实践中才表现出分别强调"现实"和"制度"的摇摆性特征，进而在两党

---

[1] Collin Dueck, "The Obama Doctrine: American Grand Strategy Today," New York: Oxford University Press, 2015.

[2] Joe Biden, "Why America Must Lead Again: Rescuing U. S. Foreign Policy after Trump," Foreign Affairs, Vol. 99, No. 2, 2020, pp. 64 – 76.

对华战略共识的宏观背景下,先后经历了从奥巴马政府时期以"制度—价值观"竞争为重点,到特朗普政府时期以"经济—安全"竞争为重点的演变。拜登政府执政以来,美国对外战略的整体基调重新回归到强调重振美国的价值观及其全球领导地位上来,并进一步突显美国对于盟友体系、国际制度和多边主义的倚重,同时,对华竞争战略方向上的制度竞争和价值观竞争再一次显露端倪。基于此,关于美国国内政治特别是对等极化背景下两党及其各自代表的政治联盟的利益诉求和政策偏好对于其对华竞争战略后续调整的影响,应予以密切关注。

通过上文从美国国内政治格局变化,尤其是政治联盟分化重组的逻辑出发对二战后其对苏、对华竞争战略的分析不难看出,美国的对华竞争战略之所以不会走向美苏冷战时期的形态,除了国际体系和双边关系性质等根本差异外,美国国内政治在两个历史时期存在的显著区别也是一个不可或缺的重要因素,为我们提供了一个新的分析视角。此外,从地缘政治与国内政治的内外互动逻辑出发可以发现,中美关系在过去近半个世纪的发展与美苏关系的一个重大区别就在于,前者深度影响甚至塑造了美国国内多元化政治、社会行为体的利益偏好和诉求(尤其在经贸领域),这就使得国内政治在美国的对华竞争战略中可以发挥一定程度的缓冲作用,避免双边关系在短期内迅速滑向对立状态。

大国战略竞争是国际关系的恒久主题。通过梳理二战结束以来美国为维护其全球霸权地位而在不同历史时期所采取的"大国竞争战略"及其变迁逻辑,引入美国国内政治—社会变量,将地缘政治与国内政治进行融合与统筹,构建起一个基于内外互动的关于美国"大国竞争战略"演化逻辑的分析框架,在理顺其线索的基础上,更加深入有效地对历史和现实进行阐释。

从由内而外以及自下而上的视角出发进行观察,笔者认为,美国"大国竞争战略"的生成及其演化存在一种以内外互动为基础的一以贯之的底层逻辑,即不同时期来自国际体系尤其是大国战略竞争的压力与国内政治制度及经济结构的共振,使美国多元化社会力量产生了差异化和动态化的外交利益诉求,从而引发了国内政治联盟的周期性分化重组,塑造出相应阶段主导"大国竞争战略"制定的国内政治结构,最终决定了美国大战略的走向。按照这一框架,二战后美国的"大国竞争战略"经历了以国内政治逻辑为导向的两次根本变迁,即东北部—南方政治联盟与两党"冷战共识"体制下的自由国际主义对苏竞争战略,以及政治联盟均势与两党对等极化体制下的现实制度主义对华竞争战略。

  基于分析框架,笔者认为,在分析美国不同时期"大国竞争战略"的本质及差异时,除了要考虑国内外学界已经探讨得较为充分的体系环境和双边关系的性质外,美国国内政治力量的变化,尤其是大国关系的发展对于这些政治力量利益诉求的影响,也是一个十分重要的切入点,并且这一点在当前美国国内政治日趋极化、社会更加分裂的背景下,更值得深入挖掘和分析。因此,我们对于国内政治对美国"大国竞争战略"未来走向的影响应进行更多实证研究。

结　　论

随着21世纪初全球化进程的加速发展，国内政治与国际政治的分野日益模糊。虽然在传统西方学者思想中，国内政治的复杂性对国家对外政策的影响是西方式民主政治的重要结果，但本书的研究表明，无论是在美国还是俄罗斯，全球化时代大国的对外政策都已经不可避免地受到国内政治的广泛介入。这种影响不仅仅局限于领导人个人以及国家的政治体制，而是和国家的政治思潮、政治结构乃至对外政策的主导方向都有着深入的联系。

第一，本书的研究表明美国和俄罗斯对外政策的形成都有着极为深厚的国内政治根源。内政与外交的联动性是我们思考21世纪大国对外政策的重要角度。与此同时，我们也应当注意到由于发展历史、战略文化以及社会形态的不同，塑造俄罗斯和美国对外政策的国内政治根源也有着很重要的差别。但俄罗斯作为一个在历史文化上高度崇尚集体主义的国家，塑造其对外政策的重要基础是俄罗斯的国家认同。这一点在21世纪的第二个十年表现得更加明显。毋庸讳言，2022年爆发的俄乌冲突也将成为影响新时期俄罗斯国家认同的重要历史性事件，而对于这次变化的后续发展我们仍需进一步观察。与俄罗斯不同，美国在历史上所形成的自由主义传统使得社会联盟成为影响美国对外政策的重要根源。基于"理性人假设"而建立的社会联盟理论认为，美国政治的制度设计及其游戏规则使得政治上多数联盟的构建成为必要，并且只有形成一种基于共同利益且相对稳定的多数联盟，美国的对外战略才有可能较为长期地持续推行下去。因此，观察美国对外战略演变的重要视角就是其国内社会联盟的变迁。而无论是国家认同还是社会联盟，都为我们提供了一个思考大国对外政策的新视角。

第二，本书也强调领导人个人在国内政治中的重要作用。俄罗斯和美国作为国际体系中的大国，领导人的人格特质及其身上体现出的国家战略文化实际上也是其国内政治的重要组成部分。虽然在以往的对外政策分析中，个人因素往往被认为是决策过程分析的组成部分之一，但由于俄罗斯和美国在对外政策形成上的特殊性，即最高领导人在国内政治中所拥有的较高决策权，使得了解领导人人格特质及其所代表的战略文化成为分析国内政治影响对外政策的重要角度。冷战结束以来俄罗斯所建立的"超级总统制"一直是学界分析俄罗斯对外政策形成的重要视角。而"超级总统制"的建立也使得了解俄罗斯领导人人格特质及其战略文化成为我们理解俄罗斯对外政策形成的关键要素。与俄罗斯相较，两党制的历史则使美国总统在国内政治上明显受到了国会以及社会的制约。然而，随着美国国内政治极化的日益强烈以及由此造成的两党在诸多议题上难以达成一致，美国总统在对外政策中的主导地位则可能加强。这一点无论是在特朗普政府时期还是拜登政府时期都有着较为明显的体现。总统个人对美国对外政策形成的影响很有可能将是我们未来一段时间理解美国对外战略乃至对华政策形成的关键。

第三，全球化时代所带来的民粹主义浪潮是我们今天观察国内政治影响对外政策的最重要背景之一。在以往的研究中，学者们大量探索了全球化所带来的国家相互依存的上升，以及由此带来的国家在对外政策上尤其是经济政策上的转变。然而，全球化带来的另一个关键影响——贫富分化以及由此引起的大国内部民粹主义政治影响力的上升却在近年来成为政治学者乃至国际关系学者讨论的热门议题之一。民粹主义所带来的国家政策观念乃至政治结构的变化将是我们思考大国调整对外政策的关键要素。然而，我们同时也应当注意到各国民粹主义的特点差异以及其对外交决策的不同影响。俄罗斯的民粹主义植根于俄罗斯的历史传统。当前俄罗斯政治中的保守主义内核与民粹化政策既是政治精英的主动选择，也有着深厚的时代烙印，可以被视为一代人社会文化的集中体现。而出于落差感、隔阂感与安全焦虑三个原因，俄罗斯政治精英采取政治民粹化的反建制决策和行动，选择了一条"权力再集中"的发展路径，这可能对未来5—10年的俄罗斯政治发展方向都产生显著影响。而美国的民粹主义则体现出了鲜明的"反精英""反建制"特点，且由于美国政治光谱的复杂性，美国的民粹主义有着"左翼民粹主义""右翼民粹主义"以及后来居上的"特朗普式民粹主义"的分野。虽然民粹主义的思潮在拜登政府上台之后有着一定的变化，但其对美国21世纪对外政策的强大影响却并非短时间内可以消除，其卷土重来给美国内外政策带来的破坏性和重构性则是我们理解美国对外政策演变的重要视角。

第四，政治结构无疑是影响国家对外政策的最关键因素之一。同时，政治结构也往往是各国在国内政治领域差异最大、影响路径最为多元的因素。因此，针对不同国家的政治结构的分析也应同时关注其差异性和相似性。虽然在西方学者的研究中，俄罗斯的政治结构具有较强的集中性，即总统个人乃至以其为核心的政治精英对俄罗斯对外政策有着根本性的影响，但通过研究俄罗斯气候政策的演变可以发现，俄罗斯的政治结构同样具有着复杂性。虽然政党政治在其中的作用不如美国等西方国家那样突出，但与政治结构高度相关的能源集团，乃至官僚集团的更新换代仍将对俄罗斯对外政策转向产生不可估量的影响。而理解美国政治结构的核心则在于两党制对美国对外政策的影响。在21世纪全球化的背景下，美国两党制固有的政治极化特点进一步突出，成为影响美国对外政策变化的根本因素。与此同时，政治极化所带来的总统决策权力的上升，以及美国在对外政策中体现出的摇摆性也将不可避免地影响到美国的对华政策。因此，对于政治极化的深入研究也将是思考美国国内政治影响对外政策的一个极为重要的分析层次。

第五，区域战略作为俄罗斯和美国对外政策的关键组成部分，其政策形成过程也深受国内政治的影响。与此同时，区域战略变迁也是国内政治结构调整的产物。在这方面的分析中，新古典现实主义无疑为我们的解释提供了一个有力的理论支撑。在俄罗斯的"东转战略"中，影响其内外政策实施效率差异的关键因素是俄罗斯国内政治的分野。正是俄罗斯战略文化、央地结构以及政治结构的特点造成了俄罗斯"东转战略"虽然能够在外交层面取得较大成绩，却没能在远东和西伯利亚地区的发展方面取得同等的政策效果。与此类似，美国的"大国竞争战略"的关键动力来源于国内政治联盟的分化重组，而后者又植根于不同的社会力量随国际体系结构和国内经济结构变化而不断调整的外交利益诉求，因此，美国的"大国竞争战略"具有鲜明的实用主义特点和显著的周期性特征，即不同时期来自国际体系尤其是大国战略竞争的压力与国内政治制度及经济结构的共振，使美国多元化社会力量产生了差异化和动态化的外交利益诉求，从而引发了国内政治联盟的周期性分化重组，塑造出相应阶段主导"大国竞争战略"制定的国内政治结构，最终决定了美国大战略的走向。

总而言之，通过本书的分析我们可以发现，无论是俄罗斯还是美国，在21世纪全球化时代，其对外政策的发展都深受国内政治的影响，而基于传统现实主义范式将国家对外决策过程视为"黑箱"式的不可知论已经无法解释当代大国外交的所有问题。在这一背景下，国内政治无疑为我们理解相关问题提供了一个有力的替代性解释。虽然学界在国内政治的要素划分、组成部分方面有着不同的观点，且不同国家之间具有较强的差异性，但对于相关问题的探讨，尤其是进行较为深入的比较分析无疑在理论层面和实践层面都是具有较大意义的。虽然受笔者能力和篇幅所限，本书没能对所有问题都进行全面和深入的分析，但我们仍然希望通过对相关问题的探讨推动有关国内政治与对外政策互动性的研究，并以此来为我国的对外政策分析研究贡献力量。

参考文献

一、中文

（一）专著

1. ［澳］约翰·W. 伯顿著，马学印、谭朝洁译：《全球冲突——国际危机的国内根源》，中国人民公安大学出版社1991年版。

2. ［俄］格奥尔基·弗洛罗夫斯基著，吴安迪、徐凤林、隋淑芬译：《俄罗斯宗教哲学之路》，上海人民出版社2006年版。

3. ［俄］米·列·季塔连科著，李延龄、李蔷薇译首席翻译，李蔷薇、刘聪颖、李芳、李蓉等译：《俄罗斯的亚洲战略》，中国社会科学出版社2014年版。

4. ［俄］伊·伊万诺夫著，陈凤翔译：《俄罗斯新外交》，当代世界出版社2002年版。

5. ［法］让-雅克·卢梭著，何兆武译：《社会契约论》，商务印书馆1994年版。

6. ［法］阿历克西·德·托克维尔著，董国良译：《论美国的民主》，商务印书馆1988年版。

7. ［加］诺林·M. 里普斯曼、［美］杰弗里·W. 托利弗、［美］斯蒂芬·E. 洛贝尔等著，刘丰、张晨译：《新古典现实主义国际政治理论》，上海人民出版社2017年版。

8. ［美］埃里克·A. 波斯纳、［美］戴维·A. 韦斯巴赫著，李智等译：《气候变化的正义》，社会科学文献出版社2011年版。

9. ［美］安德鲁·E. 德斯勒著，李淑萍等译：《气候变化：科学还是政治》，中国环境科学出版社2012年版。

10. ［美］戴维·A. 莱克著，高婉妮译：《国际关系中的等级制》，上海人民出版社2013年版。

11. ［美］弗雷德·I. 格林斯坦著，李永成译：《总统风格：从罗斯福到奥巴马》，中国人民大学出版社2013年版。

12. ［美］罗斯福著，马飞、张爱民译：《罗斯福炉边谈话》，中国社会科学出版社2009年版。

13. ［美］哈罗德·D. 拉斯韦尔著，胡勇译：《权力与人格》，中央编译出版社2013年版。

14. ［美］亨利·A. 基辛格著，胡利平、林华、曹爱菊译：《世界秩序》，中信出版集团2015年版。

15. ［美］杰瑞·M. 柏格著，陈会昌译：《人格心理学》，中国轻工业出版社2014年版。

16. ［美］卡伦·A. 明斯特著，潘忠岐译：《国际关系精要》，上海人民出版社2007年版。

17. ［美］克里斯托弗·希尔著，唐小松、陈寒溪译：《变化中的对外政策政治》，上海人民出版社2007年版。

18. ［美］肯尼思·N. 沃尔兹著，倪世雄、林至敏、王建伟译：《人，国家与战争》，上海人民出版社2012年版。

19. ［美］肯尼思·N. 沃尔兹著，信强译：《国际政治理论》，北京大学出版社2004年版。

20. ［美］理查德·N. 哈斯著，胡利平、王淮海译：《外交政策始于国内》，上海人民出版社2015年版。

21. ［美］理查德·霍夫施塔特著，崔永禄、王忠和译：《美国的政治传统及其缔造者》，商务印书馆1994年版。

22. ［美］罗伯特·O. 基欧汉著，苏长和、信强、何曜译：《霸权之后——世界政治经济中的合作与纷争》，上海人民出版社2016年版。

23. ［美］罗伯特·G. 吉尔平著，宋新宁、杜建平译：《世界政治中的战争与变革》，上海人民出版社2007年版。

24. ［美］罗伯特·杰维斯著，秦亚青译：《国际政治中的知觉与错误知觉》，上海人民出版社 2015 年版。

25. ［美］罗丝·麦克德莫特著，李明月译：《国际关系中的政治心理学》，清华大学出版社 2018 年版。

26. ［美］迈克尔·N. 巴尼特、［美］玛莎·芬尼莫尔著，薄燕译：《为世界定规则：全球政治中的国际组织》，上海人民出版社 2009 年版。

27. ［美］纳尔逊·W. 波尔斯比、［美］艾伦·威尔达夫斯基著，管梅译：《总统选举——美国政治的战略与构架》，北京大学出版社 2007 年版。

28. ［美］欧文·L. 贾尼斯著，张清敏、孙天旭、王姝奇译：《小集团思维：决策及其失败的心理学研究》，中央编译出版社 2016 年版。

29. ［美］塞缪尔·P. 亨廷顿著，程克雄译：《我们是谁？——美国国家特性面临的挑战》，新华出版社 2005 年版。

30. ［美］塞缪尔·P. 亨廷顿著，景伟明译：《美国政治：激荡于理想与现实之间》，新华出版社 2017 年版。

31. ［美］斯蒂芬·曼斯菲尔德著，林淑真译：《活出使命——布什总统的信仰》，中国档案出版社 2006 年版。

32. ［美］斯蒂芬·M. 沃尔特著，周丕启译：《联盟的起源》，北京大学出版社 2007 年版。

33. ［美］亚历山大·温特著，秦亚青译：《国际政治的社会理论》，上海人民出版社 2000 年版。

34. ［美］詹姆斯·D. 巴伯著，赵广成译：《总统的性格》，中国人民大学出版社 2015 年版。

35. ［美］詹姆斯·曼著，韩红译：《布什"战争内阁"史》，北京大学出版社 2007 年版。

36. ［英］安东尼·吉登斯著，曹荣湘译：《气候变化的政治》，社会科学文献出版社 1996 年版。

37. ［英］保罗·塔格特著，袁明旭译：《民粹主义》，中央编译出版社 2000 年版。

38. ［英］戴维·赫尔德著，杨雪冬译：《全球大变革——全球化时代的政治、经济与文化》，社会科学文献出版社 2001 年版。

39. ［英］赫德利·布尔著，张小明译：《无政府社会：世界政治秩序研究》（第 4 版），上海人民出版社 2015 年版。

40. 陈志瑞、刘丰主编：《国际体系与国内政治》，北京大学出版社 2015 年版。

41. 冯玉军：《俄罗斯外交决策机制》，时事出版社 2002 年版。

42. 何一鸣：《国际气候谈判研究》，中国经济出版社 2012 年版。

43. 黄绍湘：《美国通史简编》，人民出版社 1979 年版。

44. 林红：《民粹主义：概念，理论与实证》，中央编译出版社 2007 年版。

45. 刘德斌：《国际关系史》，高等教育出版社 2003 年版。

46. 刘清才：《21 世纪初俄罗斯亚太政策研究》，社会科学文献出版社 2013 年版。

47. 倪世雄：《当代西方国际关系理论》，复旦大学出版社 2007 年版。

48. 孙振清：《全球气候变化谈判历程与焦点》，中国环境出版社 2013 年版。

49. 邢悦：《文化如何影响对外政策》，北京大学出版社 2011 年版。

50. 阎学通、孙雪峰：《国际关系研究实用方法》（第二版），人民出版社 2007 年版。

51. 杨洁勉：《世界气候外交和中国的应对》，时事出版社 2009 年版。

52. 尹继武：《战略心理与国际政治》，北京大学出版社 2016 年版。

53. 袁新华：《俄罗斯的能源战略与外交》，上海人民出版社 2007 年版。

54. 张立平：《美国政党与选举政治》，中国社会科学出版社 2002 年版。

55. 张兹暑：《美国两党制发展史》，河北教育出版社 2003 年版。

（二）期刊

1. 安东·佩林卡、张也：《右翼民粹主义：概念与类型》，《国外理论动态》2016 年第 10 期。

2. 薄燕、陈志敏：《全球气候变化治理中的中国与欧盟》，《现代国际关系》2009 年第 2 期。

3. 本杰明·莫菲特、西蒙·托米、宋阳旨：《对民粹主义的再思考：政治、媒介化和政治风格》，《国外理论动态》2016 年第 10 期。

4. 蔡拓：《被误解的全球化与异军突起的民粹主义》，《国际政治研究》2017 年第 1 期。

5. 陈小鼎、李珊：《"穿着铠甲"的大国：美国公共政策的安全化》，《世界经济与政治》2022 年第 8 期。

6. 初智勇：《俄罗斯安全观的嬗变、延续与回归》，《欧洲研究》2023 年第 5 期。

7. 初冬梅：《地缘政治与超越边界：基于俄罗斯智库对乌克兰危机认知的分析》，《俄罗斯东欧中亚研究》2023 年第 2 期。

8. 德米特里·索洛维伊、王嘎：《战略文化在俄罗斯对外政策中的作用与意义》，《俄罗斯东欧中亚研究》2019 年第 3 期。

9. 刁大明：《美国对外政策的极化》，《现代国际关系》2022 年第 8 期。

10. 董亮、杨悦：《特朗普政府与美国的气候政治》，《当代世界》2019 年第 3 期。

11. 董亮：《G20 参与全球气候治理的动力、议程与影响》，《东北亚论坛》2017 年第 2 期。

12. 段德敏：《英美极化政治中的民主与民粹》，《探索与争鸣》2016 年第 10 期。

13. 范纯：《俄罗斯环境政策评析》，《俄罗斯中亚东欧研究》2010 年第 6 期。

14. 费海汀：《民粹主义研究：困境与出路》，《欧洲研究》2017 年第 3 期。

15. 费海汀：《"权力再集中"：俄罗斯政治趋势分析》，《俄罗斯研究》2022 年第 5 期。

16. 冯绍雷：《从特朗普到拜登：美俄关系新变化》，《当代世界》2021 年第 2 期。

17. 冯玉军：《俄罗斯反美主义的流变、根源、功能及影响》，《当代美国评论》2023 年第 2 期。

18. 付随鑫：《从右翼平民主义的视角看美国茶党运动》，《美国研究》2015 年第 5 期。

19. 付随鑫：《当代美国的南部政党重组与政治极化》，《当代世界与社会主义》2018 年第 4 期。

20. 付随鑫：《美国的逆全球化、民粹主义运动及民族主义的复兴》，《国际关系研究》2017 年第 5 期。

21. 付随鑫：《美国经济不平等和政治极化关系探析》，《美国问题研究》2017 年第 6 期。

22. 高程：《美国对外政策的驱动力：物质利益至上？》，《美国研究》2012 年第 2 期。

23. 顾伟、刘曙光：《试析美国战略文化的两面性》，《美国问题研究》2016 年第 1 期。

24. 韩召颖、宋晓丽：《美国发动伊拉克战争决策探析——小集团思维理论的视角》，《外交评论（外交学院学报）》2013 年第 2 期。

25. 何俊志：《"文化战争"与美国政治的神话和现实》，《学术前沿》2015 年第 10 期。

26. 何维保：《"通俄门"事件的起因、发展及影响》，《美国研究》2017 年第 5 期。

27. 何晓跃：《美国政治极化的层次界定与生成逻辑？》，《国际展望》2014 年第 1 期。

28. 何一鸣：《俄罗斯气候政策转型的驱动因素及国际影响分析》，《东北亚论坛》2011 年第 3 期。

29. 胡文涛：《"占领华尔街"运动的特征、动因及影响》，《现代国际关系》2011 年第 11 期。

30. 黄登学：《美俄关系拟"再重启"的逻辑、领域与限度》，《当代亚太》2017 年第 6 期。

31. 黄仁伟：《论美国人民党运动的历史地位》，《世界历史》1989 年第 1 期。

32. 节大磊：《美国的政治极化与美国民主》，《美国研究》2016 年第 2 期。

33. 节大磊：《现实主义理论与美国外交战略的演变》，《当代美国评论》2018 年第 1 期。

34. 杰弗里·C. 莱曼、托马斯·M. 卡尔西、约翰·C. 格林、理查德·海勒拉、罗莎琳·库伯曼、王建新：《美国政党政治中的活动家与冲突扩展》，《比较政治学前沿》2017 年第 1 期。

35. 金灿荣、汤祯滢：《从"参议院综合征"透视美国政党极化的成因》，《美国研究》2019 年第 2 期。

36. 金君达：《特朗普时代美国共和党"建制派"的行为模式分析》，《美国研究》2018 年第 5 期。

37. 李宏洲、尹继武：《拜登的人格特质及决策特点》，《现代国际关系》2021 年第 2 期。

38. 李庆四、翟迈云：《特朗普时代美国"白人至上主义"的泛起》，《美国研究》2019 年第 5 期。

39. 李涛声：《民粹主义在美国兴起的原因及启示》，《理论观察》2018 年第 1 期。

40. 李昕蕾：《气候安全与霸权护持：美国气候安全战略的全球推进》，《国际安全研究》2023 年第 2 期。

41. 李秀蛟：《特朗普政府对俄罗斯的政策》，《美国研究》2021 年第 3 期。

42. 李杨、孙俊成：《特朗普政府的贸易保护主义政策——基于政党政治的研究视角》，《美国研究》2019 年第 3 期。

43. 李莹莹：《美俄关系的现状、特征及趋势分析》，《国际研究参考》2019 年第 10 期。

44. 李志永：《外交政策分析的路径与模式》，《外交评论（外交学院学报)》2011 年第 6 期。

45. 梁雪村：《民粹主义：一个"欧洲问题"?》，《欧洲研究》2015 年第 6 期。

46. 林红：《当代民粹主义的两极化趋势及其制度根源》，《国际政治研究》2017 年第 1 期。

47. 林红：《身份政治与国家认同——经济全球化时代美国的困境及其应对》，《政治学研究》2019 年第 4 期。

48. 刘飞涛：《拜登"服务中产阶级的外交"：理念、方略及前景》，《美国研究》2021 年第 4 期。

49. 刘辉：《政治极化与政治遗产——奥巴马执政对美国政治影响浅析》，《当代世界》2016 年第 12 期。

50. 刘建国、戴时雨、崔成等：《拜登政府气候新政内容及其影响》，《国际经济评论》2021 年第 6 期。

51. 刘玲：《民粹主义在美国的历史源流与现实走向》，《国外社会科学》2018 年第 2 期。

52. 刘青尧：《从气候变化到气候安全：国家的安全化行为研究》，《国际安全研究》2018 年第 6 期。

53. 刘卿：《论利益集团对美国气候政策制定的影响》，《国际问题研究》2010 年第 3 期。

54. 刘兴波：《"占领华尔街"运动：缘起、特征和意义》，《当代世界社会主义问题》2012 年第 2 期。

55. 刘莹：《美俄关系"重启"的困境分析》，《俄罗斯东欧中亚研究》2021 年第 3 期。

56. 刘永涛：《建构安全"威胁"：美国战略的政治选择》，《世界经济与政治》2010 年第 6 期。

57. 刘永涛：《政治极化：当代美国面临的严峻难题》，《美国研究》2017 年第 1 期。

58. 刘瑜：《后现代化与乡愁：特朗普现象背后的美国政治文化冲突》，《美国研究》2018 年第 6 期。

59. 卢凌宇、林敏娟：《外交决策分析与国际关系学范式革命》，

《世界经济与政治》2015 年第 3 期。

60. 马得勇、陆屹洲：《国家形象形成的心理分析》，《国际政治科学》2022 年第 1 期。

61. 马峰：《全球化与不平等：欧美国家民粹浪潮成因分析》，《社会主义研究》2017 年第 1 期。

62. 马建英：《国际气候制度在中国的内化》，《世界经济与政治》2011 年第 6 期。

63. 马雪：《特朗普贸易政策评析》，《美国问题研究》2018 年第 1 期。

64. 马延滨：《特朗普政府对华贸易决策中的"小集团思维"》，《战略决策研究》2020 年第 4 期。

65. 毛维准：《"大逆转"结构下的民粹崛起与秩序重建》，《学海》2018 年第 4 期。

66. 毛艳：《俄罗斯应对气候变化的战略、措施与挑战》，《国际论坛》2010 年第 2 期。

67. 倪春纳：《论美国国会政党极化的结构性根源》，《当代世界与社会主义》2017 年第 5 期。

68. 欧歌：《拜登政府的气候优先：表现、动因及困境》，《国际研究参考》2021 年第 7 期。

69. 祁玲玲：《选举政治的逻辑——美国反政治正确的归因分析》，《世界经济与政治》2017 年第 10 期。

70. 秦亚青：《层次分析法与科学的国际关系研究》，《欧洲》1998 年第 3 期。

71. 萨本望、尚鸿：《美国克林顿政府外交政策评析》，《外交学院学报》2001 年第 2 期。

72. 沈镇：《特朗普政府的边境墙政策探析》，《美国研究》2019 年第 2 期。

73. 寿慧生、张超：《美国不平等的政治经济学分析》，《国际政治经济学》2017 年第 10 期。

74. 宋国友：《美国孤立主义新发展及其对全球化的影响》，《学术前沿》2017年第16期。

75. 孙超：《前行中的困顿：京都时代与后京都时代的俄罗斯气候环境外交》，《俄罗斯研究》2010年第6期。

76. 孙成昊、郑乐锋：《拜登政府对俄政策演进的特征、动因及限度》，《东北亚论坛》2023年第2期。

77. 谭道明：《民粹主义的三个维度——以特朗普民粹主义为例》，《拉丁美洲研究》2017年第4期。

78. 谭融：《美国利益集团政治评析》，《南开学报》2002年第4期。

79. 檀跃宇：《美国气候政策的国内根源论析》，《南京政治学院学报》2015第6期。

80. 汤伟：《拜登政府对华气候政策的竞争逻辑》，《现代国际关系》2023年第2期。

81. 唐慧云：《种族主义与美国政治极化研究》，《世界民族》2019年第2期。

82. 唐新华：《美国气候战略及中美气候合作》，《现代国际关系》2022年第1期。

83. 托马斯·格雷厄姆、胡冰：《新时代的俄美关系》，《俄罗斯东欧中亚研究》2018年第5期。

84. 王传兴：《美国民粹主义"敌人"情结根源及其对特朗普内外政策的影响——基于美国族裔政治视角的分析》，《美国问题研究》2017年第2期。

85. 王格非：《政治极化与政治冲突的"变质"：当前美国政治困境及原因》，《美国研究》2022年第3期。

86. 王浩：《从制度之战到经济竞争：国内政治与美国对华政策的演变（2009~2018）》，《当代亚太》2019年第1期。

87. 王浩：《美国政治生态新变化》，《现代国际关系》2022年第10期。

88. 王浩：《特朗普政府对华战略调整的的双重逻辑及其互动》，《世界经济与政治》2018年第3期。

89. 王欢、刘辉：《特朗普执政对国际环境的影响》，《美国研究》2017年第6期。

90. 王缉思：《特朗普的对外政策与中美关系》，《当代美国评论》2017年第1期。

91. 王立新：《美国国家认同的形成及其对美国外交的影响》，《历史研究》2003年第4期。

92. 王前军：《环境问题与俄罗斯国家安全战略》，《国际论坛》2006年第1期。

93. 王一鸣、时殷弘：《特朗普行为的根源——人格特质与对外政策偏好》，《外交评论（外交学院学报）》2018年第1期。

94. 吴心伯：《美国国内政治生态变化如何重塑对华政策》，《美国研究》2022年第4期。

95. 吴心伯：《特朗普执政与中美关系走向》，《国际问题研究》2017年第2期。

96. 吴宇、吴志成：《全球化的深化与民粹主义的复兴》，《国际政治研究》2017年第1期。

97. 肖河：《美国反建制主义和特朗普政策》，《国际政治科学》2017年第2期。

98. 肖河：《特朗普的"退出外交"并非孤立主义表现》，《世界知识》2017年第22期。

99. 肖兰兰：《拜登气候新政初探》，《现代国际关系》2021年第5期。

100. 谢建国、葛剑鸣、张晓磊：《利益集团与美国能源政策——基于美国ACES法案投票分析》，《世界经济与政治》2016年第9期。

101. 谢韬、张传杰：《从边境墙拨款之争看美国政治的极化》，《当代世界》2019年第6期。

102. 谢韬：《美国国会两党分化的原因及后果》，《国际论坛》2009年第1期。

103. 熊志义：《青年政治精英的政治极化——美国政坛70后的职业背景与政治顾问》，《中国青年研究》2014年第12期。

104. 徐博、仲芮：《俄罗斯实用主义气候政策探析》，《东北亚论坛》2022 年第 1 期。

105. 徐理响：《竞争型政治：美国政治极化的呈现与思考》，《社会科学研究》2019 年第 6 期。

106. 徐其森：《未竟的争论：当代美国"政治极化"研究述评》，《美国问题研究》2013 年第 2 期。

107. 阎学通：《反建制主义与国际秩序》，《国际政治科学》2017 年第 2 期。

108. 杨斌：《从占领华尔街抗议运动看美国民主模式的弊端》，《国外理论动态》2011 年第 12 期。

109. 杨雷、孔春雨：《美俄关系"重启"前景分析》，《现代国际关系》2010 年第 11 期。

110. 杨溢、乔纳森·凯勒、李芳芳：《外交决策中方案的产生与选择：一种综合方法》，《世界经济与政治》2010 年第 11 期。

111. 叶江：《全球化退潮及民粹民族主义兴起对现代世界体系的影响》，《国际观察》2017 年第 3 期。

112. 伊万·克拉斯蒂夫、吴万伟、余雪琴：《多数派的未来——检视右翼民粹主义》，《国外理论动态》2017 年第 7 期。

113. 尹继武：《领导人、国内政治与中美战略沟通（2016—2018）》，《国际政治科学》2019 第 4 期。

114. 俞可平：《全球化时代的民粹主义》，《国际政治研究》2017 年第 1 期。

115. 俞可平：《现代化进程中的民粹主义》，《战略与管理》1997 年第 1 期。

116. 袁征：《论特朗普政府的对外政策趋向》，《和平与发展》2017 年第 1 期。

117. 袁正清：《建构主义与外交政策分析》，《世界经济与政治》2004 年第 9 期。

118. 约瑟夫·奈、崔志楠：《美国的领导力及自由主义国际秩序的未来》，《全球秩序》2018 年第 1 期。

119. 臧秀玲、王磊：《战后美国政党政治的新变化》，《国外社会科学》2014 年第 2 期。

120. 张清敏：《"小集团思维"：外交政策分析的特殊模式》，《国际论坛》2004 年第 2 期。

121. 张清敏：《外交政策分析的认知视角：理论与方法》，《国际论坛》2003 年第 1 期。

122. 张清敏：《外交政策分析的三个流派》，《世界经济与政治》2001 年第 9 期。

123. 张全义：《人、国家与体系心理：国际政治社会学的一种诠释》，《国际观察》2014 年第 5 期。

124. 张文木：《美国政治结构与外交政策——兼谈美国"战略东移"及其后外交走向》，《国际关系研究》2013 年第 3 期。

125. 张文宗：《美国"铁锈带"及其政治影响》，《美国研究》2018 年第 6 期。

126. 张业亮：《"极化"的美国政治：神话还是现实？》，《美国研究》2008 年第 3 期。

127. 张业亮：《另类右翼的崛起及其对特朗普主义的影响》，《美国研究》2017 年第 4 期。

128. 张志新：《政治极化影响美国中期选举》，《世界知识》2010 年第 20 期。

129. 赵斌：《全球气候治理的复杂困局》，《现代国际关系》2021 年第 4 期。

130. 赵国军：《"关门游戏"折射美国国会政治"痼疾"》，《当代世界》2013 年第 11 期。

131. 赵景芳：《战略文化的再思考》，《世界经济与政治》2008 年第 1 期。

132. 赵可金、倪世雄：《自由主义与美国的外交政策》，《复旦学报（社会科学版）》2006 年第 2 期。

133. 赵可金：《大众的反叛——第三波民粹化浪潮及其社会根源》，《国际政治研究》2017 年第 1 期。

134. 赵鸣文：《美俄关系新发展及其局限性》，《国际问题研究》2010 年第 5 期。

135. 赵行姝：《拜登政府的气候新政及其影响》，《当代世界》2021 年第 5 期。

136. 钟准：《把政党找回来——政党与对外政策》，《世界经济与政治》2019 年第 2 期。

137. 钟准：《从贝卢斯科尼到特朗普：欧美民粹主义与对外政策》，《外交评论（外交学院学报）》2017 年第 4 期。

138. 周琪、付随鑫：《美国政治中的民粹主义传统及其功能》，《当代世界与社会主义》2017 年第 2 期。

139. 周琪、沈鹏：《"占领华尔街"运动再思考》，《世界经济与政治》2012 年第 9 期。

140. 周琪、王欢：《值得关注的美国政治"极化"趋势》，《当代世界》2011 年第 4 期。

141. 周琪：《论特朗普的对华政策及其决策环境》，《世界经济与政治》2019 年第 3 期。

142. 周琪：《政治极化正在溶蚀美国的民主》，《美国研究》2022 年第 2 期。

143. 周穗明：《西方右翼民粹主义政治思潮述评》，《国外理论动态》2017 年第 7 期。

144. 庄贵阳、薄凡、张靖：《中国在全球气候治理中的角色定位与战略选择》，《世界经济与政治》2018 年第 4 期。

145. 左希迎：《特朗普政府亚太安全战略的调整》，《世界政治与经济》2017 年第 5 期。

二、英文

（一）专著

1. Andis Kudors, Artis Pabriks, "The Rise of Populism: Lessons for the European Union and the United States of American," Riga: University of Latvia Press, 2017.

2. Ann Markusen, et al., "The Rise of the Gunbelt: The Military Remapping of Industrial America," New York: Oxford University Press, 1991.

3. Arthur M. Schlesinger, Jr., "The Age of Jackson," New York: Back Bay Books, 1988.

4. Arthur M. Schlesinger, Jr., "The Cycles of American History," Boston: Houghton Mifflin, 1986.

5. Barry Posen, "The Sources of Military Doctrine," Ithaca: Cornell University Press, 1985.

6. Benjamin Franklin Cooling, Gray Steel and Blue Water Navy, "The Formative Years of America's Military – Industrial Complex, 1881 – 1917," Hamden: Archon Books, 1979.

7. Benjamin Moffitt, "The Global Rise of Populism: Performance, Political Style, and Representation," Stanford: Stanford University Press, 2016.

8. Cas Mudde, "Populism in Europe and the Americas: Threat or Corrective for Democracy?" New York: Cambridge University Press, 2015.

9. Cleona Lewis, "America's Stake in International Investment," Washington D. C.: Brookings, 1938.

10. Colin Dueck, Hard Line, "The Republican Party and U. S. Foreign Policy since World War II," Princeton: Princeton University Press, 2010.

11. Collin Dueck, "The Obama Doctrine: American Grand Strategy Today," New York: Oxford University Press, 2015.

12. David Mayhew, "Congress: The Electoral Connection," New Haven: Yale University Press, 1974.

13. Diana Epstein, John D. Graham, "Polarized Politics and Policy Consequences," CA: Rand Corporation, 2007.

14. Dueck Colin, "Reluctant Crusaders," Princeton: Princeton University Press, 2008.

15. Eduard Shiles, "The Torment of Secrecy: The Background and Consequences of American Security Policies," Washington D. C.: Free Press, 1956.

16. Edward Chester, "Sectionalism, Politics, and American Diplomacy," Metuchen: Scarecrow Press, 1975.

17. Frederick Adams, "Economic Diplomacy: The Export – Import Bank and American Foreign Policy, 1934 – 1939," Columbia: University of Missouri Press, 1976.

18. Gabuev, A., "Russia's Policy towards China: Key Players and the Decision – Making Process," Political Science, 2016.

19. G. John Ikenberry, "Liberal Leviathan, the Origins, Crisis, and Transformation of the American World Order," Princeton: Princeton University Press, 2011.

20. Gary C. Jacobson, "Polarization in National Politics: The Election Connection," Washington D. C.: CQ Press, 2000.

21. Gary King, et al., "Designing Social Inquiry: Scientific Inference in Qualitative Research," Princeton: Princeton University Press, 1994.

22. Gavin Kitching, "Development and Underdevelopment in Historical Perspective: Populism, Nationalism and Industrialization," London: Methuen, 1982.

23. George Kennan, "American Diplomacy," Chicago: University of Chicago Press, 1985.

24. Gerald Gamm, "The Making of New Deal Democrats: Voting Behavior and Realignment in Boston, 1920 – 1940," Chicago: University of Chicago Press, 1986.

25. Gerald Nash, "The American West in the Twentieth Century: A Short History of an Urban Oasis," Englewood Cliffs: Prentice – Hall, 1973.

26. Graham Allison, "Destined for War: Can America and China Escape Thucydides's Trap," Boston: Houghton Mifflin Harcourt, 2019.

27. Hair, W. I., "The Kingfish and His Realm: The Life and Times

of Huey P. Long," Baton Rouye: Louisiana State University Press, 1991.

28. Hans J. Morgenthau, "In Defense of the National Interest: A Critical Examination of American Foreign Policy," New York: Alfred A. Knopf, 1951.

29. Helene Sjursen, "Values or Rights? Alternative Conceptions of the EU's Normative Role," London: Routledge, 2006.

30. Horiuchi, K., "Russia and Energy Cooperation in East Asia, in T. Akaha, A. Vassilieva (eds.), Russia and East Asia: Informal and Gradual Integration," New York: Routledge, 2014.

31. Irving L. Janis, "Groupthink: Psychological Studies of Foreign Policy Decisions and Fiascoes," Boston: Houghton Mifflin Company, 1982.

32. Jack S. Levy, William R. Thompson, "Causes of War," New Jersey: Wiley-Blackwell, 2010.

33. John J. Mearsheimer, "The Great Delusion," Connecticut: Yale University Press, 2018.

34. Jonathan Baron, "Thinking and Deciding," Cambridge: Cambridge University Press, 1998.

35. Juan Pablo Cardenal, et al., "Sharp Power: Rising Authoritarian Influence," Washington D. C. : National Endowment for Democracy, 2018.

36. Kenneth Mayer, "The Political Economy of Defense Contracting," New Haven: Yale University Press, 1991.

37. Kenneth Waltz, "Man, the State, and War: A Theoretical Analysis," New York: Columbia University Press, 2001.

38. Korppoo A., Tynkkynen N. and Hønneland G., "Russia and the Politics of International Environmental Regimes: Environmental Encounters or Foreign Policy?" U. K. : Edward Elgar Publishing, 2015.

39. Liddell Hart, "Strategy," New York: Praeger, 1954.

40. Lloyd Rodwin, Hidehiko Sazanami (eds.), "Deindustrialization and Regional Economic Transformation: The Experiences of the United States," Boston: Unwin Hyman, 1989.

41. Lo, Bobo, "Russia and the New World Disorder," London: Royal Institute of International Affairs, 2015.

42. Manfred Jonas, "Isolationism in America, 1935 – 1941," Ithaca: Cornell University Press, 1966.

43. Marjorie Randon Hershey, "Party Politics in America," New York: Longman, 2006.

44. Mark Schafer, Scott Crichlow, "Groupthink Versus High – Quality Decision Making in International Relations," New York: Columbia University Press, 2011.

45. Matt Grossmann, David A. Hopkins, "Asymmetric Politics: Ideological Republicans and Group Interest Democrats," New York: Oxford University Press, 2016.

46. Matthew Sussex, Roger E. Kanet, "Russia, Eurasia and The New Geopolitics of Energy," New York: Palgrave Macmillan, 2015.

47. Miroslav Nincic, "Democracy and Foreign Policy," New York: Columbia University Press, 1992.

48. Morris P. Fiorin, Samuel J. Abrams and Jeremy C. Pope, "Culture War the Myth of a Polarized America," New York: Longman, 2004.

49. Mudde C., Kaltwasser C. R., "Populism: A Very Short Introduction," Oxford: Oxford University Press, 2017.

50. Nolan McCarty, Keith T. Poole and Howard Rosenthal, "Polarized American: The Dance of Ideology and Unequal Riches," Cambridge, Mass: MIT Press, 2006.

51. Ole Elgström, Michael Smith, "The European Union's Roles in International Politics: Concepts and Analysis," London: Routledge, 2006.

52. Paul Hart, "Groupthink in Government: A Study of Small Groups and Policy Failure," Maryland: Johns Hopkins University Press, 1994.

53. Peter Gourevitch, "Politics in Hard Times," Ithaca: Cornell University Press, 1986.

54. Peter Trubowitz, "Defining the National Interest: Conflict and

Change in American Foreign Policy," Chicago: The University of Chicago Press, 1998.

55. Pietro S. Nivola, David W. Brady, "Red and Blue Nation: Characteristics and Causes of America's Polarized Politics," Brooking: The Brookings Institution Press, 2006.

56. Poussenkova, N., "Russia's Future Customers: Asia and Beyond, in J. Perovic, R. W. Orttung and A. Wenger (eds.), Russian Energy Power and Foreign Relations: Implications for Conflict and Cooperation," New York: Routledge, 2009.

57. Richard Bensel, "Sectionalism and American Political Development, 1889 – 1980," Madison: University of Wisconsin Press, 1984.

58. Richard Haass, "Foreign Policy Begins at Home: The Case for Putting America's House in Order," New York: Basic Books, 2014.

59. Richard Ned Lebow, "Avoiding War, Making Peace," New York: Palgrave Macmillan, 2017.

60. Richard White, "It's Your Misfortune and None of My Own, A History of the American West," Norman: University of Oklahoma Press, 1991.

61. Ripsman, N. M., Taliaferro, J. W. and Lobell, S. E., "Neoclassical Realist Theory of International Politics," London: Oxford University Press, 2016.

62. Robert Art, "A Grand Strategy for America," Ithaca: Cornell University Press, 2003.

63. Robert Art, "A Defensible Defense: America's Grand Strategy after the Cold War," Cambridge: The MIT Press, 1997.

64. Robert Frank, "Passions within Reason: The Strategic Role of the Emotions," New York: Norton, 1988.

65. Robert Jervis, "System Effects: Complexity in Political and Social Life," Princeton: Princeton University Press, 1997.

66. Ronald Rogowski, "Commerce and Coalitions: How Trade Affects

Domestic Political Alignments," Princeton: Princeton University Press, 1989.

67. Ronald Brownstein, "The Second Civil War: How Extreme Partisanship Has Paralyzed Washington and Polarized America," New York: Penguin Press, 2007.

68. Stephen G. Walker, "Role Theory and Foreign Policy Analysis: An Evaluation," Durham: Duke University Press, 1987.

69. Tennant McWilliams, "The New South Faces the World: Foreign Affairs and the Southern Sense of Self, 1877 – 1950," Baton Rouge: Louisiana State University Press, 1988.

70. Theodore Saloutos, John Hicks, "Agricultural Discontent in the Middle West, 1900 – 1939," Madison: University of Wisconsin Press, 1951.

71. Cameron G., "Role Theory and Foreign Policy," New Jersey: Wiley – Blackwell, 2010.

72. Thomas Christensen, "Useful Adversaries: Grand Strategy, Domestic Mobilization and Sino – American Conflict, 1947 – 1958," Princeton: Princeton University Press, 1996.

73. Tom Terrill, "The Tariff, Politics, and American Foreign Policy, 1874 – 1901," Westport: Greenwood, 1973.

74. Valerie D. Hudson, "Foreign Policy Analysis: Classic and Contemporary Theory," Maryland: Rowman & Littlefield Pub, 2013.

75. Waldo Barden, "The Old Tradition in the South," Baton Rouye: Louisiana State University Press, 1983.

76. Walter Dean Burnham, "Critical Elections and the Mainsprings of American Politics," New York: W. W. Norton and Co, 1970.

77. Walter Lippmann, "U. S. Foreign Policy: Shield of The Republic," New York: Little Brown, 1943.

78. Weiner Irving B., Craignhead Edward, "The Corsini Encyclopedia of Psychology," New Jersey, John Wiley and Sons, 2010.

79. William W. Freehling, "Prelude to Civil War: The Nullification

Controversy in South Carolina 1816 – 1836," New York: Oxford University Press, 1968.

（二）期刊

1. Aalto, P., "Energy Market Integration and Regional Institutions in East Asia," Energy Policy, Vol. 74, No. 11, 2014.

2. Aaron L. Friedberg, "Competing with China," Princeton School of Public and International Affairs, Vol. 60, No. 3, 2018.

3. Alexander E. Wendt, "The Agent – Structure Problem in International Relational Relations Theory," International Organization, Vol. 70, No. 3, 1987.

4. Andonova, L. B., Alexieva, A., "Continuity and Change in Russia's Climate Negotiations Position and Strategy," Climate Policy, Vol. 12, No. 5, 2012.

5. Andrew Bacevich, "Saving 'America First': What Responsible Nationalism Looks Like," Foreign Affairs, Vol. 96, No. 5, 2017.

6. Andrew C. Kuchins, Clifford G. Gaddy, "Putin's Plan," The Washington Quarterly, Vol. 31, No. 2, 2010.

7. Andrew Hurrell, "Hegemony, Liberalism, and Global Order: What Space for Would Be Global Powers?" International Affairs, Vol. 82, No. 1, January, 2018.

8. Ash Carter, "The Rebalance and Asia – Pacific Security: Building a Principled Security Network," Foreign Affairs, Vol. 95, No. 6, 2016.

9. Barr, K., Mintz, A., "Public Policy Perspective on Group Decision – Making," Policy Studies Journal, Vol. 46, No. 4, 2018.

10. Bart Bonikowski, "Three Lessons of Contemporary Populism in Europe and the United States," Brown Journal of World Affairs, Vol. 23, No. 1, 2016.

11. Bart Bonikowski, Noam Gidron, "The Populist Style in American Politics: Presidential Campaign Discourse," Social Forces, Vol. 94, No. 4, 2016.

12. Bo X. , William M. R. , "Russia's Energy Diplomacy with China: Personalism and Institutionalism in Its Policymaking Process," The Pacific Review, Vol. 32, No. 1, 2019.

13. Brian McKeon, Caroline Tess, "How Congress Can Take Back Foreign Policy: A Playbook for Captol Hill," Foreign Affairs, Vol. 98, No. 1, 2019.

14. Carolyn M. Warner, Stephen G. Walker, "Thinking about The Role of Religion in Foreign Policy: A Framework for Analysis," Foreign Policy Analysis, Vol. 7, No. 4, 2011.

15. Cas Mudde, "Europe's Populist Surge: A Long Time in the Making," Foreign Affairs, Vol. 95, No. 6, 2016.

16. Charles Krauthammer, "The Unipo – Lar Moment," Foreign Afairs, Vol. 70, No. 1, 1990/1991.

17. Charles Kupchan, Peter Trubowitz, "Dead Center: The Demise of Liberal Internationalism in the United States," International Security, Vol. 32, No. 2, 2007.

18. Charles Kupchan, Peter Trubowitz, "Grand Strategy for a Divided America," Foreign Afairs, Vol. 86, No. 4, 2007.

19. Douglas M. Brattebo, "You're a Mean One, Mr. Gingrich: The Inbuilt, Ruinous Incivility of Newt," American Behavioral Scientist, Vol. 57, No. 1, 2013.

20. Edward Smith, "Southerners on Empire: Southern Senators and Imperialism, 1898 – 1899," Mississippi Quarterly, Vol. 31, No. 4, 1977.

21. Cohen, Eliot A. , "America's Long Goodbye: The Real Crisis of the Trump Era," Foreign Affairs, Vol. 98, No. 1, 2019.

22. Elizabeth Warren, "A Foreign Policy for All Strengthening Democracy at Home and Abroad," Foreign Affairs, Vol. 98, No. 1, 2018.

23. Epstein Diana, John D. Graham, "Polarized Politics and Policy Consequences," Rand Occasional Paper, Vol. 38, No. 2, 2007.

24. Fiorina Morris P. , Samuel J. Abrams, "Political Polarization in

the American Public," Annual Review of Political Science, Vol. 11, No. 3, 2008.

25. Fyodor Lukyanov, "Putin's Foreign Policy," Foreign Affairs, Vol. 95, No. 3, 2016.

26. G. John Ikenberry, "The Future of the Liberal World Order," Foreign Affairs, Vol. 90, No. 3, 2011.

27. G. John Ikenberry, "The Plot Against American Foreign Policy: Can the Liberal Order Survive?" Foreign Affairs, Vol. 96, No. 3, 2017.

28. G. John Ikenberry, David A. Lake and Michael Mastanduno, "Introduction: Approaches to Explaining American Foreign Economic Policy," International Organization, Vol. 42, No. 1, 1988.

29. Garanina, O. L., "Energy Transition Agenda: Challenges for Russia under the Pandemic," Russian Foreign Economic Journal, Vol. 21, No. 4, 2021.

30. Gavin Wright, "The Political Economy of New Deal Spending: An Econometric Analysis," The Review of Economics and Statistics, Vol. 56, No. 2, 1974.

31. Geoffrey C. Layman, Thomas M. Carsey and Juliana M. Horowitz, "Party Polarization in American Politics: Characteristics, Causes, and Consequences," Annual Review of Political Science, Vol. 9, No. 3, 2006.

32. Glenn Chafetz, "Role Theory and Foreign Policy: Belarusian and Ukrainian Compliance with the Nuclear Nonproliferation Regime," Political Psychology, Vol. 14, No. 4, 1996.

33. Guliyev, F., "Personal Rule, Neopatrimonialism, and Regime Typologies: Integrating Dahlian and Weberian Approaches to Regime Studies," Democratization, Vol. 18, No. 3, 2011.

34. Haggard, S., Kaufman, R., "Democratization during the Third Wave," Annual Review of Political Science, Vol. 19, No. 1, 2016.

35. Helen V. Milner, "The Choice for Multilateralism: Foreign Aid and American Foreign Policy," The Review of International Organizations,

Vol. 8, No. 3, 2012.

36. Henry Berger, "Bipartisanship, Senator Taft, and the Truman Administration," Political Science Quarterly, Vol. 90, No. 2, 1975.

37. Jack Snyder, Robert Shapiro and Yaeli Bloch-Elkon, "Free Hand Abroad, Divide and Rule at Home," World Politics, Vol. 61, No. 1, 2009.

38. Jake Sullivan, "The World after Trump: How the System Can Endure," Foreign Affairs, Vol. 97, No. 2, 2018.

39. Jame M. Goldgeier, "Psychology and Security," Security Studies, Vol. 6, No. 4, 1999.

40. James Clotfelter, "Senate Voting and Constituency Stake in Defense Spending," Journal of Politics, Vol. 32, No. 1, 1970.

41. James Lindsay, "Parochialism, Policy, and Constituency Constraints: Congressional Voting on Strategic Weapons System," American Journal of Political Science, Vol. 34, No. 2, 1990.

42. James M. Lindsay, "GW. Bush, Barack Obama, and the Future of U.S. Global Leadership," International Affairs, Vol. 87, No. 4, 2011.

43. Jean Garrison, "Constructing the 'National Interest' in U.S.-China Policy Making: How Foreign Policy Decision Groups Define and Signal Policy Choices," Foreign Policy Analysis, Vol. 3, No. 2, 2007.

44. Jeffery Frieden, "Sectoral Conflict and U.S. Foreign Economic Policy, 1914-1940," International Organization, Vol. 42, No. 1, 1988.

45. Jeffrey Crump, "The Spatial Distribution of Military Spending in The United States, 1941-1985," Growth and Change, Vol. 20, No. 2, 1989.

46. Jens GroBer, Thomas R. Palfrey, "Candidate Entry and Political Polarization: An Antimedian Voter Theorem," American Journal of Political Science, Vol. 58, No. 3, 2014.

47. Jervis, R., "Foreign Policy Dilemmas and Opportunities for a New

Administration：An Opinion Piece," Political Science Quarterly, Vol. 135, No. 2, 2020.

48. Jervis, R. , "Realism, Neoliberalism and Cooperation," International Security, Vol. 24, No. 1, 1999.

49. Jervis, R. , "Liberalism, the Blob, and American Foreign Policy：Evidence and Methodology," Security Studies, Vol. 29, No. 3, 2020.

50. Joe Biden, "Why America Must Lead Again：Rescuing U. S. Foreign Policy after Trump," Foreign Affairs, Vol. 99, No. 2, 2020.

51. Joe D. Hagan, "Does Decision Making Matter? Systematic Assumptions vs. Historical Reality in International Relations Theory," International Studies Review, Vol. 3, No. 2, 2001.

52. Johannes Plagemann, Sandra Destradi, "Populism and Foreign Policy：The Case of India," Foreign Policy Analysis, Vol. 15, No. 2, 2019.

53. Johannes Urpelainen, Thijs Van de Graaf, "United States Non-Cooperation and The Paris Agreement," Climate Policy, Vol. 18, No. 7, 2018.

54. John Evans, "Have Americans' Attitudes Become more Polarized," Social Science Quarterly, Vol. 84, No. 1, 2003.

55. Jones, P. , Hudson, J. , "The Quality of Political Leadership：A Case Study of John Major," British Journal of Political Science, Vol. 26, No. 3, 1996.

56. Joseph Daniel Ura, Christopher R. Ellis, "Partisan Moods：Polarization and the Dynamics of Mass Party Preferences," The Journal of Politics, Vol. 74, 2012.

57. Joseph R. Biden, "Why America Must Lead Again," Foreign Affairs, Vol. 22, No. 2, 2020.

58. Juliet Kaarbo, "Foreign Policy Analysis in the Twenty-First Century：Back to Comparison, Forward to Identity and Ideas," International Studies Review, Vol. 17, No. 2, 2003.

59. Juliet Kaarbo, "New Directions for Leader Personality Research：

Breaking Bad in Foreign Policy," International Affairs, Vol. 97, No. 2, 2021.

60. K. J. Holsti, "National Role Conceptions in the Study of Foreign Policy," International Studies Quarterly, Vol. 14, No. 3, 1970.

61. Kaczmarski, M., "Domestic Sources of Russia's China Policy," Problems of Post-Communism, Vol. 59, No. 2, 2012.

62. Keith T. Poole, Howard Rosenthal, "The Polarization of American Politics," The Journal of Politics, Vol. 46, No. 1, 1984.

63. Kelman, S., Sanders, R. and Pandit, G., "'Tell it Like it Is': Decision Making, Groupthink, and Decisiveness among U. S. Federal Subcabinet Executives," Governance, Vol. 30, No. 5, 2017.

64. Kenneth A. Schultz, "Perils of Polarization for U. S. Foreign Policy," The Washington Quarterly, Vol. 40, No. 4, 2017.

65. Kenneth N. Waltz, "Structural Realism after the Cold War," International Security, Vol. 25, No. 4, 2000.

66. Kimberly Marten, "Putin's Choices: Explaining Russian Foreign Policy and Intervention in Ukraine," The Washington Quarterly, Vol. 38, No. 2, 2015.

67. Korppoo A., "Domestic Frames on Russia's Role in International Climate Diplomacy," Climate Policy, Vol. 20, No. 1, 2020.

68. Kurt M. Campbell, Ely Ratner, "The China Reckoning: How Beijing Defied American Expectations," Foreign Affairs, Vol. 97, No. 2, 2018.

69. Lelkes, Y., et al., "The Hostile Audience: The Effect of Access to Broadband Internet on Partisan Affect," American Journal of Political Science, Vol. 34, No. 1, 2015.

70. Lohman Walter, "The Trump Administration's Trade Policy and the Implications for Southeast Asia," Contemporary Southeast Asia, Vol. 39, No. 1, 2017.

71. Luke Kemp, "U. S. -proofing the Paris Climate Agreement,"

Climate Policy, Vol. 17, No. 5, 2016.

72. Margaret Canovan, "Trust the People! Populism and the Two Faces of Democracy," Political Studies, Vol. 47, No. 1, 1999.

73. Margaret G. Hermann, Charles W. Kegley, "Rethinking Democracy and International Peace: Perspectives from Political Psychology," International Studies Quarterly, Vol. 39, No. 4, 1995.

74. Mark J. Hetherington, "Putting Polarization in Perspective," British Journal of Political Science, Vol. 39, No. 2, 2009.

75. Martin Wattenberg, "The Building of a Republican Regional Base in the South: The Elephant Crosses The Mason-Dixon Line," Public Opinion Quarterly, Vol. 55, No. 3, 1991.

76. Michael Grossman, "Role Theory and Foreign Policy Change: The Transformation of Russian Foreign Policy in the 1990s," International Politics, Vol. 42, No. 3, 2005.

77. Michael Kazin, "Trump and American Populism," Foreign Affairs, Vol. 95, No. 6, 2016.

78. Michael R. Pompeo, "Confronting Iran the Trump Administration's Strategy," Foreign Affairs, Vol. 97, No. 6, 2018.

79. Mintz Alex, "How Do Leaders Make Decisions?: A Poliheuristic Perspective," Journal of Conflict Resolution, Vol. 48, No. 1, 2004.

80. Mitchell, D., "Centralizing Advisory Systems: Presidential Influence and the U.S. Foreign Policy Decision-Making Process," Foreign Policy Analysis, Vol. 1, No. 2, 2005.

81. Paul K. Macdonald, "America First? Explaining Continuity and Change in Trump's Foreign Policy," Political Science Quarterly, Vol. 133, No. 3, 2018.

82. Peter Gourevitch, "The Second Image Reversed: The International Sources of Domestic Politics," International Organization, Vol. 32, No. 4, 1978.

83. Peter Gourevitch, "International Trade, Domestic Coalitions, and

Liberty: Comparative Responses to the Crisis of 1873 – 1896," Journal of Interdisciplinary History, Vol. 8, No. 2, 1977.

84. Philip J. Powlick, "The Sources of Public Opinion for American Foreign Policy Officials," International Studies Quarterly, Vol. 39, No. 4, 1995.

85. Daniel Philpott, "Explaining the Political Ambivalence of Religion," American Political Science, Vol. 101, No. 3, 2007.

86. R. Pipes, "Is Russia Still an Enemy?" Foreign affairs, Vol. 76, No. 5, 1997.

87. Ralph Smuckler, "The Region of Isolationism," American Political Science Review, Vol. 47, No. 2, 1953.

88. Richard Haass, "Present at the Disruption: How Trump Unmade U. S. Foreign Policy," Foreign Affairs, Vol. 99, No. 5, 2020.

89. Richard Maher, "Bipolarity and the Future of U. S. – China Relations," Political Science Quarterly, Vol. 133, No. 3, 2018.

90. Richard Sakwa, "'New Cold War' or Twenty Years' Crisis? Russia and International Politics," International Affairs, Vol. 84, No. 2, 2008.

91. Robert A. Pape, "Soft Balancing Against the United States," International Security, Vol. 30, No. 1, 2005.

92. Robert Frank, "The Strategic Role of the Emotions: Reconciling over – And under Socialized Accounts of Behavior," Rationality and Society, Vol. 5, No. 2, 1993.

93. Rui J. , "Russian Factor in Climate Politics – Position, Problems and Prospects of Russia's Participation in International Climate Cooperation," Russian Studies, Vol. 176, No. 4, 2012.

94. Salah Oueslati, "U. S. Foreign Policy and the Complex Factors in the Decision – Making Process," American in The World, Vol. 51, No. 5, 2014.

95. Samuel P. Huntington, "The Erosion of American National Interests," Foreign Affairs, Vol. 76, No. 5, 1997.

96. Sarah E. Mendelson, "Generation Putin – What to Expect From Russia's Future Leaders," Foreign Affairs, Vol. 94, No. 1, 2015.

97. Sergei Karaganov, "A Victory of Conservative Realism," Russia in Global Affairs, Vol. 20, No. 1, 2017.

98. Shadrina, E., Bradshaw, M., "Russia's Energy Governance: Transitions and Implications for Enhanced Cooperation with China, Japan, and South Korea," Post-Soviet Affairs, Vol. 29, No. 6, 2013.

99. Sharmina, M., Anderson, K. and Bows-Larkin, A., "Climate Change Regional Review: Russia," Wiley Interdisciplinary Reviews: Climate Change, Vol 4., No. 5, 2013.

100. Sherman W. Garnett, "Russia's Illusory Ambitions," Foreign Affairs, Vol. 71, No. 2, 1997.

101. Stephen R. Weissman, "Congress and War: How the House and Senate Can Reclaim their Role," Foreign Affairs, Vol. 96, No. 1, 2017.

102. Steven Hurst, Andrew Wroe, "Partisan Polarization and US Foreign Policy: Is he Centre Dead or Holding?" International Politics, Vol. 53, No. 5, 2016.

103. Stewart Patrick, "Trump and World Order: The Return of Self-Help," Foreign Affairs, Vol. 96, No. 2, 2017.

104. Suzanne Mettler, Robert C. Lieberman, "The Fragile Republic: American Democracy Has Never Faced so Many Threats All at once," Foreign Affairs, Vol. 99, No. 5, 2020.

105. Szarka J., "The EU, the USA and the Climate Divide: Reappraising Strategic Choices," European Political Science, Vol. 11, No. 1, 2012.

106. Thies, C. G., Breuning, M., "Integrating Foreign Policy Analysis and International Relations through Role Theory," Foreign Policy Analysis, No. 8, 2012.

107. Trondl, Jarle, "Is there Any Social Constructivist – Institutionalist Divide? Unpacking Social Mechanisms Affecting Representational Roles

among EU Decision – Makers," Journal of European Public Policy, Vol. 8, No. 1, 2001.

108. Tsuneo Watanabe, "U. S. Engagement Policy toward China: Realism, Liberalism, and Pragmatism," Journal of Contemporary East Asia Studies, Vol. 2, No. 2, 2013.

109. Virginius Dabney, "The South Looks Abroad," Foreign Affairs, Vol. 19, No. 5, 1940.

110. W. David Clinton, Aniel G. Lang, "What Makes a Successful Presidential Trantion? The Case of Foreign Affairs," Presidential Studies Quarterly, Vol. 23, No. 5, 1993.

111. Walter Carlnaes, "The Agency – Structure Problem in Foreign Policy Analysis," International Studies Quarterly, Vol. 36, No. 3, 1992.

112. Wayne Cole, "America First and the South, 1940 – 1941," The Journal of Southern History, Vol. 22, No. 2, 1956.

113. Will Bullock, Joshua D. Clinton, "More a Molehill than a Mountain: The Effects of the Blanket Primary on Elected Officials' Behavior from California," Journal of Politics, Vol. 73, No. 1, 2011.

114. William B. Quandt, "The Electoral Cycle and the Conduct of American Foreign Policy," Political Science Quarterly, Vol. 101, No. 5, 1986.

115. Wojczewski Thorsten, "Trump, Populism, and American Foreign Policy," Foreign Policy Analysis, Vol. 16, No. 3, 2020.

116. Yan Xuetong, "From Keeping a Low Profile to Striving for Achievement," The Chinese Journal of International Politics, Vol. 7, No. 2, 2014.

三、俄文

（一）专著

1. Богатуров А. Д., "Международные отношения и внешняя политика России," Общество с ограниченной ответственностью

Издательство Аспект Пресс, 2017.

2. Жизнин С. З., "Энергетическая дипломатия России: экономика, политика и практика," Москва: Ист - Брук, 2005.

3. Зимин В. А., "Политическая модернизация в России: монография," Scientific Magazine Kontsep, 2012.

4. Зубков А., "Геополитика и проблемы национальной безопасности России," Litres, 2022.

5. Имяреков С. М., Кевбрина О. Б., Имяреков В. С., "Внешняя и внутренняя политика России в начале XXI века," Академический Проект, 2012.

6. Кортунов С., "Современная внешняя политика России: стратегия избирательной вовлеченности," Высшая школа экономики, 2009.

7. Макаров И. А., Макарова Е. А., Бордачев Т. В., et al., "Поворот на Восток, Развитие Сибири и Дальнего Востока в условиях усиления азиатского вектора внешней политики России," Издательство "Международные отношения," 2015.

8. Рябова Е. Л., Абдулатипов Р. Г., Михайлов В. А., "Россия в XXI веке: общенациональный ответ на национальный вопрос: Монография," Международный издательский центр 《Этносоциум》, 2016.

9. Тренин Д., "Новый баланс сил: Россия в поисках внешнеполитического равновесия," Альпина Паблишер, 2021.

10. Тренин Д., "Россия и мир в XXI веке," Litres, 2015.

11. Цыганков П. А., "Политическая динамика современного мира: теория и практика," Москва: Издательство Московского государственного университета, 2014.

（二）期刊

1. Алексеева Н. Н., Аршинова М. А., Банчева А. И., "Положение России в международных экологических рейтингах," Вестник Российского

университета дружбы народов, №.1, 2018.

2. Бондаренко Л. В., Маслова О. В., Белкина А. В., et al., "Глобальное изменение климата и его последствия," Вестник Российского экономического университета им. ГВ Плеханова, №.2, 2018.

3. Васильцов В. С., Яшалова Н. Н, Яковлева Е. Н. и др., "Национальная климатическая политика: концептуальные основы и проблемы адаптации," Экономика региона, №.4, 2021.

4. Васильцов В. С., Яшалова Н. Н., "Климатическая политика в инновационной экономике: национальный и международный аспекты," Ars Administrandi, №.1, 2018.

5. Васина Анна Алексеевна, "Роль новых медиа в практике публичной дипломатии России," Коммуникология: электронный научный журнал, №.3, 2020.

6. Великая Анна Алексеевна, "Публичная дипломатия России и США: сравнительные аспекты двух систем и роль в развитии двустороннего диалога," Вестник Санкт-Петербургского университета. Политология, №.4, 2019.

7. Веселова Д. Н., "Климатическая политика Российской Федерации: законодательные и институциональные аспекты," Дискурс-Пи, 2021, №.18, 2021.

8. Виктор Ларин, "Новая геополитика для Восточной Евразии," Россия в глобальной политике, №.5, 2018.

9. Вилков А. А., "Проблематика общественной дипломатии в политическом и научном дискурсе современной России," Известия Саратовского университета, №.2, 2018.

10. Вилков Александр Алексеевич, Попонов Денис Вячеславович, Казаков Александр Александрович, "СМИ приграничного региона в контексте общественной дипломатии: анализ результатов экспертного опроса (на примере Саратовской области)," Вестник Балтийского федерального университета им. И. Канта, №.3, 2018.

11. Вилков Александр Алексеевич, Попонов Денис Вячеславович, Козлова Маргарита Сергеевна, Казаков Александр Александрович, Бурданова Анна Сергеевна, "Ресурсный потенциал региональных медиа в сфере общественной дипломатии（на примере Саратовской области）," Политическая лингвистика, №. 4, 2018.

12. Мусихин Г. И., "Популизм: структурная характеристика политики или 'ущербная идеология'?," Полития, №. 4, 2009.

13. Габуев А., "Поворот в никуда: итоги азиатской политики России в 2015 году," Московский Центр Карнеги, 2015.

14. Глебов Максим Сергеевич, "Элементы и механизмы новой публичной дипломатии во внешней политике государства," Электронный вестник, №. 68, 2018.

15. Грачев В. А., Курышева Н. И., Плямина О. В., и др, "Анализ факторов устойчивого развития при выполнении Российской Федерацией новых климатических обязательств по Парижскому соглашению," Проблемы региональной экологии, 2019.

16. Данилов - Данильян В. И., "Глобальная климатическая проблема и возможности прогнозирования," Век глобализации, №. 4, 2019.

17. Дэвид В. А., "Глобальное управление в сфере изменения климата Парижское соглашение: новый компонент климатического режима ООН," Вестник международных организаций: образование, наука, новая экономика, №. 4, 2017.

18. Жигалов В. М., Пахомова Н. В., "Современная система стратегического планирования энергосбережения и повышения энергоэф- фективности в России в контексте новой климатической политики," Проблемы современной экономики, №. 3, 2015.

19. Игорь Макаров, "Куда идет Дальний восток?" Россия в глобальной политике, №. 5, 2018.

20. Ковалев Ю. Ю., Поршнева О. С., "Страны БРИКС в

международной климатической политике," Вестник Российского университета дружбы народов, No. 1, 2021.

21. Ковалев Ю. Ю., Степанов А. В., Бурнасов А. С., "Международная климатическая дипломатия в поисках решения глобальной проблемы," Tempus et Memoria, No. 12, 2017.

22. Колеватова Татьяна Сергеевна, "Современные средства информации в публичной дипломатии России," Власть, No. 1, 2016.

23. Концевая Н. А., "Медиарилейшнз в системе мировой публичной дипломатии," Вестник Московского университета Журналистика, No. 2, 2013.

24. Кошкина Н. Р., "Государственная политика Российской Федерации в области борьбы с изменением климата," Ars Administrandi, No. 3, 2020.

25. Леонид Бляхер, "Фронтир будущего," Россия в глобальной политике, No. 5, 2018.

26. Макаров И. А., Чен Х., Пальцев С. В., "Последствия Парижского климатического соглашения для экономики России," Вопросы экономики, No. 4, 2018.

27. Марчуков Александр Николаевич, "《Публичная дипломатия 2.0》 во внешнеполитической деятельности РФ," Вестник Московского университета, No. 5, 2014.

28. Марчуков Александр Николаевич, "《Публичная дипломатия 2.0》 во внешней политике Российской Федерации: проблемы и перспективы развития," Вестник Московского университета, No. 3, 2014.

29. Марчуков Александр Николаевич, "Медиаактивность 'Deutsche Welle' в российских социальных сетях: шаг навстречу 'новой публичной дипломатии' или приверженность традициям?" Вестник Московского университета, Международные отношения и мировая политика, No. 3, 2017.

30. Михеев В., Швыдко В., Луконин С., "Китай – Россия: когда

эмоции уместны?" Мировая экономика и международные отношения, №. 2, 2015.

31. Баранов Н. А., "Эволюция взглядов на популизм в современной политической науке," СПб, 2001.

32. Наумов Александр Олегович, "Мягкая сила и внешнеполитический имидж Российской Федерации," Перспективы Электронный журнал, №. 4, 2015.

33. Немцев Александр Викторович, "Некоммерческие организации регионов России как субъект общественной дипломатии," Власть, №. 2, 2018.

34. Никонов Вячеслав Алексеевич, "Современный мир: новые реальности," Стратегия России, №. 8, 2009.

35. Павленко В. Б., "Парижское соглашение как угроза национальной безопасности России," Астраханский вестник экологического образования, №. 4, 2017.

36. Парубочая Елена Федоровна, Пискунов Никита Владимирович, "Общественная дипломатия как инструмент реализации российской мягкой силы," Вестник Волгоградского государственного университета, №. 6, 2018.

37. Перов А. В., "Юшков И. В. Россия в мировом тренде климатической политики," Социально - гуманитарные знания, 2019.

38. Подберёзкин Алексей Иванович, Жуков Артем Владимирович, "Публичная дипломатия в силовом противостоянии цивилизаций," Вестник МГИМО Университета, №. 6, 2015.

39. Порфирьев Б. Н., "Экономическое измерение климатического вызова устойчивому развитию России," Вестник Российской академии наук, №. 4, 2019.

40. Порфирьев Б. Н., Широв А. А., Колпаков А. Ю., "Стратегия низкоуглеродного развития: перспективы для экономики России," Мировая экономика и международные отношения, №. 9, 2020.

41. Райнхардт Р. О., "Климатическая дипломатия: гибрид политики, гражданского активизма и науки," Научно - аналитический журнал Обозреватель – Observer, №. 12, 2020.

42. Рогинко С. А., "《Климатический кабинет》Байдена и Парижское соглашение," Научно - аналитический вестник Института Европы РАН, 2021.

43. Русакова Ю. А., "Климатическая политика Российской Федерации и решение проблем изменения глобального климата," Вестник МГИМО Университета, №. 1, 2015.

44. Сергей Караганов, "Взаимное гарантированное сдерживание," Россия в глобальной политике, 22.02.2017, https：//globalaffairs.ru/articles/vzaimnoe - garantirovannoe - sderzhivanie/.

45. Сергей Караганов, "От поворота на Восток к Большой Евразии," Мекливишіли Живнь, №. 5, 2017.

46. Сорокина Дарья Александровна, "Основные этапы развития публичной дипломатии в России," Власть, №. 4, 2016.

47. Сурма Иван Викторович, "Цифровая дипломатия в дискурсе глобальной политики," Вестник МГИМО Университета, №. 6, 2014.

48. Тётушкин В. А., "Анализ трендов климатической политики как элемента экономической безопасности Российской Федерации: Международный аспект," Региональная экономика: теория и практика, №. 6, 2017.

49. Хельге Блаккисруд, Роман Вакульчук, Элана Уилсон Рове, "Российский Дальний Восток во времена геополитических потрясений," Россия в глобальной политике, №. 5, 2018.

50. Цветкова Наталья Александровна, Ярыгин Григорий Олегович, "Политизация 《Цифровой дипломатии》 публичная дипломатия Германии, Ирана, США и России в социальных сетях," Международные отношения, №. 1, 2013.

51. Черевичко Татьяна Викторовна, "Туризм как инструмент

публичной дипломатии Известия Саратовского университета," Международные отношения, №. 4, 2014.

52. Шамугия Ира Шалериевна, "Публичная дипломатия России: становление и развитие," Актуальные проблемы современных международных отношений, №. 7, 2016.

53. Широв А. А., "Климатическая политика и долгосрочное развитие российской экономики," 2021.

54. Яковлев И. А., Кабир Л. С., Никулина С. И., "Климатическая политика Российской Федерации: международное сотрудничество и национальный подход," Финансовый журнал, №. 4, 2020.

55. Яковлев И. А., Кабир Л. С., Никулина С. И., "Изменения климатической политики и финансовых стратегий ее реализации в ЕС и России," Финансовый журнал, №. 5, 2021.